中国特色社会主义政治经济学 名家论丛

王立胜 主编

中国特色社会主义
政治经济学论纲

—— ZHONGGUO TESE SHEHUIZHUYI ——
ZHENGZHI JINGJIXUE LUNGANG

逄锦聚 著

山东城市出版传媒集团·济南出版社

图书在版编目(CIP)数据

中国特色社会主义政治经济学论纲/逄锦聚著. —济南：
济南出版社，2017.9

（中国特色社会主义政治经济学名家论丛/王立胜主编）
ISBN 978 - 7 - 5488 - 2805 - 1

Ⅰ. ①中… Ⅱ. ①逄… Ⅲ. ①中国特色社会主义—
社会主义政治经济学—研究 Ⅳ. ①F120.2

中国版本图书馆 CIP 数据核字（2017）第 234767 号

出 版 人 崔 刚
责任编辑 戴 月
封面设计 侯文英

出版发行 济南出版社
地 址 山东省济南市二环南路 1 号（250002）
编辑热线 0531 - 86131712
发行热线 0531 - 86131728 86922073 86131701
印 刷 山东华立印务有限公司
版 次 2017 年 9 月第 1 版
印 次 2017 年 9 月第 1 次印刷
成品尺寸 170mm × 240mm 16 开
印 张 15.25
字 数 210 千
印 数 1—3000 册
定 价 60.00 元

（济南版图书，如有印装错误，请与出版社联系调换。联系电话:0531 - 86131736）

中国特色社会主义政治经济学名家论丛

南开大学　逄锦聚

逄锦聚简介

逄锦聚，南开大学经济学院教授、博士生导师；历任南开大学副书记、副校长，教育部高等学校经济学学科专业教学指导委员会主任委员等职，现任中国特色社会主义经济建设协同创新中心主任、教育部人文社会科学重点研究基地南开大学政治经济学研究中心主任，国务院学位委员会马克思主义理论学科评议组召集人，中央马克思主义理论研究和建设工程咨询委员、《马克思主义基本原理》编书组首席专家等职。任第一主编的《政治经济学》和主持完成的《经济学创新人才培养的理论与实践探索》分别获高等教育国家级教学成果一等奖，专著《马克思劳动价值论的继承和发展》获中华优秀出版物（著作）奖，《逄锦聚自选集》获天津市哲学社会科学特别奖。2006 年获中共中央组织部、中宣部、中华人民共和国人事部、科技部授予的全国"杰出专业技术人才"荣誉称号和奖章。

总　序

中国社会科学院　　王立胜

习近平总书记在 2016 年哲学社会科学工作座谈会 "5·17" 讲话中指出："这是一个需要理论而且一定能够产生理论的时代，这是一个需要思想而且一定能够产生思想的时代。我们不能辜负了这个时代。"[①]中国特色社会主义政治经济学就是习近平总书记结合时代要求倡导的重要学说，其主要使命就是以政治经济学总结中国经验、创建中国理论。他指出："坚持和发展中国特色社会主义政治经济学，要以马克思主义政治经济学为指导，总结和提炼我国改革开放和社会主义现代化建设的伟大实践经验。"[②] 在 2017 年省部级主要领导干部 "学习习近平总书记重要讲话精神，迎接党的十九大" 专题研讨班 "7·26" 讲话中，习近平总书记提出当前的时代变迁是发展阶段的变化，指出 "我国发展站到了新的历史起点上，中国特色社会主义进入了新的发展阶段"[③]，强调 "时代是思想之母，实践是理论之源"[④]，要求总结实践经验，推进理论创新。在经济学领域，实现从实践到理论的提升，就是要贯彻习近平总

[①] 习近平：《在哲学社会科学工作座谈会上的讲话》，《人民日报》2016 年 5 月 19 日。

[②] 新华社：《坚定信心增强定力　坚定不移推进供给侧结构性改革》，《人民日报》2016 年 7 月 9 日。

[③] 新华社：《高举中国特色社会主义伟大旗帜　为决胜全面小康社会实现中国梦而奋斗》，《人民日报》2017 年 7 月 28 日。

[④] 新华社：《高举中国特色社会主义伟大旗帜　为决胜全面小康社会实现中国梦而奋斗》，《人民日报》2017 年 7 月 28 日。

书记在中央政治局第二十八次集体学习时提出的重要指示，"提炼和总结我国经济发展实践的规律性成果，把实践经验上升为系统化的经济学说"① ——这就是"坚持和发展中国特色社会主义政治经济学"的历史使命和时代要求。

当前中国特色社会主义政治经济学的提出和发展也是六十余年理论积淀的结果。1955 年苏联政治经济学教科书中文版②在国内出版，当时于光远③、林子力和马家驹等④学者就开始着手探讨政治经济学的体系构建问题。从 1958 年到 1961 年，毛泽东四次提倡领导干部学习政治经济学⑤，建议中央各部门党组和各省（市、自治区）党委的第一书记组织读书小组读政治经济学。他与刘少奇、周恩来分别组织了读书小组。在组织读书小组在杭州读书期间，他在信中说"读的是经济学。我下决心要搞通这门学问"⑥。在毛泽东的倡导下，20 世纪 50 年代中后期我国出现了第一次社会主义经济理论研究高潮——正是在这次研究高潮中，总结中国经验、构建中国版的社会主义经济理论体系被确定为中国政治经济学研究的方向和目标，并被一直坚持下来。这次研究高潮因"文革"而中断。"文革"结束后的 80 年代，在邓小平的倡导和亲自参与下，我国出现了第二次社会主义经济理论的研究高潮。很多学者在"文革"前积累的理论成果也在这一时期集中发表。在这次研究高潮中，我国确立了社会主义公有制与市场经济相结合的发展方向，形成了社会主义市场经济理论，为改革开放以来 40 年的经济繁荣提供了理论支撑。

---

① 新华社：《立足我国国情和我国发展实践　发展当代中国马克思主义政治经济学》，《人民日报》2015 年 11 月 25 日。

② 苏联科学院经济研究所：《政治经济学教科书》（中译本），北京：人民出版社 1955 年版。

③ 仲津（于光远）：《政治经济学社会主义部分研究什么？》，《学习》1956 年第 8 期；《最大限度地满足社会需要是政治经济学社会主义部分的一个中心问题》，《学习》1956 年第 11 期。

④ 林子力、马家驹、戴钟珩、朱声坡：《对社会主义经济的分析从哪里着手？》，《经济研究》1957 年第 4 期。

⑤ 戚义明：《"大跃进"后毛泽东四次提倡领导干部学政治经济学》，《党的文献》2008 年第 3 期。

⑥《建国以来毛泽东文稿》第 8 册，北京：中央文献出版社 1993 年版，第 637 页。此次学习期间毛泽东读苏联政治经济学教科书的批注和谈话成为我国政治经济学研究的重要文献资料。

当前在习近平总书记的倡导下，从 2016 年年初开始，我国出现了研究中国特色社会主义政治经济学的新高潮，形成了中国社会主义政治经济学的第三次研究高潮。经历了六十余年的理论积淀，在中国特色社会主义新的发展阶段，中国特色社会主义政治经济学的发展正逐步汇成一股理论潮流，伴随中国特色社会主义建设事业的蓬勃发展滚滚而来！

纵观六十余年积淀与三次研究高潮，中国特色社会主义政治经济学的发展既继往开来又任重道远。一方面，所谓"继往开来"，是中国社会主义经济建设事业的蓬勃发展为中国版社会主义政治经济学的形成开创了越来越成熟的现实条件。20 世纪 50 年代，毛泽东感叹"社会主义社会的历史，至今还不过四十多年，社会主义社会的发展还不成熟，离共产主义的高级阶段还很远。现在就要写出一本成熟的社会主义、共产主义政治经济学教科书，还受到社会实践的一定限制"[1]。20 世纪 80 年代，邓小平高度评价中共十二届三中全会《中共中央关于经济体制改革的决定》提出的"在公有制基础上有计划的商品经济"，认为是"写出了一个政治经济学的初稿，是马克思主义基本原理和中国社会主义实践相结合的政治经济学"[2]。当前，习近平总书记指出，"中国特色社会主义是全面发展的社会主义"[3]，"中国特色社会主义进入了新的发展阶段"[4]，要"提炼和总结我国经济发展实践的规律性成果，把实践经验上升为系统化的经济学说"[5]。从毛泽东认为写出成熟的教科书"受到社会实践的一定限制"，到邓小平认为"写出了一个政治经济学的初稿"，再到习近平提出"把实践经验上升为系统化的经济学说"，历代领导人关

---

① 中华人民共和国国史学会：《毛泽东读社会主义政治经济学批注和谈话》（简本），内部资料，第 804 页。

②《邓小平文选》第 3 卷，北京：人民出版社 1993 年版，第 83 页。

③ 习近平：《准确把握和抓好我国发展战略重点　扎实把"十三五"发展蓝图变为现实》，《人民日报》2016 年 1 月 31 日。

④ 新华社：《高举中国特色社会主义伟大旗帜　为决胜全面小康社会实现中国梦而奋斗》，《人民日报》2017 年 7 月 28 日。

⑤ 新华社：《立足我国国情和我国发展实践　发展当代马克思主义政治经济学》，《人民日报》2015 年 11 月 25 日。

于理论发展现实条件的不同判断表明，随着社会主义建设进入不同历史阶段，政治经济学理论发展的现实条件日益成熟，实践推动理论创新。正如习近平总书记所言："中国特色社会主义不断取得的重大成就，意味着近代以来久经磨难的中华民族实现了从站起来、富起来到强起来的历史性飞跃……意味着中国特色社会主义拓展了发展中国家走向现代化的途径，为解决人类问题贡献了中国智慧、提供了中国方案。"① 在实践的推动下，中国特色社会主义政治经济学的发展，继往开来。

另一方面，所谓"任重道远"，是指中国特色社会主义政治经济学从提出到成熟尚需经历曲折的探索过程。当前中国特色社会主义政治经济学的发展至少需要面临两个方面的艰难探索：第一，理论构建面临诸多悬而未解的学术难题。从20世纪50年代开始，国内围绕体系构建的"起点论""红线论"等问题就形成了诸多争论，同时，社会主义条件下"剩余价值规律"和"经济危机周期性"的适用性等一些原则性的问题未能获得解决，甚至某些问题上的分歧出现了日益扩大的趋势。这在很大程度上限制了中国特色社会主义政治经济学的理论化水平，使政治经济学经典理论中的价值理论、分配理论、剩余价值理论和危机理论未能充分体现在中国社会主义政治经济学中，从而导致中国实践中涌现的一系列具有中国特色的经济思想未能获得经典的理论化表述。破解这一难题，需要直面六十余年来形成的一系列争论，加速对政治经济学经典理论的创新应用，在中国特色社会主义经济思想理论化的道路上不断探索。第二，时代变革形成的新问题和新挑战倒逼理论探索。20世纪50年代中后期，既是中国社会主义政治经济学的第一次研究高潮，也是我国社会主义初级阶段的起始时期。当前中国社会主义经济建设在经历了六十余年的巨变后，迎来了中国特色社会主义新的发展阶段。中国特色社会

---

① 新华社：《高举中国特色社会主义伟大旗帜　为决胜全面小康社会实现中国梦而奋斗》，《人民日报》2017年7月28日。

主义政治经济学也需要适应新时期新阶段，加速理论创新。正如习近平总书记在"7·26"讲话中所强调的："我们要在迅速变化的时代中赢得主动，要在新的伟大斗争中赢得胜利，就要在坚持马克思主义基本原理的基础上，以更宽广的视野、更长远的眼光来思考和把握国家未来发展面临的一系列重大战略问题，在理论上不断拓展新视野、作出新概括。"① 值得注意的是，实践中的新问题与历史累积的学术难题，都将理论探索指向中国特色社会主义政治经济学理论化水平的提升：在实践方面，要形成解释社会主义初级阶段不同时期的理论体系，为新时期的经济实践指明方向，必须提升理论高度；而提高理论高度就需要在理论方面破解体系构建面临的学术难题，创新政治经济学经典理论使之适应当前现实，从而实现中国特色社会主义经济建设经验的理论化重构。理论水平的提升必须遵循学术发展的客观规律，注定是一个任重道远的探索过程，要求政治经济学研究者群策群力、积极进取、砥砺前行。

编写出版《中国特色社会主义政治经济学名家论丛》就是为了响应习近平总书记推进理论创新的时代要求，服务中国特色社会主义政治经济学的发展。纵观中国社会主义政治经济学六十余年的发展历程不难发现：政治经济学学者承担着理论创新的历史使命，学术交流质量决定理论发展水平。当前中国政治经济学界存在着一支高水平的政治经济学理论队伍，他们既是六十余年理论积淀的承载者，也是当前理论创新的承担者。及时把握这些学者的研究动态，加快其理论成果的普及推广，不仅有助于推动政治经济学界的学术交流，也有助于扩大中国特色社会主义政治经济学的社会反响，同时为后来的研究提供一批记录当代学者理论发展印迹的历史文献。"名家论丛"选取的名家学者都亲历过20世纪80年代和当前两次研究高潮，部分学者甚至是三次理论高潮的亲历者。

---

① 新华社：《高举中国特色社会主义伟大旗帜 为决胜全面小康社会实现中国梦而奋斗》，《人民日报》2017年7月28日。

这些学者熟悉中国社会主义政治经济学的理论传承，知晓历次研究高潮中的学术焦点与理论分歧，也对中国特色社会主义经济建设经验具有深刻的理论洞察。在本次研究高潮中，他们的理论积淀和实践观察集中迸发，围绕中国经验的理论升华和中国特色社会主义政治经济学的体系构建集中著述，在中国特色社会主义政治经济学的发展中起到学术引领和理论中坚的作用，其研究成果值得高度关注和广泛推广。同时，从2015年底习近平总书记提出"中国特色社会主义政治经济学"算起，当前这次研究高潮从形成到发展，尚不足两年，还处于起步阶段，需要学界同仁的共同参与、群策群力，使之形成更大的理论潮流。中国社会科学院经济研究所是我国重要的经济学研究机构，也是中国社会主义政治经济学六十余年发展历程和三次理论高潮的重要参与者。在20世纪50年代和80年代两次理论高潮中，经济研究所的张闻天、孙冶方、刘国光和董辅礽等老一辈学者是重要的学术领袖。在本轮研究高潮中，经济研究所高度重视、积极参与中国特色社会主义政治经济学的发展，决心依托现有资源平台积极服务学界同仁。策划出版《中国特色社会主义政治经济学名家论丛》的目的就在于服务学术创新，为当前的理论发展略尽绵薄，也是为笔者所承担的国家社科规划重大项目"中国特色社会主义政治经济学探索"积累资料。

同时，为了更加全面地展示中国特色社会主义政治经济学的理论发展动态，我们还将依据理论发展状况适时推出"青年论丛"和"专题论丛"，就青年学者的学术观点和重要专题的学术成果进行及时梳理与推广，以期及时反映理论发展全貌，推动学术交流，服务理论创新。当然，三个系列论丛的策划与出版，完全依托当前的理论发展潮流，仰赖专家学者对经济研究所工作的认可与鼎力支持。在此我们代表经济研究所和论丛编写团队，对政治经济学界同仁的支持表示衷心的感谢！同时也希望各位大家积极参与论丛的编写和出版，为我们推荐更多的高水平研究成果，提高论丛的编写质量。

目 录

中国特色社会主义政治经济学

中国特色社会主义政治经济学论纲

上至中华文明五千年伊始，下至新中国成立近七十年，中华民族为了兴旺发达，前赴后继，不畏艰难险阻，一直在苦苦地奋斗和求索，直到改革开放新时期，终于探索到了适合当代中国国情的中国特色社会主义道路、中国特色社会主义理论体系和中国特色社会主义制度，开始铸就国家民族的又一轮辉煌。当代中国成就的取得，原因很多，其中，作为中国特色社会主义理论体系重要组成部分的中国特色社会主义政治经济学，对经济改革发展和现代化建设发挥了历史性的指导作用。但是，对于什么是中国特色社会主义政治经济学，要不要建设和发展中国特色社会主义政治经济学，中国特色社会主义政治经济学的研究对象、主要任务、方法和重大理论是什么，中国特色社会主义政治经济学进一步发展的方向和着力点是什么，中国特色社会主义政治经济学与马克思主义政治经济学、西方主流经济学的关系是什么，等等，这样一些重大问题，理论界尚存歧义。因此有进一步讨论与阐释的必要。

一、 什么是中国特色社会主义政治经济学

中国特色社会主义政治经济学，是植根于中国的土壤，立足当代中国国情和中国发展实践而产生的政治经济学。中国特色社会主义政治经济学与当代中国马克思主义政治经济学是同义语，中国特色社会主义政治经济

学即当代中国马克思主义政治经济学。

马克思主义政治经济学包括马克思恩格斯创立的、后为列宁毛泽东等继承发展了的马克思主义政治经济学，也包括中国特色社会主义政治经济学。中国特色社会主义政治经济学与马克思恩格斯创立的、后为列宁毛泽东等继承发展的马克思主义政治经济学一脉相承，是马克思主义政治经济学基本原理与当代中国实践相结合，同时吸取中国历史优秀文明成果和世界上别国优秀文明成果的产物，是中国化、时代化了的马克思主义政治经济学。中国特色社会主义政治经济学是中国特色社会主义理论体系即当代中国马克思主义的重要组成部分，是进行社会主义现代化建设、改革开放的必修课。

中国特色社会主义政治经济学与通常说的中国经济学既有联系又有区别。中国经济学，从广义上说，包括以中国经济为研究对象的一切经济学科，既包括理论经济学中的政治经济学、中国经济史、中国经济思想史、人口资源环境经济学等，也包括应用经济学中的国民经济管理学、金融学、财政学、区域经济学、产业经济学等①。从狭义上说，中国经济学与中国特色社会主义政治经济学是同义语。从这样的意义上讲，中国特色社会主义政治经济学也可简称为狭义上的中国经济学。中国特色社会主义政治经济学与广义的中国经济学不是简单的学科范围大小或包含被包含的关系，而是根本理论基础与分类研究的关系，中国特色社会主义政治经济学为广义的中国经济学中的各学科提供根本的理论基础，各个经济学科以此为指导

---

① 学科目录适用于学士、硕士、博士的学位授予与人才培养，并用于学科建设和教育统计分类等工作，在人才培养和学科建设中发挥着指导作用和规范功能。学科目录分为学科门类、一级学科（本科教育中称"专业类"）和二级学科（本科专业目录中称"专业"）三级。我国先后施行过四份学科专业目录。第一份是1983年3月国务院学位委员会第四次会议决定公布、试行的《高等学校和科研机构授予博士和硕士学位的学科专业目录（试行草案）》。第二份是1990年10月国务院学位委员会第九次会议正式批准的《授予博士、硕士学位和培养研究生的学科、专业目录》（简称《专业目录》）。第三份是1997年国务院学位委员会、国家教育委员会联合发布的《授予博士、硕士学位和培养研究生的学科、专业目录（1997年颁布）》。第四份是2011年2月国务院学位委员会第二十八次会议审议批准的《学位授予和人才培养学科目录（2011年）》。

展开分门别类的研究。

中国特色社会主义政治经济学既揭示处于社会主义初级阶段的中国经济的特殊运动规律，也揭示市场经济、社会化大生产和经济全球化条件下开放经济的一般规律，是指导中国经济建设和改革开放的根本理论。

上述关于中国特色社会主义政治经济学的界定，既包括中国特色社会主义政治经济学的本质属性，属于马克思主义政治经济学，又概括了中国特色社会主义政治经济学的来源、基本内容，更重要的是，明确肯定中国特色社会主义政治经济学在中国经济建设和改革开放中具有根本的指导地位。

二、 要不要建设和发展中国特色社会主义政治经济学

要不要建设和发展中国特色社会主义政治经济学，并以其指导我国的实践，是一个关系我国改革发展和现代化经济建设方向的重大问题。自2014 年以来，习近平多次强调要学好用好政治经济学，要立足我国国情和我国发展实践，发展当代中国马克思主义政治经济学，要坚持中国特色社会主义政治经济学重大原则[1]。2016 年 5 月 17 日，习近平又主持召开哲学社会科学工作座谈会并发表重要讲话，强调结合中国特色社会主义伟大实践，加快构建中国特色哲学社会科学[2]。习近平的这些重要讲话，进一步把建设和发展中国特色社会主义政治经济学的必要性、重要性提升到了空前的高度，指明了方向，必将进一步推动中国特色社会主义政治经济学的繁荣和发展。

---

[1] 中共中央就当前经济形势和下半年经济工作召开党外人士座谈会. 人民日报, 2014 – 07 – 29. 立足我国国情和我国发展实践　发展当代中国马克思主义政治经济学. 人民日报, 2015 – 11 – 25. 中央经济工作会议 12月 9 日至 11 日在北京举行. 人民日报, 2014 – 12 – 11.

[2] 习近平. 在哲学社会科学工作座谈会上的讲话. 北京：人民出版社, 2016.

　　但是，有人不赞成"发展出独有的中国经济学及其理论"，主张要发挥"现代经济学在中国经济发展和市场化改革的基本作用"。持这样观点的学者，把西方发达国家的主流经济学称作"现代经济学"，似乎只有西方发达国家的主流经济学才是现代经济学，中国特色社会主义政治经济学就不是现代经济学，其目的是要以西方发达国家的主流经济学取代或否定中国特色社会主义政治经济学。

　　要不要建设和发展中国特色社会主义政治经济学，要不要把中国特色社会主义政治经济学作为中国改革发展的根本指导理论，是理论问题，更是实践问题。作为理论问题，恩格斯的话具有重要启示。恩格斯说："人们在生产和交换时所处的条件，各个国家各不相同，而在每一个国家里，各个时代又各不相同。因此，政治经济学不可能对一切国家和一切历史时代都是一样的。""因此，政治经济学本质上是一门历史的科学，它所涉及的是历史性的即经常变化的材料；它首先研究生产和交换的每个个别发展阶段的特殊规律，而且只有在完成这种研究之后，他才能确立为数不多的、适合生产一般和交换一般的、完全普遍的规律。"① 如果我们同意恩格斯的话是正确的，那么，虽然中国在发展市场经济、社会化大生产和对外经济关系中有一些与西方发达国家具有共性的地方，因而要相互学习和借鉴，但由于中国有与西方发达国家相差悬殊的历史文化和基本经济制度，处在与西方发达国家不同的发展阶段，怎么可以以西方发达国家的主流经济学即所谓"现代经济学"作为基本指导，而不以立足当代中国国情和中国实践而发展起来的中国特色社会主义政治经济学为基本指导呢！实际上，那种试图以所谓现代经济学取代甚至否定中国特色社会主义政治经济学的主张，在理论上就是要把西方经济学理论的特殊作为一般，推而广之，囫囵吞枣地强加给我们。这与"削足适履"的谬误有什么区别！

　　作为实践问题，只要看看中国和世界各国的历史，还没有哪个大国没

---

① 恩格斯．反杜林论//马克思恩格斯文集：第9卷．北京：人民出版社，2009：153－154．

有自己的根本理论而靠照抄照搬别国理论而取得成功的。相反，世界的实践却证明，一个国家一定要有适合本国国情的占主导地位的根本经济理论和根本经济思想；没有根本理论和根本思想的国家，充其量只能跟在别国后面走，甚至成为别国的附庸。就在当今世界，"按照西方主流理论转型的国家大多出现经济崩溃、停滞、危机不断，少数在转型中取得稳定和快速发展的国家，推行的却都是被西方主流理论认为是最糟的双轨渐进的改革"①。这样的事实难道还不发人深省吗？令人欣慰的是，在我国，虽然由于种种原因，马克思主义政治经济学曾经在一定范围一定时期被边缘化、空泛化、标签化，在理论研究中"失语"、在教学和教材中"失踪"、在论坛上"失声"的问题还在一定程度上存在，但却有一大批仁人志士长期以来一直主张继承和发展马克思主义政治经济学，构建中国特色社会主义政治经济学的理论体系和话语体系，发展中国特色社会主义政治经济学，并为此付出了不懈的努力，取得了重大进展。一个反映时代要求、富有中国特色的社会主义政治经济学，不仅作为主流教科书走进大学和各级干部培训的课堂，而且成为党和政府决策的重要指导理论，并且逐渐为人民大众所熟悉、掌握。在中国特色社会主义政治经济学基本理论的指导下，我国改革发展取得了历史性的巨大成就，经济总量跃居世界第二，人民生活水平有了大幅提高。这样的基本事实为我们坚持建设和发展中国特色社会主义政治经济学并以其指导中国的改革发展和现代化建设，极大地增强了自信和底气，而对于那种不赞成"发展出独有的中国经济学及其理论"的主张者，或许是一服清醒剂。

三、　中国特色社会主义政治经济学的形成过程

中国特色社会主义政治经济学从孕育到形成经历了长期的过程。早在

---

① 林毅夫．以理论创新繁荣哲学社会科学．人民日报，2013–05–18.

新民主主义革命早期，中国的知识分子就对中国经济问题进行了有益探索，并对马克思主义政治经济学进行传播①。在艰苦的探索中，中国共产党领导中国人民把马克思主义基本原理与中国实际相结合，探索形成了新民主主义经济理论，其成果集中反映在毛泽东的《新民主主义论》中。在《新民主主义论》中，毛泽东系统分析了半殖民地半封建的中国社会的特点及其基本矛盾，对新民主主义的经济进行了阐述，指出，"在无产阶级领导下的新民主主义共和国的国营经济是社会主义的性质，是整个国民经济的领导力量，但这个共和国并不没收其他资本主义的私有财产，并不禁止'不能操纵国民生计'的资本主义生产的发展，这是因为中国经济还十分落后的缘故"，"中国的经济，一定要走'节制资本'和'平均地权'的路，决不能是'少数人所得而私'，决不能让少数资本家少数地主'操纵国民生计'，决不能建立欧美式的资本主义社会，也决不能还是旧的半封建社会"②。其对新民主主义经济的阐释，不仅为新民主主义革命和经济的发展提供了理论指导，也为社会主义实践和经济理论的进一步探索和发展奠定了基础。

新中国成立后，经过过渡时期和生产资料社会主义改造，我国确立了社会主义经济制度。在其后的经济建设和理论探索中，我国形成了社会主义社会的基本矛盾、主要矛盾理论，提出了统筹兼顾、注意综合平衡，以农业为基础、工业为主导、农轻重协调发展等重要理论。毛泽东的《论十大关系》等著作是这些理论的集中反映。学术界和教育界则在学习马克思主义政治经济学、借鉴国外经济理论特别是苏联社会主义经济理论的同时，根据中国的实践，开展了社会主义政治经济学建设的探索，这些探索，有成功经验，也有曲折甚至失败的教训，但都为中国特色社会主义政治经济学的形成和发展积累了宝贵的财富③。

---

① 20 世纪中国经济学大事记//张卓元，厉以宁，吴敬琏主编.20 世纪中国知名科学家学术成就概览（经济学卷）：第 3 分册. 北京：科技出版社，2015：673 – 689.

② 毛泽东. 新民主主义论//毛泽东选集：第 2 卷. 北京：人民出版社，1991：678 – 679.

③ 张卓元，等. 新中国经济史纲（1949—2011）. 北京：中国社会科学出版社，2012：541.

在改革开放新时期，我们把马克思主义政治经济学基本原理同现代化建设和改革开放新的实践结合起来，不断丰富和发展马克思主义政治经济学，形成了中国特色社会主义政治经济学的许多重要理论成果，例如，社会主义本质和人民中心理论，社会主义初级阶段理论，社会主义基本经济制度理论，促进社会公平正义、逐步实现全体人民共同富裕的理论，发展社会主义市场经济、使市场在资源配置中起决定性作用和更好发挥政府作用的理论，全面深化改革理论，企业改革理论，宏观经济运行和调控理论，创新协调绿色开放共享的发展理念的理论，我国经济发展进入新常态的理论，推动新型工业化、信息化、城镇化、农业现代化相互协调的理论，用好国际国内两个市场、两种资源的理论，等等。这些理论成果都是适应当代中国国情和时代特点的中国特色社会主义政治经济学的重要理论，不仅有力地指导了我国经济改革和发展实践，而且开拓了马克思主义政治经济学的新境界①。

与此同时，学术界和教育界认真吸取现代化建设和改革开放取得的理论成果，借鉴世界多国经济学的有益成分，开展了持续不懈卓有成效的政治经济学教科书的建设工作，编写了一批又一批各具特色版本不同的政治经济学教科书，有代表性的如20世纪70年代末80年代初中期的《政治经济学（社会主义部分）》，90年代初期的《政治经济学（社会主义部分）》，20世纪末21世纪初的《政治经济学》，以及2009年列入马克思主义理论研究和建设工程的教科书《马克思主义政治经济学概论》，等等。中国特色社会主义政治经济学的建设发展呈现出繁荣的景象②。

从中国特色社会主义政治经济学的形成和发展进程看，一以贯之，中国国情是中国特色社会主义政治经济学的根，把马克思主义基本原理与中国实际相结合并创新发展则是中国特色社会主义政治经济学的魂。

---

① 立足我国国情和我国发展实践 发展当代中国马克思主义政治经济学. 人民日报, 2015 – 11 – 25.
② 张卓元, 等. 新中国经济史纲 (1949—2011). 北京: 中国社会科学出版社, 2012: 543 – 551.

四、 中国特色社会主义政治经济学的研究对象和任务

一门学科要有自己特定的研究对象。中国特色社会主义政治经济学的研究对象是什么呢①？就是中国社会主义初级阶段的生产方式及与之相适应的生产关系和交换关系②。具体说，要研究社会主义初级阶段的社会生产力和由生产、分配、交换、消费诸环节构成的生产关系，包括经济制度、经济体制、经济运行、经济改革、经济发展、对外经济关系等等，研究它们的相互关系及其在社会再生产中表现的规律性。在研究这些问题的同时，要联系政治、文化、社会等上层建筑，联系人与环境的关系。显然，与马克思恩格斯创立的马克思主义政治经济学相比，中国特色社会主义政治经济学的研究对象是明显拓宽了，其原因在于，中国特色社会主义政治经济学所要承担的任务，与马克思恩格斯创立的政治经济学相比，有了明显的差异。

马克思恩格斯创立的政治经济学的研究任务主要是揭示资本主义社会的基本矛盾和它的发展规律，揭示资本主义社会为社会主义社会代替的必然性，为无产阶级提供争取自身和全人类解放的思想武器。从这样的意义上说，马克思恩格斯创立的政治经济学可以被看作革命的政治经济学。社会主义制度确立后，我国社会的主要矛盾是人民日益增长的物质文化需要与落后的社会生产之间的矛盾，社会主义的主要任务是解放生产力、发展生产力，完善社会主义制度，满足人民需要，实现共同富裕。由此决定，

---

① 关于社会主义政治经济学的研究对象，理论界有不同意见，详见逄锦聚主编. 政治经济学热点难点争鸣. 北京：高等教育出版社，2004.

② 关于中国特色社会主义政治经济学的研究对象，本文继承了马克思恩格斯创立的政治经济学关于"生产方式及其与之相适应的生产关系和交换关系"，有所不同的是，马克思在《资本论》中讲，"我在本书研究的是资本主义的生产方式及其与之相适应的生产关系和交换关系"，而作者在本文中讲中国特色社会主义政治经济学的对象是中国社会主义初级阶段的生产方式及其与之相适应的生产关系和交换关系。

中国特色社会主义政治经济学的任务也就发生了很大的转变，可以概括为，揭示社会主义经济运动规律，为完善社会主义经济制度、促进生产力发展、满足人们日益增长的物质文化需要、实现人的全面发展、实现共同富裕提供理论指导。从这样的意义上说，中国特色社会主义政治经济学可以被称为改革的经济学、建设的经济学、发展的经济学。

中国特色社会主义政治经济学的任务是艰巨的，要承担起这个艰巨任务，就要立足我国国情和发展实践发展当代中国马克思主义政治经济学，就要形成系统的经济学说。

五、 中国特色社会主义政治经济学的方法

经济学的方法包括方法论，也包括具体的研究方法和表述方法。

辩证唯物主义和历史唯物主义是马克思恩格斯创立的政治经济学的根本方法论，也是中国特色社会主义政治经济学的根本方法论。

关于辩证唯物主义方法，马克思在《资本论》第二版跋中做了经典的论述。他详细引证并肯定了俄国经济学家伊·伊·考夫曼对《资本论》方法的评论之后，指出《资本论》的方法"正是辩证法"。这种辩证法与黑格尔的辩证法不同，"观念的东西不外是移入人的头脑并在人的头脑中改造过的物质的东西而已"，"辩证法在对现存事物的肯定的理解中同时包含对现存事物的否定的理解，即对现存事物的必然灭亡的理解，辩证法对每一种既成的形式都是从不断地运动中，因而也是从它的暂时性方面去理解；辩证法不崇拜任何东西，按其本质来说，它是批判的和革命的"①。

关于历史唯物主义方法，马克思在《〈政治经济学批判〉序言》中做了经典的论述。马克思说："我所得到的，并且一经得到就指导我的研究工作的总的结果，可以简要地表述如下：人们在自己生活的社会生产中发生一

---

① 马克思. 资本论：第1卷//马克思恩格斯文集：第5卷. 北京：人民出版社，2009：第二版跋22.

定的、必然的、不以他们的意志为转移的关系，即同他们的物质生产力的一定发展阶段相适合的生产关系。这些生产关系的总和构成社会的经济结构，即有法律的和政治的上层建筑竖立其上并有一定的社会意识形式与之相适应的现实基础。物质生活的生产方式制约着整个社会生活、政治生活和精神生活的过程。不是人们的意识决定人们的存在，相反，是人们的社会存在决定人们的意识。社会的物质生产力发展到一定阶段，便同它们一直在其中运动的现存生产关系或财产关系（这只是生产关系的法律用语）发生矛盾。于是这些关系便由生产力发展的形式变成生产力的桎梏。那时社会革命时代就要到来了。随着经济基础的变更，全部庞大的上层建筑也或慢或快地发生变革。""无论哪一个社会形态，在它所能容纳的全部生产力发挥出来以前，是绝不会灭亡的；而新的更高的生产关系，在它的物质存在条件在旧社会的胎胞里成熟以前，是决不会出现的。"① 列宁曾说，马克思在《〈政治经济学批判〉序言》中的论述是对历史唯物主义基本原理的"完整的表述"。

马克思运用辩证唯物主义和历史唯物主义，花费几十年的时间研究了资本主义生产方式和与它相适应的生产关系、交换关系，撰写了不朽的巨著《资本论》，建造了马克思主义政治经济学的宏伟大厦。今天，我们建设和发展中国特色社会主义政治经济学，辩证唯物主义和历史唯物主义依然是最根本的方法论。

辩证唯物主义和历史唯物主义的方法论贯穿在中国特色社会主义政治经济学研究中，可以具体表现为许多方法，如矛盾分析的方法、历史与逻辑统一的方法、抽象法、人是历史主体的分析方法、以实践为基础的分析方法、实证方法、数学分析的方法等等。关于这些具体方法，作者曾有专门论述，本文不再展开②。

---

① 马克思.《政治经济学批判》序言//马克思恩格斯文集：第 2 卷. 北京：人民出版社，2009：588 - 589.
② 逄锦聚. 论中国经济学的方向和方法. 政治经济学评论，2012（4）.

这里有必要对中国特色社会主义政治经济学的方法与西方主流经济学的方法做一些比较分析。什么是西方主流经济学（也被一些学者称为现代经济学）的方法？有学者做了概括，指出："任何一个规范经济理论的分析框架，基本上由以下五个部分或步骤组成：（1）界定经济环境；（2）设定行为假设；（3）给出制度安排；（4）选择均衡结果；及（5）进行评估比较。可以这样认为，任何一篇逻辑清楚、层次分明、论证合理的经济学论文，无论结论如何或是否作者意识到，都基本上由这五部分组成，特别是前四部分。可以说，写经济学方面的论文，就是对这些部分进行具有内在逻辑结构的填空式写作。掌握了这些组成部分，就掌握了现代经济学论文的基本写作方式，更容易学习和研究现代经济学的基本分析框架与研究方法。"①

西方主流经济学的这样的方法，自有它产生的原因和用于一定条件下经济现象分析时的适应性。发展中国特色社会主义政治经济学对其有分析地学习和借鉴，取其所长为我所用，原本是好事。改革开放以来我国经济学界在这方面进行了相当的努力，并取得了进展，原来经济学研究中存在的规范分析定性分析有余而实证分析定量分析不足的问题得到明显改观。但是如果把它作为唯一的方法奉为圭臬，甚至借其否定马克思主义政治经济学的根本方法论，好像中国经济学只能照搬这样的方法而不能用别的方法才有出息，这就太过绝对化，走向反面了。所以必须指出以下几点。

第一，作为社会科学的中国特色社会主义政治经济学的方法至少包括三个层次：一个层次是方法论层次的或者是哲学层次的，即马克思主义辩证唯物主义和历史唯物主义；一个层次是理论研究层次的，如抽象的方法、历史与逻辑统一的方法、规范分析与实证分析相结合的方法等；还有一个

① 田国强. 现代经济学的基本分析框架与研究方法. 经济研究, 2005（4）.

层次是现象描述或技术层次的，如统计的方法、数学方法等①。对西方主流经济学而言，忽视或者根本否定辩证唯物主义和历史唯物主义方法论，是一个自身不能克服的问题，因此要用其从深层次分析当代中国经济关系并得出符合中国实际的基本指导理论，其局限性是很大的。第二，西方主流经济学界定的经济环境、设定的行为假设、给出的制度安排，有些从根本上与中国的国情不相吻合，而运用的模型分析、数学分析又往往被推向极端、陷于教条，不能解释现实问题。例如，西方主流经济学关于生产资料私有制不能动摇和每个人追求利益最大化可以实现社会利益最大化的基本前提假定，都与当代中国的实际不相吻合，即使对于现代西方经济，由美国次贷危机引发的 2008 年的世界性金融危机的爆发，也使这些前提假定和理论、方法的有效性饱受质疑。这对于照抄照搬西方主流经济学的学者而言，实在是有点"老师不给学生作劲"的意思。第三，方法和形式无疑十分重要，但相对于目的和内容而言，则是第二位的。在学习运用西方主流经济学方法时，要防止忽视对其前提设定和内容的研究，而片面追求写作形式。方法和写作形式再好，但如果形成的基本理论不符合中国国情、误导中国实践，则这样的方法和形式越漂亮，后果就越严重。

我国经济学界对于西方主流经济学在中国的地位和作用颇有争议，争议的症结不在于要不要学习和借鉴西方主流经济学的方法，而在于要不要把它作为经济学的唯一方法，中国经济学要不要照搬这样的方法并把运用这种方法得出的西方理论作为中国改革发展的基本指导理论。对此，习近平在哲学社会科学工作座谈会上的讲话针对性很强，需要我们认真学习落实。习近平说："对一切有益的知识体系和研究方法，我们都要研究借鉴，不能采取不加分析、一概排斥的态度。""对现代社会科学积累的有益知识体系，运用的模型推演、数量分析等有效手段，我们也可以用，而且应该

① 张卓元，等. 新中国经济史纲（1949—2011）. 北京：中国社会科学出版社，2012：602. 该书有类似提法，但讲的是经济学方法论的三个层次。

好好用。需要注意的是，在采用这些知识和方法时不要忘了老祖宗，不要失去了科学判断力。""如果不加分析把国外学术思想和学术方法奉为圭臬，一切以此为准绳，那就没有独创性可言了。如果用国外的方法得出与国外同样的结论，那也就没有独创性可言了。要推出具有独创性的研究成果，就要从我国实际出发，坚持实践的观点、历史的观点、辩证的观点、发展的观点，在实践中认识真理、检验真理、发展真理。"①

六、 中国特色社会主义政治经济学的主线

一门科学，如同一本教材，要有它的主线。关于中国特色社会主义政治经济学的主线，理论界曾有多轮讨论。早在 20 世纪 70 年代末，谷书堂教授主持十三所高校学者编写《政治经济学（社会主义部分）》（简称北方本）时，提出的主张是以物质利益关系为主线，贯穿全书的一条主线是人们在社会主义条件下的物质利益关系②。这是十分富有启发的探索，不仅对于一定时期内否定社会主义社会存在物质利益特别是存在劳动者个人物质利益的倾向是一个矫正，也是对马克思主义政治经济学重视物质利益关系重要观点的回归。

我曾经主编过政治经济学教科书③，在谷书堂教授观点的启发下长时间地思考这个问题，现在的认识是，中国特色社会主义政治经济学的主线可以概括为：发展经济，满足需要。如果社会主义能把经济发展好了，能够满足人民不断增长的物质文化需要了，那么就为社会主义政治、文化、社会、环境建设奠定了坚实的基础，社会主义经济制度的生机活力就会不断充分释放出来。

---

① 习近平. 在哲学社会科学工作座谈会上的讲话. 北京：人民出版社，2016.
② 谷书堂，宋则行主编. 政治经济学（社会主义部分）. 西安：陕西人民出版社，1979.
③ 吴树青顾问，逢锦聚，洪银兴，林岗，刘伟主编. 政治经济学. 北京：高等教育出版社，2002.

发展经济，强调把经济建设摆在中心地位，强调发展是硬道理，强调解放生产力发展生产力，强调创新、协调、绿色、开放和共享的发展。满足需要，则是社会主义经济发展的出发点和落脚点，充分体现了以人民为中心的思想和社会主义发展经济的根本目的，如果人民的物质文化需要得到充分的满足，人民的物质利益得到了根本保证，人民的自由而全面的发展就有了基本的条件。发展经济、满足需要，既是对马克思主义创立的政治经济学基本立场基本观点基本方法的继承，也是对中国传统文化赋予经济学是经世济民科学思想的弘扬。把这样的主线贯穿于中国特色社会主义政治经济学，有利于我们对为什么要建立和完善社会主义基本经济制度、分配制度，怎么样建立和完善社会主义基本经济制度、分配制度，为什么要以经济建设为中心，如何以经济建设为中心，为什么要进行经济改革，怎样深化经济体制改革，为什么要发展，怎样发展等所有重大经济问题的认识和分析。

七、 中国特色社会主义政治经济学的体系结构

关于政治经济学的体系结构，新中国成立以来我国理论界进行了不懈的探索，取得了重要进展[1]。在多种版本体系结构的安排中，20 世纪 80 年代末谷书堂教授主编的《社会主义经济学通论》，按照社会主义经济本质、社会主义微观经济运行、宏观经济运行和经济发展设置篇章结构，令人耳目一新，对于其后中国特色社会主义政治经济学体系结构的进一步探索产生了重要影响[2]。中国特色社会主义政治经济学研究的是社会主义经济制度确立后，如何进一步发展和完善社会主义经济制度、发展生产力、发展经济满足人民需要的经济过程，构建的是以社会主义经济建设为中心，通过

---

① 张卓元，等．新中国经济史纲（1949—2011）．北京：中国社会科学出版社，2012：543－551.
② 谷书堂主编．社会主义经济学通论．上海：上海人民出版社，1989.

改革、发展，完善社会主义经济制度和社会主义市场经济体制，发展生产力、满足人民需要的理论体系。这样的理论体系主要包括以下几个方面。

一是经济制度和发展阶段。包括社会主义经济制度的确立，社会主义初级阶段理论，社会主义初级阶段的主要矛盾、主要任务；社会主义初级阶段的基本经济制度、分配制度；社会主义市场经济体制的建立、改革、发展和完善。

二是经济运行。包括微观经济运行，中观经济运行，也包括宏观经济运行。微观经济主要指企业、家庭和个人。我国现在的经济理论研究对企业研究得比较多，但是对家庭和个人的研究不够。家庭和个人的投资、消费决策和行为对国民经济发展影响很大，所以要加强对家庭和个人的研究。把国民经济作为一个整体看就是宏观经济，借用西方经济学的概念，社会总供给总需求平衡和失衡、就业、物价、财政政策、货币政策等都是宏观经济问题，政府宏观管理宏观调控也是宏观层面问题。中观经济是什么？应该研究区域和地方经济。我国幅员辽阔，区域经济发展至关重要。三十多个省、自治区、直辖市，一个省往往比有的国家大得多，地方政府、地方经济对国民经济发展举足轻重。地方政府的问题关键在于要把地方和中央的关系界定清楚，把政府职能界定清楚，处理好政府与市场的关系，明确政府要干什么，不要干什么，要更好地发挥政府作用，又要尊重市场在资源配置中的决定性作用。此外是经济结构，最主要的是产业结构、城乡结构、区域结构等等。这是介乎宏观和微观之间的问题。中国特色社会主义政治经济学应该从理论和实践的结合上认真加以研究。

三是经济发展。发展问题涉及内容很多，应该是中国特色社会主义政治经济学的重头戏，过去对为什么发展、要什么样的发展、怎样发展等问题有比较好的研究基础，最近中央提出来创新、协调、绿色、开放和共享五大理念，反映了对发展问题研究的新进展。

四是世界经济和开放问题。经济全球化越来越深入发展，我们要积极主动地参与经济全球化，不仅发展对外贸易、国际金融、国际投资、国际劳务合作等，还要主动地参与全球治理，改革完善经济秩序，互利共赢，促进建立人类命运共同体，要做负责任的大国。近些年我们主动实施"一带一路"战略，建立亚投行，这都是新事物，需要很好地研究。当然，不只是研究这些具体现象，更要透过现象研究世界经济发展的规律，研究我国如何建立和完善开放型经济新体制，研究如何融入世界经济的理论和途径。

对于中国特色社会主义政治经济学要不要、能不能建立一个比较完善的体系结构，理论界是有不同看法的。有一种观点认为，中国特色社会主义政治经济学不具备建立完善体系结构的条件，所以只能研究中国经济专题，而不要追求体系结构。这种观点是有一定道理的，因为我国社会主义经济还处于初级阶段，经济体制和经济发展方式都还处在转变过程中。与这种状况相适应，中国特色社会主义政治经济学的体系结构也不可能是完全成熟的、完善的。但是，这只是问题的一个方面。另一方面，一个社会的经济发展状况和成熟程度，是相对的不是绝对的。从绝对意义上说，任何社会任何时候都是发展变化的，不可能停留在已有水平上。从这样的意义上说，经济理论和经济学体系的发展和完善永无止境。但从相对意义上说，任何社会的发展都是有阶段性的，在某个特定阶段，社会的经济发展状况会使经济发展的矛盾比较充分地显现，所以经济学理论对这样特定阶段的研究所形成的理论和在此基础上对未来经济社会发展的进一步预测，是可以构成一个相对合理的体系结构的。中国特色社会主义政治经济学的理论和体系结构，就是反映中国处于社会主义初级阶段的，甚至是初级阶段的初级阶段的理论和体系结构。这样的理论体系和结构无疑需要进一步发展和完善，但的确是有重要意义的。我们不可以等着到中国特色社会主义成熟的那一天再去建设中国特色社会主义政治经济学的理论体系。不积跬步无以至千里。正是有这样阶段性的理论和理论体系的积累，我们可以建立起自信：随着中国特色社会主义的不断发展，社会主义经济学的理论大厦一定会越建越宏伟。

八、　发展中国特色社会主义政治经济学，　总结规律性理论成果

在几十年的社会主义建设实践中，我们创新发展了一系列经济理论，成为中国特色社会主义政治经济学的主要内容。这些理论根植于中国的国情和中国实践，具有鲜明的中国特色。有些重大理论不仅西方经济学中没有，马克思恩格斯创立的政治经济学中也没有提，是我们的创新。这些理论在具有中国特色的同时，也揭示了经济发展的一般规律。

中国特色社会主义政治经济学是开放的不断发展的科学。实践发展无止境，理论创新也无止境。要跟上时代发展的步伐，就要"立足我国国情和我国发展实践，揭示新特点新规律，提炼和总结我国经济发展实践的规律性成果，把实践经验上升为系统化的经济学说，不断开拓当代中国马克思主义政治经济学新境界"[1]。

问题是时代的口号。发展中国特色社会主义政治经济学要增强问题意识，着力对重大基本理论的系统研究和进一步阐释。

要进一步阐释以人民为中心的思想。以人民为中心，既是中国特色社会主义政治经济学的根本立场，也是其核心范畴之一，体现社会主义发展经济的根本目的。要坚持把增进人民福祉、促进人的全面发展、朝着共同富裕方向稳步前进作为中国特色社会主义政治经济学的出发点和落脚点，阐释中国制度、中国道路和中国理论，都要牢牢坚持这个根本立场。

要进一步阐释社会主义初级阶段的基本经济制度。制度是基础，制度是保障。要阐释社会主义基本经济制度的本质要求、产生的基础及坚持和

---

[1] 立足我国国情和我国发展实践　发展当代中国马克思主义政治经济学. 人民日报，2015-11-25.

完善社会主义基本经济制度，毫不动摇地巩固和发展公有制经济，毫不动摇地鼓励、支持、引导非公有制经济发展的重大意义，推动各种所有制取长补短、相互促进、共同发展，同时公有制主体地位不能动摇、国有经济主导作用不能动摇，这是我国各族人民共享发展成果的制度性保证，也是巩固党的执政地位、坚持我国社会主义制度的重要保证。

要进一步阐释社会主义初级阶段的分配制度。分配制度是由基本经济制度决定的，要进一步阐释坚持和完善社会主义基本分配制度，努力推动居民收入增长和经济增长同步、劳动报酬提高和劳动生产率提高同步，不断健全体制机制和具体政策，调整国民收入分配格局，持续增加城乡居民收入，不断缩小收入差距的必要性和重大现实意义。

要进一步阐释坚持社会主义市场经济改革方向，不断完善社会主义市场经济体制。社会主义市场经济范畴和理论的提出，是对马克思主义政治经济学的最具重大意义的理论发展。要进一步阐释市场经济与社会主义基本经济制度的相容性和结合的机制，推动以经济改革为重点的全面改革的深化，要坚持辩证法、两点论，推动继续在社会主义基本制度与市场经济的结合上下功夫，把两方面优势都发挥好。

要进一步阐释新的发展理念。创新、协调、绿色、开放、共享的发展理念是对我们在推动经济发展中获得的感性认识的升华，是对我们推动经济发展实践的理论总结，要推动用新的发展理念来引领和推动我国经济发展，不断破解经济发展难题，开创经济发展新局面。

要进一步阐释对外开放和建设开放型经济新体制。要研究对外开放中的新情况和新问题，阐释经济全球化条件下的新理论，推动统筹国内国际两个大局，利用好国际国内两个市场、两种资源，发展更高层次的开放型经济，积极参与全球经济治理，同时坚决维护我国发展利益，积极防范各种风险，确保国家经济安全①。

──────────

① 立足我国国情和我国发展实践　发展当代中国马克思主义政治经济学. 人民日报, 2015 – 11 – 25.

实践是理论的源泉，创新是哲学社会科学发展的永恒主题，理论的生命力在于创新。我国经济改革发展和现代化建设蕴藏着理论创造的巨大动力、活力、潜力，中国特色社会主义政治经济学应该以我们正在做的事情为中心，从我国改革发展的实践中挖掘新材料、发现新问题、提出新观点、构建新理论，加强对改革开放和社会主义现代化建设实践经验的系统总结，提炼出有学理性的新理论，概括出有规律性的新实践。这是发展中国特色社会主义政治经济学的着力点、着重点。

九、　发展中国特色社会主义政治经济学需要妥善处理五个关系

一是实践与理论的关系。从实践与理论的一般关系而言，实践是理论产生和发展的基础，实践决定理论，理论来源于实践，在实践中得到发展受到检验；而科学的理论又可以指导实践，使实践沿着正确的道路前进。实践与理论这样相互促进，循环往复，推动着经济社会不断发展前进。

我国的社会主义经济建设，一开始就是在马克思恩格斯创立的、后为列宁等继承发展了的马克思主义政治经济学基本原理的指导下进行的。乍看起来，这似乎有悖于实践—理论—再实践认识的一般规律，但从本质上看，马克思主义政治经济学基本原理是在总结人类社会发展实践，特别是资本主义生产方式发展实践基础上，揭示人类社会发展一般规律的科学，是实践经验的结晶。当然，马克思恩格斯都没有看到当代中国的社会主义建设实践，正因如此，当我们以马克思主义政治经济学基本原理为指导时，就坚持把马克思主义基本原理与中国实际相结合，一方面坚持以马克思主义为指导不动摇；另一方面，在把马克思主义政治经济学基本原理与中国实际结合中，检验、发展马克思主义政治经济学。沿着这样的轨迹，在长期结合的实践探索中，我们产生了毛泽东经济思想和当代中国马克思主义经济学理论，在这些中国化了的马克思主义政治经济学理论的指导下，中

国社会主义经济建设和改革取得了巨大成就。

改革开放和现代建设的实践，是前无古人的实践。通过改革开放和现代化建设的实践，一方面我们探索形成了一系列符合中国实际和时代特点的科学理论；但另一方面，相对于生动活泼的实践而言，我们的理论发展还相对滞后，还不完全适应实践发展的需要，需要进一步创新。

有一个事实需要给予足够重视。从 2009 年开始，我国经济总量已经居世界第二位，"我们用几十年时间走完了发达国家几百年走过的发展历程，创造了世界发展的奇迹"[①]。2009～2011 年我国经济增长对世界经济增长的贡献超过 50%。目前，中国经济增速虽有所放缓，但对世界经济增长的贡献率仍在 25%～30%，仍是世界经济的重要动力源。但相对于我国经济在世界的地位和对世界经济增长的贡献而言，我们的经济理论还不完全与其相称。适应实践发展的需要，这种状况必须改变。我们的理论不能局限于国内，还要进一步走向世界，为世界经济的发展和全球经济治理做出贡献，为全人类的共同发展做出贡献。我们不仅要成为经济大国、经济强国，也要成为与经济大国、强国相匹配的经济理论大国和强国。中国的学者们应该为此贡献力量。

二是坚持与发展马克思主义政治经济学的关系。坚持以马克思主义为指导，是中国特色社会主义政治经济学区别于其他经济学的根本标志，必须旗帜鲜明地加以坚持。坚持是基础，发展是目标，要善于坚持，也要善于创新。

就马克思恩格斯创立的政治经济学与中国特色社会主义政治经济学的关系而言，前者是源，后者是流。马克思恩格斯创立的马克思主义政治经济学尽管诞生在一个半多世纪之前，但历史和现实都证明它是科学的理论，迄今依然有着强大生命力。马克思恩格斯创立的政治经济学有些针对特定

---

① 习近平. 在省部级主要领导干部学习贯彻党的十八届五中全会精神专题研讨班上的讲话. 人民日报, 2016 - 05 - 10 (2).

条件、在严格假定基础上得出的结论，不一定适应或完全适应今天我国的国情和时代的特点，但其基本原理包括基本立场、基本观点、基本方法，对当代中国的改革建设和发展仍具有重要指导意义，这是已为实践所证明了的。

在坚持和发展马克思主义政治经济学基本原理的基础上，我国创新了政治经济学理论，在这些理论的指导下，我国经济发展取得了巨大成就。但我国仍处于社会主义初级阶段，虽然已成为经济总量大国，但人均国内生产总值在全球仍排在第 80 位左右；人民生活水平总体有较快提高，但还有 7017 万农村贫困人口亟待脱贫。我们在发展中遇到了一系列新情况新问题。经济发展进入新常态后，面临速度换挡、结构调整、动力转换等重大课题，并且随着世界经济形势的变化，我国的出口优势和参与国际产业分工模式面临新挑战。面对这些挑战，又要实现全面建成小康社会和民族复兴的目标，就需要进一步以马克思主义政治经济学的基本原理为指导，把马克思主义政治经济学基本原理和当代中国实际紧密结合起来，在坚持中发展中国特色社会主义政治经济学，在发展中发挥马克思主义政治经济学基本原理的指导作用。这是历史赋予我们的庄严使命。

三是借鉴人类文明成果与从本国基本国情出发的关系。人类已经有了几千年的文明史，人类文明是人类的共同财富。任何一个国家、一个民族都是在承先启后、继往开来中走到今天的，推进人类各种文明交流交融、互学互鉴，是世界各国经济共同发展、各国人民生活得更加美好的必由之路。

就经济学而言，人类文明成果不仅包括马克思主义政治经济学，也包括西方发达国家的经济学、发展中国家的经济学、新兴市场经济国家经济学、国外马克思主义经济学等所有这些经济学中的科学成分。在当代中国经济建设中，在坚持以马克思主义政治经济学基本原理为指导的同时，也要借鉴其他经济学理论中的科学成分，这对我国经济建设和经济发展，对丰富发展中国特色社会主义政治经济学都是有益的。

但任何国家文明成果的产生都离不开本国的国情和实践，因而都有其特殊性和适应性，所以借鉴要立足本国的国情和本国的发展实践，用实践去检验别国的理论，分清楚哪是科学的哪是非科学的，哪是适合本国国情的哪是不适合本国国情的，坚持取长补短、择善而从。对于科学的、适用的要认真学习和借鉴，拿来后与本国的实践相结合，使之本土化，不适用的则要摒弃。这就需要去粗取精、去伪存真，而绝不可囫囵吞枣、照抄照搬。

在过去几十年中，我们解放思想，大胆学习借鉴了别国的实践经验和经济学中的有益成分，例如，市场经济理论、建立现代企业制度理论、国民经济总供求分析理论、现代金融理论、可持续发展理论、国际贸易和资本流动理论等等，这些理论不仅丰富了中国特色社会主义政治经济学，也促进了我国改革开放和现代化建设实践的发展。

但在学习借鉴过程中，也存在一些不健康的需要纠正的倾向。其一是只学习借鉴西方发达国家主流经济学理论而忽视对其他经济学理论包括非主流经济学理论和其他国家经济学理论的学习借鉴。其二是在学习别国理论时存在盲目崇拜、照抄照搬的问题。其三是有人试图把西方发达国家的主流经济学作为我国居指导地位的经济学，否定发展中国特色社会主义政治经济学的必要性。第一种倾向是片面的问题，第二种倾向是脱离中国国情的问题，第三种倾向则是主次颠倒。这三种倾向都要纠正，但当前最需要纠正的是后两种，特别是第三种倾向，如果任其发展，则会误导我国改革开放和现代化建设的方向，带来不可估量的危害。需要十分明确，在当代中国，占主流地位起基本指导作用的经济学不是什么西方经济学，而是当代中国马克思主义政治经济学，即中国特色社会主义政治经济学。

四是弘扬优秀文化传统与适合时代特点的关系。我国是文明古国，历史上曾经有过经济发展的辉煌，特别是农耕文明长期居于世界领先水平。

"汉代时，我国人口就超过 6000 万，垦地超过 8 亿亩。唐代长安城面积超过 80 平方公里，人口超过 100 万，宫殿金碧辉煌，佛寺宝塔高耸，东西两市十分繁荣。北宋时，国家税收峰值达到 1.6 亿贯，是当时世界上最富裕的国家。那个时候，伦敦、巴黎、威尼斯、佛罗伦萨的人口都不足 10 万，而我国拥有 10 万人口以上的城市近 50 座。"[1]

在经济发展的基础上，我国产生了丰富的经济思想，这些思想比欧美发达国家更早，而且对西方经济学产生了影响。例如日本著名经济史学家泷本诚一的《欧洲经济学史》（1931）在附录《重农学派之根本思想的根源》中就指出，"西洋近代经济学的渊源在于中国的学说"[2]。马克思在《资本论》中论及货币与商品流通时，也曾在第 83 注中讲到中国清朝人王茂荫的经济思想[3]。王茂荫的货币理论有很多内容，其关键核心就是无累于民，它的实质在于希望能够在国和民之间保持一个相对的平衡，并不伤害其各自利益，这是中国货币思想的一个积极因素[4]。

中国优秀的经济思想是中华优秀文化的重要组成部分。当代中国，无论在物质文明还是精神文明方面都取得了巨大进步，特别是经济的极大发展和人民生活水平的提高是古代中国完全不可比拟的。但中国文明是继承、发展延续不断的过程，发展中国特色社会主义政治经济学离不开对优秀文化的继承和弘扬。当然，时代不同了，当我们挖掘、继承、弘扬中华优秀文化中的经济思想时，一定要结合时代条件，赋予其新的含义，把传统优秀经济思想时代化，让中国优秀传统文化同世界各国优秀文化一道造福人类。正如习近平所指出的，中华民族有着深厚的文化传统，形成了富有特色的思想体系，体现了中国人几千年来积累的知识智慧和理性思辨。这是

---

① 习近平. 在省部级主要领导干部学习贯彻党的十八届五中全会精神专题研讨班上的讲话. 人民日报，2016 – 05 – 10 (2).

② 谈敏. 法国重农学派学说的中国渊源. 上海：上海人民出版社，1992.

③ 马克思. 资本论//马克思恩格斯文集：第 5 卷. 北京：人民出版社，1975：149 – 150.

④ 叶坦. 徽州经济文化的世界走向：《资本论》中的王茂荫. 学术界，2004 (5).

我国的独特优势。中华文明延续着我们国家和民族的精神血脉，既需要薪火相传、代代守护，也需要与时俱进、推陈出新。要加强对中华优秀传统文化的挖掘和阐发，使中华民族最基本的文化基因与当代文化相适应、与现代社会相协调，把跨越时空、超越国界、富有永恒魅力、具有当代价值的文化精神弘扬起来。要推动中华文明创造性转化、创新性发展，激活其生命力，让中华文明同各国人民创造的多彩文明一道，为人类提供正确精神指引。要围绕我国和世界发展面临的重大问题，着力提出能够体现中国立场、中国智慧、中国价值的理念、主张、方案[①]。

五是坚持中国特色与走向世界的关系。这个问题实际上是中国特色社会主义政治经济学的特殊性与一般性的关系、中国化与国际化的关系。

中国特色社会主义政治经济学是在中国国情、中国实践基础上产生的政治经济学，具有鲜明的中国特色。它揭示中国特殊的社会主义初级阶段的生产方式和与之相适应的生产关系交换关系，而这种特殊的社会主义初级阶段不仅与马克思恩格斯设想的在发达资本主义基础上建立的社会主义不完全一致，与资本主义更具有根本的区别。建立在这样特殊国情基础上的中国特色社会主义政治经济学，是世界上任何别的经济学不可替代的。

但是，必须指出，在中国特色社会主义政治经济学揭示的中国经济的特色中，包含着人类共同的价值追求，具有现代经济的一般性。

首先，中国特色社会主义政治经济学以每个人的自由而全面的发展为根本目的，反映了人类对美好生活的共同向往，包含了人类追求的共同目标。其次，中国特色社会主义政治经济学最大限度地揭示解放生产力发展生产力，反映了生产力发展对生产关系、上层建筑的本质要求，反映了人类社会发展的根本规律。再次，中国特色社会主义政治经济学致力于探索消除两极分化，消灭剥削，消除贫困，实现共同富裕的规律，而消除两极分化、消除贫困，是当代人类面临的突出问题之一，反映了人类对公平正

---

① 习近平. 在哲学社会科学工作座谈会上的讲话. 北京：人民出版社，2016.

义的共同追求。最后，中国特色社会主义政治经济学揭示社会化大生产和市场经济、开放经济的一般规律，着力研究创新、协调、绿色、开放、共享发展，反映了人类社会发展的时代潮流。

认识中国特色社会主义政治经济学的特殊性极其重要，它要求我们从中国实际出发，把马克思主义基本原理与中国的实际结合起来，同时借鉴别国的优长，但不照抄照搬、不教条主义，而要坚持社会主义基本经济制度和发展道路不动摇。它告诉世界，中国发展的社会主义市场经济，本质上是社会主义制度下的市场经济，而不是资本主义制度下的市场经济。

相对于对中国特色社会主义政治经济学特殊性的认识，我们对当代中国马克思主义政治经济学的一般性的认识在过去长时间里显得不足。而强调中国特色社会主义政治经济学所包含的这些一般性，表明作为人类文明成果的一部分，中国特色社会主义政治经济学不仅属于中国，也属于世界。我们尊重别国人民的道路、制度和理论选择，更不强求别国一定接受中国特色社会主义政治经济学，但世界各国文明可以互相借鉴，中国特色社会主义政治经济学应该以更加开放的姿态走向世界，引领世界的发展方向，为世界文明发展、人类共同进步做出贡献。

在这里，有必要对经济学国际化做进一步的探讨。在经济全球化成为世界潮流的背景下，经济学国际化也将成为一种趋势。经济学国际化的使命是揭示经济全球化下各国人民共同的价值追求、利益追求和实现这种追求的经济发展、经济交往的途径，它面对的首先是在经济全球化进程中人类所面对的急需解决的共同经济问题和挑战，各国经济学都应该为解决这些问题做出贡献。但经济学国际化并不是以一国的经济学代替别国的经济学，更不是用西方发达国家的主流经济学代替其他国家的经济学。

对于中国而言，经济学国际化包括两重含义：一重含义是学习借鉴别国经济学的长处；一重含义是，让中国的经济学走向世界，为世界繁荣发展做贡献。在过去的一段时间里，有人只强调前者，认为学习西方国家经济学就是国际化，讲外语就是国际化，在国外发文章就是国际化，更有甚者，认为照抄照搬别国经济理论才是国际化。这种认识在改革开放初期尚可理解，但到今天还是如此，就显得只讲表面不顾本质、只重一面不及其余了，多的是盲目崇拜，缺的是中国人的骨气和理论自信。经济学的根基在实践，生命力在实事求是与时俱进。立足当代中国的实践，创新经济学理论，让中国特色社会主义政治经济学走向世界，为人类的共同发展做贡献，这是经济学国际化的应有之义，也是每位经济学学者的责任。今天我们具有了这种现实可能，应该为此而努力。

20 世纪 20~40 年代，南开大学经济研究所有一批知名学者从国外学成归来。回国后他们不是照抄照搬在西方学的知识，而是遵循"知中国，服务中国"的宗旨，开展中国经济问题的研究，并把研究成果融入经济学教学，对于在欧美学的经济学知识和方法则放到中国的实际中去检验，吸收其有用成分用于分析解决中国的经济问题。他们发表研究成果，编制物价指数，编写教科书，并译成英文介绍到国外，他们推动经济学"中国化"，与其他学者一起成为开创中国本土化经济学教育的先驱①。这些学者当时所取得的成果，至今在国内外学术界还具有重要影响。我们的前人可以做到如此，今天的中国学者，有什么理由不做得更好一些呢！

（原载于《政治经济学评论》2016 年 9 月第 7 卷第 5 期）

---

① 张卓元，厉以宁，吴敬琏主编.20 世纪中国知名科学家学术成就概览（经济学卷）：第 1 分册 . 北京：科技出版社，2015：41-52，116-126.

中国特色社会主义政治经济学的
民族性与世界性

自马克思主义进入中国，经过新民主主义革命时期和社会主义经济建设时期的长期探索，到改革开放新时期的今天，中国特色社会主义政治经济学已经形成并正在进一步发展。中国特色社会主义政治经济学既揭示中国特色社会主义经济的特殊规律性，也揭示人类经济发展的一般规律，既具有民族性，也具有世界性，是中国人民智慧的结晶，也是人类的共同财富。

一、 马克思主义政治经济学发展的最新阶段

"当代中国哲学社会科学是以马克思主义进入我国为起点的，是在马克思主义指导下逐步发展起来的。"[1] 中国特色社会主义政治经济学也是这样。

马克思主义进入中国之前，马克思主义政治经济学的创立和发展已经经历了两个阶段：一个阶段是马克思恩格斯创立和发展的马克思主义政治经济学的阶段。自马克思主义诞生开始，就包括了丰富的政治经济学内容。马克思《1844 年经济学哲学手稿》，马克思恩格斯《德意志意识形态》，以及马克思《哲学的贫困》等，"提出了一系列新的经济学观点"，"包含着后

---

[1] 习近平. 在哲学社会科学工作座谈会上的讲话. 北京：人民出版社，2016.

来在《资本论》中阐发的理论的萌芽"①。马克思《资本论》被公认是马克思主义政治经济学最具代表性的经典著作，是马克思主义政治经济学的集大成。当然，马克思恩格斯的政治经济学经典著作，不局限于《资本论》，《共产党宣言》《〈政治经济学批判〉序言》《〈政治经济学批判〉导言》《反杜林论》《社会主义从空想到科学的发展》等，都是至今仍然具有重要指导作用的经典著作。在这些经典著作中，包含了极其宝贵的政治经济学基本原理。这些原理可概括为：一是基本立场。以人民为中心，代表最广大人民群众的根本利益，是马克思主义政治经济学的根本立场。二是基本方法。辩证唯物主义和历史唯物主义是马克思主义政治经济学的根本世界观和方法论。三是商品经济、社会化大生产的一般规律。包括劳动价值论、分工协作理论、提高劳动生产率理论、商品生产商品交换理论、价格和价值规律理论、货币及货币流通规律理论、实体经济与虚拟经济理论等。四是对资本主义经济的分析和得出的理论。这些理论最核心的是在劳动价值论基础上揭示的剩余价值规律及剩余价值生产理论分配理论、资本积累理论、资本循环周转和社会资本再生产理论、竞争和垄断理论、资本主义危机理论等。五是在对资本主义分析基础上，按照人类社会发展规律对未来共产主义社会科学预测得出的理论，包括全社会占有生产资料的理论、按劳分配理论、按比例分配社会劳动理论、有计划组织生产理论等。上述原理，除了第四类以外，其他几类原理对当代中国都有直接的指导意义，即使第四类原理，如果抛掉其资本主义生产关系性质，对今天我国发展社会主义市场经济，进行经济建设改革经济发展也具有重要指导意义。这是我们发展中国特色社会主义政治经济学要坚持以马克思主义为指导的根本原因所在。

另一个阶段是列宁等继承和发展马克思主义政治经济学的阶段。马克思恩格斯之后，列宁等继承和发展了马克思主义政治经济学，其最重大的

---

① 马克思恩格斯文集：第 1 卷．北京：人民出版社，2009：2，5．

成就是揭示了资本主义进入国家垄断阶段后呈现的本质特征，并对社会主义经济制度建立后，如何进行社会主义经济建设进行了初步的探索，其代表性的经典著作包括《帝国主义是资本主义的最高阶段》《论粮食税》《新经济政策和政治教育委员会的任务》等。

十月革命一声炮响，给中国送来了马克思列宁主义。马克思主义传入中国之后，马克思主义政治经济学的发展也经历了两个阶段：一个阶段是以毛泽东等为代表的中国共产党人带领中国人民对马克思主义政治经济学的继承和发展阶段。该阶段包括对新民主主义社会经济的探索，由新民主主义向社会主义过渡时期经济的探索，以及社会主义经济制度确立以后到改革开放以前一段时期经济建设的探索。其间，形成了马克思主义中国化的第一个伟大成果——毛泽东思想，其中包括丰富的政治经济学理论，如新民主主义经济理论，社会主义社会的基本矛盾、主要矛盾理论，统筹兼顾、注意综合平衡，以农业为基础、工业为主导、农轻重协调发展等重要理论等。其代表性的经典著作包括毛泽东的《新民主主义论》《论十大经济关系》《关于正确处理人民内部矛盾的问题》等。

另一个阶段是改革开放以来，以邓小平、江泽民、胡锦涛、习近平为代表的中国共产党人带领全国人民对马克思主义政治经济学的继承和发展，包括对社会主义本质的探索，对社会主义所处发展阶段的探索，对社会主义基本经济制度、分配制度的探索，对社会主义市场经济和社会主义市场经济条件下政府与市场关系的探索，对经济改革理论的探索，对发展理论、开放理论、宏观调控理论的探索等，形成了马克思主义中国化的又一个伟大成果——中国特色社会主义理论体系，其中包括丰富的政治经济学理论。如社会主义本质和人民中心理论，社会主义初级阶段理论，社会主义基本经济制度理论，促进社会公平正义、逐步实现全体人民共同富裕的理论，发展社会主义市场经济、使市场在资源配置中起决定性作用和更好发挥政府作用的理论，全面深化改革理论，企业改革理论，宏观经济运行和调控理论，创新协调绿色开放共享的发展理念的理论，我国经济发展进入新常态的理论，推动新型工业化、信息化、城镇化、农业现代化相互协调的理论，用好国际国内两个市场、两种资源的理论等等。这些理论成果，是适应当代中国国情和时代特点的中国特色社会主义政治经济学的重要理论，不仅有力指导了我国经济改革和发展实践，而且开拓了马克思主义政治经济学新境界①。

马克思主义政治经济学在中国的传播、学习、继承和发展中，无论是在新民主主义革命时期，还是在社会主义建设改革开放时期，中国的知识分子发挥了不可替代的重要作用，所取得的经济学理论成果，对于中国的革命改革和经济建设发挥了不可替代的重要作用。在这一过程中形成的大量学术成果——论文、专著、教科书，都是中华民族宝贵的财富②。

无论从发展的历史看，还是从包含的内容看，中国特色社会主义政治经济学，都堪称马克思主义政治经济学基本原理与当代中国实践相结合，同时吸取中国历史优秀文明成果，借鉴世界上别国优秀文明成果的产物，是马克思主义政治经济学的最新发展，是中国化、时代化了的当代中国马克思主义政治经济学，标志着马克思主义政治经济学发展进入到新的阶段。

二、 中国特色社会主义政治经济学的民族性

所谓民族性，就是与世界性相对应的中国特色、中华民族特色。从哲学的意义上讲，也就是与一般性、普遍性相对应的特殊性。

中国特色社会主义政治经济学的民族性包括两重含义：一重含义是，与实行非社会主义制度的国家相比较，在基本立场、基本观点、基本方法

---

① 立足我国国情和我国发展实践 发展当代中国马克思主义政治经济学. 人民日报，2015－11－25.
② 张卓元，厉以宁，吴敬琏主编. 20 世纪中国知名科学家学术成就概览（经济学卷）：第1—3 分册. 北京：科技出版社，2015.

和表现形式上呈现的民族性；另一重含义是，与马克思恩格斯设想的未来社会和现实中实行社会主义制度的其他国家相比较，在基本理论观点和表现形式上呈现的民族性。而决定这些基本立场、基本观点、基本方法和表现形式民族性的，是中国特色社会主义政治经济学赖以形成和发展的中国基本经济制度、基本实践和特殊历史文化的民族性。

就基本立场、基本观点、基本方法而言，中国特色社会主义政治经济学具有鲜明的民族特色。它坚持以人民为中心的基本思想和代表广大人民群众利益的基本立场，运用辩证唯物主义和历史唯物主义的方法论，揭示中国特殊的社会主义初级阶段的生产力发展水平和与之相适应的生产关系交换关系，研究社会主义初级阶段基本经济制度和分配制度的规定性，分析社会主义市场经济与公有制经济的相容性及其运行机制和经济体制，分析国有企业改革，政府与市场的关系，揭示如何实现创新、协调、绿色、开放和共享发展等等。所有这一切，与世界上实行非社会主义制度的国家相比，具有根本的区别，是在这些国家的经济学中不可能找到的。即使在一些实行社会主义制度国家的经济学中，如社会主义初级阶段理论、社会主义市场经济及其体制理论、以农村家庭联产承包制为基础的农村改革理论、中国特色新型城镇化理论、精准扶贫理论等等，也是找不到的。有些甚至在马克思恩格斯的经典著作中也是找不到的。这是当代中国特色社会主义政治经济学呈现出的独特的民族性，特殊性，是世界上任何别的经济学不可替代的。

中国特色社会主义政治经济学呈现出的这些民族性，归根结底是由中国特殊的基本经济制度和实践决定的。首先，中国实行社会主义制度，处在社会主义初级阶段是最大的最基本的国情。相对于西方发达国家经济学研究资本主义经济制度下的资源配置而言，中国特色社会主义政治经济学研究的是社会主义制度下——在当代中国是社会主义初级阶段——的经济运动规律。中国特色社会主义根植于中国大地，由历史选择，反映中国人民意愿、适应中国和时代发展进步要求的社会主义，其本质是科学社会主义而非别的什么主义。中国特色社会主义具有科学社会主义的一切本质要求：奋斗目标是共产主义，根本目的是为了每个人的自由而全面的发展；为了实现奋斗目标和根本目的，坚持公有制为主体多种所有制经济共同发展的基本经济制度和分配制度；最大限度地解放生产力发展生产力，消除两极分化，消灭剥削，实现共同富裕；坚持共产党领导，实行依法治国，实现社会和谐，创新、协调、绿色、开放、共享发展等等。正如 2012 年 11 月习近平在中央政治局第一次集体学习时指出："中国特色社会主义特就特在其道路、理论体系、制度上，特就特在其实现途径、行动指南、根本保障的内在联系上，特就特在这三者统一于中国特色社会主义伟大实践上。"①

其次，中国特殊的历史、特殊的文化等也是决定中国特色社会主义政治经济学民族性的有别于其他国家的基本国情。中国人口多，生产不够发达，人均国内生产总值至今排在世界 80 位左右，而且城乡、地区发展很不平衡。这样的一个发展中大国，要从计划经济体制转变为社会主义市场经济体制，从封闭半封闭状态走向开放，从落后生产走向现代化强国，是人类历史上不曾有过、任何别的国家无法比拟的。我国是有数千年历史的文明古国，历史上曾经有过经济发展的辉煌，特别是农耕文明长期居于世界领先水平，即使对外开放，也曾经领世界各国之先。公元前 139 年汉武帝派遣张骞出使西域，开辟丝绸之路；公元 1405 年明朝郑和下西洋，开辟航海之路；指南针的发明和在航海中的应用，甚至为经济全球化的发轫做出了历史性贡献。但在近代，由于封建制度的没落和外敌的侵入，我国沦为半殖民地半封建社会，经济落后，人民饱受欺凌。直到新中国建立，经过艰苦曲折的探索，我们走上了改革开放和现代化建设之路，开始走向新的辉煌。中华民族是一个勤劳勇敢不屈不挠的民族，在几千年的经济发展中，

---

① 习近平. 紧紧围绕坚持和发展中国特色社会主义学习宣传贯彻党的十八大精神//习近平谈治国理政. 北京：外文出版社，2014：9.

我国产生了丰富的富有中国特色的经济思想，体现了中国人几千年来积累的知识和智慧，中华民族的这些深厚文化传统，是我国的独特国情和优势，为发展中国特色社会主义政治经济学提供了丰富滋养。

从政治经济学的产生和发展史看，政治经济学首先是从研究个别国家、特定发展阶段开始，并且呈现各个国家的民族性。恩格斯曾经讲过："人们在生产和交换时所处的条件，各个国家各不相同，而在每一个国家里，各个世代又各不相同。因此，政治经济学不可能对一切国家和一切历史时代都是一样的。""因此，政治经济学本质上是一门历史的科学，它所涉及的是历史性的即经常变化的材料；它首先研究生产和交换的每个个别发展阶段的特殊规律……"① 恩格斯这里讲的，实际上是政治经济学首先只能以它的民族性特殊性呈现出来。

承认这种民族性特殊性，我们就要加强对当代中国丰富实践的研究，总结提炼改革开放和社会主义现代化建设的经验，揭示其规律性，以不断完善中国特色社会主义政治经济学理论体系；同时要加强对中华优秀传统文化中经济思想的挖掘和阐发，使中华民族优秀的经济思想与当代经济思想相适应、与现代经济发展相协调，把具有当代价值的经济思想弘扬起来；推进充分体现中国特色、中国风格、中国气派的政治经济学建设。这是历史赋予我们的神圣使命。认识中国特色社会主义政治经济学的民族性极其重要，它要求我们要从中国实际出发，把马克思主义基本原理与中国的实际结合起来，同时借鉴别国的优长，既不照抄照搬，也不教条主义，要坚持中国特色社会主义政治经济学基本原则不动摇。对于中国特色社会主义政治经济学民族性的认识，大多数学者是清醒的，但是也有人认为世界上只有一种经济学，即西方现代经济学，所以就无所谓中国特色社会主义政治经济学的经济学。这种认识事实上否认中国特色社会主义政治经济学的民族性，否认建设中国特色社会主义政治经济学的必要性。这样的主张，

---

① 恩格斯. 反杜林论//马克思恩格斯文集：第9卷. 北京：人民出版社，2009：153-154.

从哲学意义上是否认一般性存在于特殊性之中的一般原理，从经济学意义上就是以西方发达国家的主流经济学取代中国特色社会主义政治经济学。实际上，只要看看历史和当代世界实践就不难发现，世界上还没有哪个大国没有自己的根本理论而靠照抄照搬别国理论而取得成功的。相反，就在当今世界，"按照西方主流理论转型的国家大多出现经济崩溃、停滞、危机不断，少数在转型中取得稳定和快速发展的国家，推行的却都是被西方主流理论认为是最糟的双轨渐进的改革。"① 这样的事实应该引起我们的深思。

三、 中国特色社会主义政治经济学的世界性

所谓世界性，就是与民族性相对应的国际性和世界意义。从哲学的意义上讲，也就是与特殊性相对应的一般性、普遍性。中国特色社会主义政治经济学的世界性也包括两重含义：一重含义是在中国特色社会主义政治经济学的民族性内容中，包含着人类共同的价值追求，具有世界范围经济学理论的一般性和普遍性。另一重含义是中国特色社会主义政治经济学应该而且可以与别国经济理论与实践相互学习和借鉴。

就第一重含义而言，中国特色社会主义政治经济学除了基本经济制度、分配制度等内容外，涉及资源配置、社会化大生产、市场经济运行、经济发展等内容，包含了许多经济学的一般性和普遍性。这些一般性和普遍性，表现在五个方面：

第一，中国特色社会主义政治经济学包含着人类共同的价值追求。中国特色社会主义政治经济学坚持以人民为中心的思想，以每个人自由而全面的发展为根本目的，坚持把增进人民福祉、促进人的全面发展，作为经济发展的出发点和落脚点，这反映了人类对美好生活的共同向往。同时，中国特色社会主义政治经济学致力于消除贫困，消除两极分化，朝着共同

① 林毅夫. 以理论创新繁荣哲学社会科学. 人民日报, 2016 – 05 – 18.

富裕方向稳步前进，而消除贫困，消除两极分化，是当代人类面临的突出问题之一，解决这些问题是人类追求的共同目标。

第二，中国特色社会主义政治经济学揭示了市场经济、社会化大生产和资源配置的一般规律。中国特色社会主义政治经济学在分析资源配置和社会主义市场经济运行中，揭示了包括价值规律、货币流通规律以及价格机制、供求机制、竞争机制等市场机制发挥作用的规律性。在分析社会化大生产中，揭示了社会化大生产的一般规律，如劳动时间节约规律、按比例分配社会劳动时间规律，社会再生产规律、人口资源环境协调规律等，这些规律不是社会主义经济特有，而是一切发展市场经济和社会化大生产的经济形态中共有的。

第三，中国特色社会主义政治经济学揭示了经济相对落后的发展中国家向经济现代化发展的一般规律。中国特色社会主义政治经济学在分析中国现代化道路的特殊性中，揭示了经济相对落后的发展中国家向经济现代化发展道路的一般性。如把经济建设作为中心，把解放生产力发展生产力作为根本任务，重视学习借鉴发达国家的经验，重视科技创新对经济发展的推动作用，重视经济结构特别是产业结构的优化和调整，重视逐步消除城乡二元结构的差别，重视工业化与信息化的结合等等。同时中国特色社会主义政治经济学致力于社会和谐，坚持创新、协调、绿色、开放、共享的发展理念，不断破解经济发展难题，开创经济发展新局面。这反映了历史发展的进步方向。

第四，中国特色社会主义政治经济学揭示了经济转型的一般规律。经济转型包括经济体制转型和经济发展方式转型。中国特色社会主义政治经济学在分析中国经济体制改革、经济方式转变进程的特殊性中，包含了经济转型国家经济体制和经济发展方式转型的一般性普遍性。如重视发挥市场在资源配置中的基础决定作用同时，重视更好地发挥政府的作用，重视从粗放经济发展方式向集约型发展方式的转变，重视妥善处理稳定、改革与发展的关系，重视依法治国等等。

第五，中国特色社会主义政治经济学揭示了经济全球化条件下的开放经济的一般规律。适应时代潮流，中国特色社会主义政治经济学重视对经济全球化正负效应的分析，反对贸易保护，倡导互利共赢的开放战略，发展更高层次的开放型经济，致力于和平发展，强调互利互惠，积极参与全球经济治理，构建人类命运共同体。这反映了人类和平发展、平等发展、共同发展的共同心声。

相对于对中国特色社会主义政治经济学民族性、特殊性的认识，我们对其世界性、一般性的认识显得不足。实际上，在经济全球化成为时代潮流、和平发展成为主要问题的当代世界，任何国家都难游离之外，独善其身，任何经济理论如果完全自我封闭，也不可能真正指导实践，为人类共同发展做出贡献。而强调并自觉加强中国特色社会主义政治经济学所包含的这些世界性和普遍性，表明作为人类文明，当代中国特色社会主义政治经济学不仅属于中国，也属于世界。我们尊重别国人民的道路、制度和理论选择，但世界各国文明可以互相借鉴。中国特色社会主义政治经济学应该以更加开放的姿态走向世界，为世界文明发展、人类共同进步做出更大贡献。事实上，在过去的实践中，中国特色社会主义政治经济学，不仅为中国的改革发展提供了理论指导，而且也对世界一些国家特别是发展中国家的改革发展提供了借鉴。

首先，中国特色社会主义政治经济学对于后发国家如何在现代条件下加快自己的理论创新和经济发展具有启示。中国特色社会主义政治经济学的理论创新，是思想解放的结果，又极大地促进了思想的进一步解放。在中国特色社会主义政治经济学理论的指导下，中国改革开放和现代化建设的实践，极大地促进了生产力的发展。中国可以做到的事情，许多发展中国家、新兴经济体应该也可以做得到。特别是，在中国特色社会主义政治经济学的指导下，中国已经从低收入国家跨入中等收入国家，目前又正在从中等收入国家向高收入国家跨越，全面建成小康社会，这些都可以为发展中国家跨越中等收入陷阱提供启示和借鉴。

其次，中国特色社会主义政治经济学对于转型国家也不无启发。从传统计划经济体制向社会主义市场经济体制转变，从封闭半封闭经济向开放经济转变，从粗放经济方式向集约型发展方式转变，中国是为世界所比较公认的比较成功的国家。抛开基本经济制度因素，中国的渐进式、"摸着石头过河"，先农村改革后城市改革、先沿海开放再全面开放，先试点后推广，把稳定发展改革紧密结合的改革理论；重视科技创新、结构调整，重视国内国外两个市场、两种资源等，可以为转型国家提供有益借鉴。

再次，中国特色社会主义政治经济学，即使对于发达国家也不无启发。当今世界，现代科技特别是互联网、信息技术迅猛发展，经济全球化不断扩大，世界变成了地球村。2008 年世界金融危机后，各国正抓紧调整各自发展战略，推动变革创新，转变经济发展方式，调整经济结构，开拓新的发展空间。同时，世界经济仍处于深度调整期，低增长、低通胀、低需求同高失业、高债务、高泡沫等风险交织，主要经济体走势和政策取向继续分化，经济环境的不确定性依然突出，能源安全、粮食安全、气候变化等非传统安全和全球性挑战不断增多[1]，世界面临许多共同重大挑战，使人类越来越成为命运共同体。在中国特色社会主义政治经济学理论的指导下，中国改革开放和现代化建设的实践，为世界的和平发展合作共赢做着应有的贡献。中国的这些举措，符合国际惯例，对人类发展有益，与别国可以相互沟通，交流和学习。

四、 关于学习别国经验和理论与经济学国际化

明确中国特色社会主义政治经济学的民族性和世界性，为中国特色社

---

[1] 习近平出席博鳌亚洲论坛 2015 年年会开幕式并发表主旨演讲. 人民日报, 2015 – 03 – 29.

会主义政治经济学的中国化和国际化奠定了理论基础。

习近平讲，强调民族性并不是要排斥其他国家的学术研究成果，而是要在比较、对照、批判、吸收、升华的基础上，使民族性更加符合当代中国和当今世界的发展要求，越是民族的越是世界的。解决好民族性问题，就有更强能力去解决世界性问题；把中国实践总结好，就有更强能力为解决世界性问题提供思路和办法。这是由特殊性到普遍性的发展规律①。

应该指出，世界各个国家历史不同，国情不同，道路不同，文化不同，经济发展程度不同，但能够发展到今天，都有自己的经验和优长。特别是西方一些发达国家，市场经济和现代化进程要比我们早，发达程度要比我们高，资本主义制度确立以后的时间里创造的生产力，"比过去一切世代创造的全部生产力还要多，还要大"②。作为在这样实践基础上形成的西方经济学理论，包含着一些科学的成分。认真地学习这些科学的成分，并在我国的实践中加以鉴别，分清楚哪些适合我们的国情，哪些不适合我们的国情，对科学而又适合我国国情的，不仅在实践中认真地加以应用，而且在发展中国特色社会主政治经济学中也加以吸收，这对我们是有益的。改革开放以前，我国基本排斥西方经济学，改革开放以来认真学习借鉴西方经济学，正反两面的经验说明了这样的道理。当然，西方经济学毕竟是在西方基本经济制度基础上产生的经济学，首先比较多地体现了西方发达国家经济理论的民族性、特殊性，所以，在学习西方经济学并运用到实践时，就要立足我国实际，有分析、有鉴别，绝不能不加分析地照抄照搬，更不能把它作为唯一准则，作为我国改革开放的根本指导理论。

中国特色社会主义政治经济学与别国经济学相互学习借鉴的过程，实际上就是国际化的过程。恩格斯在阐明政治经济学的特殊性之后，接下来讲过，政治经济学在首先研究并完成生产和交换的每个个别国家和个别发

---

① 习近平. 在哲学社会科学工作座谈会上的讲话. 北京：人民出版社，2016.
② 马克思. 共产党宣言//马克思恩格斯选集：第 1 卷. 北京：人民出版社，2012：405.

展阶段的特殊规律之后，能够"确立为数不多的、适合生产一般和交换一般的、完全普遍的规律"①。这是经济学可以国际化的最重要的理论基础。在经济全球化成为世界潮流的背景下，经济学国际化也将成为一种趋势。经济学国际化的使命是揭示经济全球化下各国人民共同的价值追求、利益追求和实现这种追求的经济发展、经济交往的"为数不多的、适合生产一般和交换一般的、完全普遍的规律"。它面对的首先是在经济全球化进程中人类所面对的急需解决的共同经济问题和挑战，各国经济学都应该为解决这些问题做出贡献，并在做贡献的过程中得到丰富和发展。

对于中国特色社会主义政治经济学而言，国际化包括两重含义：一重含义是学习借鉴别国经济学中包含的"适合生产一般和交换一般的、完全普遍的规律"；一重含义是，让中国的经济学走向世界，让其中包含的"适合生产一般和交换一般的、完全普遍的规律"为世界繁荣发展做贡献。在过去的一段时间里，有人只强调前者，认为学习西方国家经济学是国际化，在国外发文章就是国际化。

这种认识在改革开放初期尚可以理解，但到今天还是如此，就显得只讲表面不顾本质，只重一面不及其余，多的是盲目崇拜，缺的是中国人的骨气和理论自信。经济学的根基在实践，生命力在实事求是与时俱进。立足当代中国的实践，创新经济学理论，让中国特色社会主义政治经济学走向世界，为人类的共同发展做贡献，这是经济学国际化的应有之意，也是每位经济学学者的责任，今天我们具有了这种现实可能，应该为此而努力。

五、 开拓创新为世界经济和经济学的发展贡献中国智慧

强调民族性也好，世界性也好，关键在于创新。中国特色社会主义政治经济学有没有民族性，能不能为世界所认可，所接受，归根到底要看有

---

① 恩格斯．反杜林论//马克思恩格斯文集：第9卷．北京：人民出版社，2009：153－154.

没有主体性、原创性。跟在别人后面亦步亦趋，不仅难以发展中国特色社会主义政治经济学，而且解决不了我国的实际问题。不少学者都有出国学习、交流、讲学的经历，也会有切身的体会，如果我们到西方发达国家去讲西方经济学，很可能是"鲁班门前玩锛"，讲得再好，大概也只有做小学生的份儿。如果我们讲中国改革发展和现代化建设的理论与实践，特别是能以国际上比较通行的方式和方法讲中国的故事，那么可能会受到赞赏和欢迎。

外国人真正希望知道的，可能不是他们熟知的西方主流经济学，而是中国迅速发展的实践奥秘和理论真谛。所以中国特色社会主义政治经济学只有以我国实际为研究起点，提出具有主体性、原创性的理论观点，构建具有自身特质的学科体系、学术体系、话语体系，才能真正形成自己的特色和优势，也才能逐步为世界所重视，所接受。

理论的生命力在于创新，创新是中国特色社会主义政治经济学发展的永恒主题。实践总是在发展的，我国经济发展进入新常态，改革进入全面深化的攻坚阶段，新情况新问题层出不穷。中国特色社会主义政治经济学只有"立足我国国情和我国发展实践，揭示新特点新规律，提炼和总结我国经济发展实践的规律性成果，把实践经验上升为系统化的经济学说，不断开拓当代中国马克思主义政治经济学新境界"[①]，才能为中国为世界的发展贡献中国智慧，提供有用的理论指导和支持。发展中国特色社会主义政治经济学要增强问题意识，以改革开放和现代化建设提出的重大问题为主攻方向，着力对重大基本理论的系统研究和进一步阐释。实践是理论的源泉。我国经济改革发展和现代化建设实践蕴藏着理论创造的巨大动力、活力、潜力，中国特色社会主义政治经济学应该以我们正在做的事情为中心，从我国改革发展的实践中挖掘新材料、发现新问题、提出新观点、构建新理论，加强对改革开放和社会主义现代化建设实践经验的系统总结，提炼

① 立足我国国情和我国发展实践　发展当代中国马克思主义政治经济学. 人民日报, 2015 – 11 – 25.

出有学理性的新理论，概括出有规律性的新实践。这是发展中国特色社会主义政治经济学的着力点、着重点，也是历史赋予我们的神圣使命，中国特色社会主义政治经济学应该为此做出新贡献。

（原载于《经济研究》2016 年第 10 期）

《资本论》与中国特色社会主义政治经济学

《资本论》问世 150 年来，经历了实践的风雨涤荡，经受了来自各个方面的反对或质疑，依然岿然屹立，放射着真理的光芒。《资本论》是马克思主义经典著作中百科全书式的鸿篇巨制，可以从多个学科多个角度阐释它的当代价值，为集中起见，本文拟从政治经济学的角度阐述其对构建中国特色社会主义政治经济学理论体系话语体系的重大意义。

一、 三个相互联系的关键概念

为阐述的必要，先对本文涉及的三个关键概念做出说明：一个是《资本论》；一个是马克思政治经济学；一个是马克思主义政治经济学。

《资本论》是马克思花费了 40 年时间完成的伟大成果，是一部具有划时代意义的巨著。马克思在这部著作中，运用辩证唯物主义和历史唯物主义的世界观和方法论阐释了资本主义社会的经济运动规律和资本主义产生、发展和灭亡的历史规律；根据对资本主义基本矛盾的分析，论证了资本主义被共产主义取代的历史必然性，为科学社会主义奠定了理论基础。这部著作在政治经济学领域实现了革命变革，创立了马克思主义政治经济学。《资本论》内容极其丰富，除经济学内容外，还包括马克思主义哲学和科学社会主义的内容，以及有关政治、法律、历史、教育、道德、宗教、科学技术、文学艺术的精辟论述，是马克思主义的理论宝库①。按照马克思写作《资本论》的计划，他准备撰写的政治经济学巨著包括资本、土地所有制、雇佣劳动、国家、国际贸易和世界市场六个分册，《资本论》是这个宏伟计划的一部分，其他部分的思想包含在马克思大量的政治经济学著作中。

马克思政治经济学，是马克思花费毕生心血创立的政治经济学，《资本论》是马克思政治经济学的集大成，但马克思政治经济学不限于《资本论》，还包括马克思在研究政治经济学过程中形成的一系列著作，如最初的研究成果《1844年经济学哲学手稿》《德意志意识形态》《哲学的贫困》《雇佣劳动与资本》《共产党宣言》等，以及后来在《资本论》写作过程中形成的一系列著作，如《政治经济学批判》（第一分册）、《〈政治经济学批判〉序言》《〈政治经济学批判〉导言》，大量的《资本论》手稿、通信等。

马克思主义政治经济学，既包括马克思创立的政治经济学，也包括为列宁、毛泽东等后人继承发展了的马克思主义政治经济学。中国特色社会主义政治经济学是植根于中国的土壤，立足当代中国国情和中国发展实践而产生的政治经济学。中国特色社会主义政治经济学与马克思恩格斯创立的，后为列宁、毛泽东等继承发展的马克思主义政治经济学一脉相承，是马克思主义政治经济学基本原理与当代中国实际相结合，同时吸取中国历史优秀文明成果和世界其他国家优秀文明成果的产物，是中国化、时代化了的马克思主义政治经济学。

二、《资本论》为构建中国特色社会主义政治经济学提供了根本立场

政治经济学作为研究人类社会生产方式以及和它相适应的生产关系、

---

① 马克思恩格斯文集. 北京：人民出版社，2009：出版说明1.

交换关系，最终目的是揭示经济运动规律的科学，总是有自己的出发点和落脚点。这种出发点和落脚点就是政治经济学的立场。

资产阶级政治经济学虽然把其研究对象界定为资源配置，把政治经济学或经济学定义为在资源稀缺条件下研究资源配置的科学，似乎给人以中性的没有立场的感觉，但实际上它的经济人假设、资本主义私有制的前提假定等，都说明其基本立场是维护资本主义制度和资产阶级根本利益的。

马克思政治经济学公然申明是为无产阶级和广大人民群众服务的。《资本论》在深刻揭示资本主义社会剩余价值生产分配的秘密，分析资本主义基本矛盾即社会化生产与资本主义私人占有之间的矛盾的基础上，揭示了资本主义必然为新社会代替的历史趋势。马克思指出"资本的垄断成了与这种垄断一起并在这种垄断之下繁盛起来的生产方式的桎梏。生产资料的集中和劳动的社会化，达到了同它们的资本主义外壳不能相容的地步。这个外壳就要炸毁了。资本主义私有制的丧钟就要响了。剥夺者就要被剥夺了。"[1] 把资本主义看作是一个过渡性的必然被新制度代替的制度，这是只有站在无产阶级和人民大众立场上才能做出的结论。这就是《资本论》的立场、马克思主义政治经济学的立场。当然这样的立场不是永恒的而是历史的。随着社会的发展和进步，马克思主义最终的奋斗目标是共产主义，解放全人类，实现"每个人的自由发展"[2]。从这样的意义上说，马克思政治经济学的终极目标和根本立场是为全人类服务的。

马克思政治经济学的立场为构建中国特色社会主义政治经济学提供了根本的出发点和落脚点。坚持和发展马克思政治经济学的立场构建中国特色社会主义政治经济学，就要坚持一切为了人民、一切依靠人民，以人民为中心的立场。

坚持以人民为中心的立场，就要把中国特色社会主义政治经济学的出

---

① 马克思. 资本论//马克思恩格斯文集：第 5 卷. 北京：人民出版社，2009：874.

② 马克思. 共产党宣言//马克思恩格斯文集：第 2 卷. 北京：人民出版社，2009：53.

发点和立足点建立在增进人民的福祉，促进人的全面发展上。这既是对马克思政治经济学根本立场的继承，也是对马克思政治经济学根本立场的发展。人民群众是社会物质财富、精神财富的创造者，是社会变革的决定力量。在社会历史发展过程中，人民群众起着决定性的作用。社会主义经济发展和改革的根本出发点和落脚点是增进人民福祉、促进人的全面发展、朝着共同富裕方向稳步前进。要坚持以人民为中心，把发展、改革与改善民生紧密结合起来，把是否促进经济质量和效率的提高，是否有利于提高人民生活质量和水平作为改革的最高检验标准。要把发展经济满足人民不断增长的物质文化和生态需要作为社会主义经济发展的根本目的，揭示发展经济需要的道路、途径和方法；揭示依靠人民发展，发展为了人民、共享共建的途径和方法；揭示为什么要建立和完善社会主义基本经济制度、分配制度，怎么样建立和完善社会主义基本经济制度、分配制度，为什么要以经济建设为中心，如何以经济建设为中心，为什么要经济改革，怎样深化经济体制改革，为什么要发展，怎样发展。从根本立场上把社会主义的经济建设和发展与人民群众的根本利益、根本要求紧密联系在一起。

坚持以人民为中心的立场，就要反映、代表广大人民群众的根本利益。这是中国特色社会主义政治经济学基本要求。恩格斯说："每一既定社会的经济关系首先表现为利益。"① "人们为之奋斗的一切，都同他们的利益有关。"② 而在各种利益中，经济利益是基础，追求经济利益，是生产力发展的内在动力和原始动因。改革开放和现代化建设是中国特色社会主义政治经济学必须着力研究的重大理论和实践，而改革开放和现代化建设必然涉及各种利益关系的调整，根本目的是为了满足人民群众日益增长的物质文化需要。在我国社会主义经济制度确立之后，生产力与生产关系、经济基础与上层建筑之间的矛盾虽然其对抗性已经消失，但仍然是社会的基本矛

---

① 恩格斯．论住宅问题//马克思恩格斯文集：第 3 卷．北京：人民出版社，2009：320.

② 马克思恩格斯全集：第 1 卷．2 版．北京：人民出版社，1995：187.

盾。而这些基本矛盾在社会经济生活中往往表现为具体的利益矛盾。改革是革命，必然触及各种利益矛盾。所以，中国特色社会主义政治经济学必须分析研究各种利益关系和矛盾，并为处理和解决各种利益关系和矛盾提供理论指导。分析研究各种利益矛盾，探求解决各种利益矛盾途径，必须有一个基本的立足点，就是必须反映和代表广大人民群众的根本利益。

对于世界经济问题的研究也一样。中国特色社会主义政治经济学不仅要研究中国的经济问题，而且要研究经济全球化条件下的世界市场、国际贸易、国际金融、全球环境保护和国际经济关系。而国际经济关系，也是利益关系，说到底最根本的是物质利益关系。分析研究国际经济关系，探求解决各种经济关系矛盾途径，也必须有一个基本的立足点，就是在各种国际惯例形式背后的国家利益。西方的政治人物直言不讳把国家利益摆在第一位。英国的丘吉尔说，没有永远的朋友，没有永远的敌人，只有永恒的利益。美国的特朗普甚至更加直白：美国第一。中国特色社会主义政治经济学不必讳言在国际交往中要追求国家利益、人民利益，只是要同时申明我们追求的国家利益人民利益以互利共赢为原则，不以损人利己为前提。

马克思政治经济学关于利益问题的基本观点，为中国特色社会主义政治经济学提供了基本的立足点和科学的分析方法。它告诉我们在分析繁杂的经济现象时，要善于透过现象，揭示各种复杂的利益关系，从而把握各种经济现象之间的本质联系。同时在分析各种矛盾时，要善于分析不同社会利益群体的形成过程、经济地位、利益关切和利益诉求，以及不同社会利益群体利益的变化趋势。它要求我们要代表广大人民群众的根本利益，科学分析各种经济主体思想行为背后的利益动因，建立和完善利益评判机制、利益表达机制、利益协调机制、利益补偿机制，有效解决或化解各种利益矛盾和利益冲突①。

---

① 逄锦聚. 中国经济学的方向和方法. 政治经济学评论, 2013 (1).

三、《资本论》为构建中国特色社会主义政治经济学提供了基本理论

《资本论》是一部具有划时代意义的巨著。它所揭示的政治经济学基本理论是中国特色社会主义政治经济学的重要理论来源。这些基本理论可以概括为三大类：

一类是关于货币经济和社会化大生产的一般理论。这些理论在《资本论》前三章得到了集中阐释，包括：劳动价值理论、分工协作理论、提高劳动生产率理论、商品生产商品交换理论、价格和价值规律理论、货币及货币流通规律理论，等等。

一类是对资本主义经济的分析和得出的理论。这些理论最核心的是：在劳动价值论基础上揭示的剩余价值规律及剩余价值的生产和分配理论、资本积累理论、资本循环周转和社会资本再生产理论、竞争和垄断理论、资本主义危机理论等。

还有一类是在解析资本主义基本矛盾运动发展趋势的基础上，揭示的人类社会发展一般规律，以及据此对未来共产主义社会科学预测得出的理论。其中包括全社会占有生产资料的理论、按劳分配理论、按比例分配社会劳动理论、有计划组织生产理论等。

上述这些原理，除了对资本主义经济运动规律的分析和得出的理论以外，其他两类理论对当代中国的改革开放和现代化建设都有直接的指导作用，中国特色社会主义政治经济学应该充分吸收这些理论，作为理论体系中的重要组成部分。对于这些理论的学习吸收和运用，都还不够，应该进一步加强。即使对资本主义经济运动规律的分析和得出的理论，如果抛掉其资本主义生产关系性质，对今天我国发展社会主义市场经济，进行经济建设和经济发展也具有重要指导意义。这是我们要认真学习《资本论》，坚定不移地坚持马克思政治经济学基本原理的根本原因所在。

在对待《资本论》的态度上，有两种倾向是值得注意必须坚决克服的。一种倾向是完全否定的倾向。即不读《资本论》或对《资本论》浅尝辄止不认真研究，就断言《资本论》过时了，从而否定《资本论》的当代价值和指导意义。这种倾向在一段时期内在部分学者中流行，并影响到青年学生。这是一种有害的倾向。对于这种倾向，习近平在哲学社会科学工作座谈会上曾经做了针对性很强的分析，指出："有人说，马克思主义政治经济学过时了，《资本论》过时了。这个说法是武断的。远的不说，就从国际金融危机看，许多西方国家经济持续低迷、两极分化加剧、社会矛盾加深，说明资本主义固有的生产社会化和生产资料私人占有之间的矛盾依然存在，但表现形式、存在特点有所不同。国际金融危机发生后，不少西方学者也在重新研究马克思主义政治经济学、研究《资本论》，借以反思资本主义的弊端。法国学者托马斯·皮凯蒂撰写的《21 世纪资本论》就在国际学术界引发了广泛讨论。该书用翔实的数据证明，美国等西方国家的不平等程度已经达到或超过了历史最高水平，认为不加制约的资本主义加剧了财富不平等现象，而且将继续恶化下去。作者的分析主要是从分配领域进行的，没有过多涉及更根本的所有制问题，但使用的方法、得出的结论值得深思。"[1] 习近平的这些话，是对"过时论"的最好的回答。

另一种倾向是教条主义。这种倾向不是根据变化着的形势学习运用《资本论》中体现的马克思主义政治经济学基本立场、基本观点、基本方法，而是拘泥于个别结论，照抄照搬。这也是一种有害的倾向。应该看到，与《资本论》诞生的时代相比，时代和实践都在发生着巨大的变化。世界范围，和平与发展成为当代世界的两大主要问题，但矛盾也十分突出。"一方面，物质财富不断积累，科技进步日新月异，人类文明发展到历史最高水平。另一方面，地区冲突频繁发生，恐怖主义、难民潮等全球性挑战此

---

[1] 习近平. 在哲学社会科学工作座谈会上的讲话. 人民日报，2016 – 05 – 19 (2).

起彼伏，贫困、失业、收入差距拉大，世界面临的不确定性上升。"①　就国内而言，当代中国正经历着我国历史上最为广泛而深刻的社会变革，也正在进行着人类历史上最为宏大而独特的实践创新。这种前无古人的伟大实践，必将给理论创造、学术繁荣提供强大动力和广阔空间。面对我国经济发展进入新常态、国际发展环境深刻变化的新形势，如何贯彻落实新发展理念、加快转变经济发展方式、提高发展质量和效益，如何更好保障和改善民生、促进社会公平正义，迫切需要哲学社会科学更好发挥作用。面对改革进入攻坚期和深水区、各种深层次矛盾和问题不断呈现、各类风险和挑战不断增多的新形势，如何提高改革决策水平、推进国家治理体系和治理能力现代化，迫切需要经济科学更好发挥作用。面对这样的新形势，要从《资本论》中完全找到现成的答案是不可能的，照抄照搬《资本论》的个别结论也是无济于事的，正确的态度只能是学习继承《资本论》揭示的政治经济学基本原理，并把这些原理与时代和中国的实际相结合，创新发展马克思政治经济学，构建中国特色社会主义政治经济学，并用以指导我们的实践。

四、《资本论》为构建中国特色社会主义政治经济学提供了根本方法论

辩证唯物主义和历史唯物主义是马克思创立的政治经济学的根本方法论。对于这样的方法论，马克思曾经做过言简意赅的表述。在《资本论》第二版跋中，马克思在详细引证并肯定了俄国经济学家伊·伊·考夫曼对《资本论》方法的评论之后，指出《资本论》的方法"正是辩证法"。这种辩证法与黑格尔的辩证法不同，"观念的东西不外是移入人的头脑并在人的头脑中改造过的物质的东西而已"。"辩证法在对现存事物的肯定的理解中

---

① 习近平. 共担时代责任　共促全球发展：在世界经济论坛 2017 年年会开幕式上的主旨演讲. 人民日报，2017 – 01 – 18 (3).

同时包含对现存事物的否定的理解，即对现存事物的必然灭亡的理解；辩证法对每一种既成的形式都是从不断的运动中，因而也是从它的暂时性方面去理解；辩证法不崇拜任何东西，按其本质来说，它是批判的和革命的。"① 在《〈政治经济学批判〉序言》中，马克思说："我所得到的，并且一经得到就用于指导我的研究工作的总的结果，可以简要地表述如下：人们在自己生活的社会生产中发生一定的、必然的、不以他们的意志为转移的关系，即同他们的物质生产力的一定发展阶段相适合的生产关系。这些生产关系的总和构成社会的经济结构，即有法律的和政治的上层建筑竖立其上并有一定的社会意识形式与之相适应的现实基础。物质生活的生产方式制约着整个社会生活、政治生活和精神生活的过程。不是人们的意识决定人们的存在，相反，是人们的社会存在决定人们的意识。社会的物质生产力发展到一定阶段，便同它们一直在其中运动的现存生产关系或财产关系（这只是生产关系的法律用语）发生矛盾。于是这些关系便由生产力的发展形式变成生产力的桎梏。那时社会革命的时代就要到来了。随着经济基础的变更，全部庞大的上层建筑也或慢或快地发生变革。""无论哪一个社会形态，在它所能容纳的全部生产力发挥出来以前，是绝不会灭亡的；而新的更高的生产关系，在它的物质存在条件在旧社会的胎胞里成熟以前，是决不会出现的。"② 列宁曾说，马克思在《〈政治经济学批判〉序言》中的论述是对历史唯物主义基本原理的"完整的表述"。

马克思政治经济学的根本方法论，也是中国特色社会主义政治经济学的根本方法论。坚持辩证唯物主义和历史唯物主义根本方法论发展中国特色社会主义政治经济学，首先要坚持把发展社会生产力摆在首位和生产关系一定要适应生产力、上层建筑一定要适应经济基础发展要求的原理。要一以贯之地把这些基本原理与当代中国经济实际相结合，在揭示社会主义

① 马克思. 资本论//马克思恩格斯文集：第5卷. 北京：人民出版社，2009：22.
② 马克思.《政治经济学批判》序言//马克思恩格斯文集：第2卷. 北京：人民出版社，2009：591-592.

条件下基本经济制度发展完善、经济建设、经济发展等特殊规律的同时，揭示社会化大生产和市场经济发展的一般规律，总结出系统的经济学说，构建中国特色社会主义政治经济学理论体系话语体系，指导社会主义经济建设和改革发展，并为世界的发展贡献中国智慧。

其次，要坚持运用改革是社会发展主要动力的原理。改革是同一种社会形态发展过程中的量变，是解决社会基本矛盾、促进生产力发展、推动社会进步的有效途径和手段，是推动社会发展的重要动力。我国自20世纪70年代末以来进行的改革，是在保持社会主义基本制度不变的前提下对旧的社会体制的变革，是社会主义社会的自我调整和改善，其目的是解放生产力，发展生产力，促进社会的全面进步。经过30多年的改革，我国不断破除束缚经济社会发展的旧观念和旧体制，初步建立起社会主义市场经济体制，推动了我国经济和社会的全面进步和人的全面发展，使中国特色社会主义事业充满了生机和活力。坚持辩证唯物主义和历史唯物主义的方法论，中国特色社会主义政治经济学要着力总结我国几十年改革的经验，揭示改革的根本目的、根本途径、方法论和规律性，以便为全面深化改革实现"两个百年"宏伟目标提供基本理论的指导和支撑。

再次，要坚持运用事物总是联系和发展的原理。联系的观点、发展的观点是唯物辩证法的总特征，是分析和研究中国特色社会主义社会经济的"金钥匙"。发展中国特色社会主义政治经济学，要把联系和发展的原理与当代中国经济实际相结合，一方面要运用发展的观点，不断促进社会生产力的发展，实现创新协调绿色开放共享的发展，为社会主义制度的不断发展和完善奠定物质基础，同时要在改革中不断完善社会主义发展道路、社会主义经济制度。另一方面要运用联系的观点，揭示中国经济与世界经济联系发展的规律性，不断促进对外开放，使社会主义经济融入经济全球化的世界潮流，在积极参与经济全球化过程中与世界各国实现互利共赢，共同发展，为世界经济的繁荣发展为人类福祉的增进做出贡献。

以上是坚持运用辩证唯物主义和历史唯物主义方法论的一些主要的方面，发展中国特色社会主义政治经济学，不局限这些主要方面，而要把辩证唯物主义和历史唯物主义方法论作为普照的光，贯穿和指导整个理论体系和话语体系的构建和发展。具体地运用《资本论》中一以贯之运用的抽象的方法、历史与逻辑统一的方法等等，同时也要与时俱进善于吸取现代自然科学和西方经济学的一些方法如数学的方法、统计学的方法、实证的方法等等。

在过去时间里，我国学术界自觉坚持运用辩证唯物主义和历史唯物主义方法论，在建设中国特色社会主义政治经济学中取得了巨大成就，但在部分学者中间也存在着忽视马克思主义政治经济学根本方法论而过分推崇西方经济学方法的倾向，这种倾向应该纠正。

西方经济学的方法，自有它产生的原因和用于一定条件下经济现象分析时的适应性。发展中国特色社会主义政治经济学，对其有分析地学习和借鉴，取其所长为我所用，是开放和自信的表现。改革开放以来我国经济学界在这方面做了相当的努力，并取得进展，原来经济学研究中存在的规范分析有余而实证分析定量分析不足的问题得到明显改观。但是在学习中，如果对西方经济学的方法照抄照搬，甚至因此忽视甚至否定马克思主义政治经济学的根本方法论，那就有违初衷了。

与西方经济学相比，坚持辩证唯物主义和历史唯物主义方法论，是中国特色社会主义政治经济学的看家本领和优势。这种优势是西方经济学不可比拟的，要旗帜鲜明地坚持并发挥这种优势。坚持这样的方法论并不是要忽视经济学具体方法，而是要在根本方法论指导下，更好地运用经济学的具体分析方法和表述方法，包括吸收借鉴西方经济学的有益方法。如：实证方法、统计的方法、数学分析的方法等等。对此，习近平在哲学社会科学工作座谈会上的讲话针对性很强，他指出："对一切有益的知识体系和研究方法，我们都要研究借鉴，不能采取不加分析、一概排斥的态度。"

"对现代社会科学积累的有益知识体系，运用的模型推演、数量分析等有效手段，我们也可以用，而且应该好好用。需要注意的是，在采用这些知识和方法时不要忘了老祖宗，不要失去了科学判断力。""要推出具有独创性的研究成果，就要从我国实际出发，坚持实践的观点、历史的观点、辩证的观点、发展的观点，在实践中认识真理、检验真理、发展真理。"① 对于习近平的重要讲话，我们要认真学习贯彻落实。

五、《资本论》为构建中国特色社会主义政治经济学提供了重要范畴

科学的理论需要科学的范畴和话语体系加以表达。对此，《资本论》为中国特色社会主义政治经济学提供了重要的借鉴。

《资本论》的范畴有几类：一类是关于人类社会发展规律、商品经济和社会化生产的一般范畴。关于人类社会发展规律的范畴，例如：生产力、生产关系、生产关系一定要适合生产力状况的规律，生产资料所有制、经济基础、上层建筑、上层建筑一定要适应经济基础的性质，社会生产方式、社会分工、社会经济形态、社会经济结构、社会经济制度等。关于商品生产商品交换的范畴，如：自然经济、商品经济、市场经济，商品、价值、使用价值、生产商品的劳动的二重性、简单劳动、复杂劳动、具体劳动、抽象劳动，私人劳动、社会劳动、生产劳动、非生产劳动、体力劳动、脑力劳动、劳动生产率、劳动价值论、价值规律、价格、货币、商品流通、货币流通、货币流通规律、虚拟经济、实体经济等。关于社会化大生产的范畴，如：分工、协作、生产、分配、交换、消费，积累、投资、成本、社会再生产、劳动时间节约等。

---

① 习近平. 在哲学社会科学工作座谈会上的讲话. 北京：人民出版社，2016.

这些范畴有些是马克思继承前人的，有些是马克思在继承前人基础上创新的。就创新的范畴而言，最具代表性的当属生产商品的劳动的二重性、具体劳动、抽象劳动。这些范畴的创新和在范畴创新基础上的劳动二重性理论的创新，成为理解马克思整个政治经济学理论大厦的枢纽。这类范畴，不管是继承的还是在继承基础上创新的，对于分析揭示当代中国经济建设、经济发展、改革开放的规律都仍然是适用的，所以在中国特色社会主义政治经济学中可以直接沿用。

另一类是关于资本主义经济的范畴。由于《资本论》主要研究对象是资本主义生产方式和与它相适应的生产关系和交换关系，所以有关资本主义经济的范畴在《资本论》中占了很大的比重。这些范畴，基本都是反映资本主义经济本质的范畴，如生产资料资本主义所有制、资本主义占有规律、资本主义基本矛盾、资本主义基本经济制度、资本主义分配制度、剩余价值规律、资本主义经济危机等等。这些范畴虽然在《资本论》中马克思是用以揭示资本主义经济规律和本质的，但如果抛开其反映的资本主义经济生产关系的特殊规定性，对于分析社会主义经济大都也是适应的，所以中国特色社会主义政治经济学也可以借鉴，改造创新后应用。这些范畴如：资本、固定资本、流动资本，虚拟资本、现实资本、劳动力商品、必要劳动、剩余劳动，剩余价值、劳动过程和价值增值过程、工资、简单再生产和扩大再生产、资本有机构成资本积累、产业资本及其循环与周转、社会总资本的再生产和流通、利润、利润率和平均利润、价值转形、生产价格、超额利润、商业资本与商业利润、银行资本和银行利润、地租、级差地租、绝对地租、垄断价格、土地价格和土地资本化、经济周期等等。

以资本范畴为例。资本是分析资本主义经济的核心范畴，马克思对资本主义制度下的资本做出过界定，认为资本是带来剩余价值的价值，它反映的是资本家剥削工人的关系。当考察了资本原始积累过程中充满了血腥和掠夺后，马克思深恶痛绝地指出"资本来到世间，从头到脚，每个毛孔都滴着血和肮脏东西"①。马克思对资本的界定和以此为基础对资本主义生产关系的分析极其深刻。但是，也必须看到，在市场经济中，资本具有两重性，一方面，它作为生产关系的体现，具有不同于社会经济制度的特殊性，不同社会制度下资本体现不同的生产关系。另一方面，资本作为生产要素，具有一般性，只要发展市场经济，就会有作为生产要素的资本。基于这样认识问题，当我们构建中国特色社会主义政治经济学时，就可以把马克思在分析资本主义经济时曾经使用过的资本范畴加以改造、发展，既保留其生产要素的属性，又摒弃其在资本主义制度下反映资本主义生产关系的属性，而从当代中国的实际出发，赋予其生产要素和反映我国社会主义初级阶段生产关系的新含义，这样，资本概念也可以在中国特色社会主义政治经济学中继续应用，但很显然，已经赋予了新的内涵。

再以剩余价值为例。剩余价值也是马克思创立的政治经济学的核心范畴，马克思对剩余价值范畴的界定是：剩余价值是由雇佣工人创造的被资本家无偿占有的超过必要劳动时间创造的价值，"资本不是物，而是一定的、社会的、属于一定历史社会形态的生产关系"②，这是资产阶级的生产关系，是资产阶级社会的生产关系。马克思非常重视剩余价值体现的资产阶级社会的关系，指出："生产剩余价值或赚钱，是这个生产方式的绝对规律。"③ 恩格斯高度评价马克思对剩余价值的发现，认为："由于剩余价值的发现，这里就豁然开朗了，而先前无论资产阶级经济学家或者社会主义批评家所做的研究都只是在黑暗中摸索。"④

今天，在社会主义市场经济条件下，发展中国特色社会主义政治经济学，我们可以沿袭马克思曾经使用的剩余价值范畴，但必须发展创新，赋予其新的两重含义：一重是作为商品经济市场经济的一般范畴的剩余价值，

---

① 马克思. 资本论//马克思恩格斯文集：第5卷. 北京：人民出版社，2009：871.
② 马克思. 资本论//马克思恩格斯文集：第7卷. 北京：人民出版社，2009：922.
③ 马克思. 资本论//马克思恩格斯文集：第5卷. 北京：人民出版社，2009：714.
④ 恩格斯. 在马克思墓前的讲话//马克思恩格斯文集：第3卷. 北京：人民出版社，2009：601.

其实质是剩余劳动创造的价值；一重是作为社会主义生产关系的剩余价值，它体现社会主义条件下各种经济主体的利益关系。在现有的生产力水平下，劳动有剩余是肯定的，在市场经济条件下，劳动者剩余劳动生产的价值就是剩余价值。在社会主义市场经济条件下，劳动者创造的剩余价值，一部分以税收（或利润）的形式交给国家，以公共服务和公共产品支出为全体人民共享，一部分留给企业，根据企业性质或集体或商品生产者共享，一部分以奖金、福利、保险等形式供劳动者享有。即使在独资或外资企业，剩余价值的一部分虽然为资本所有者占有，存在一定的剥削关系，但这种关系也是在社会主义国家法律下存在的，接受国家依法管理。

还有一类是关于社会主义经济特有的范畴。在《资本论》中，马克思按照人类社会发展的一般规律，对未来社会进行预测，创新了一些范畴，这些范畴对发展中国特色社会主义政治经济学是有用的。主要是：

资本主义和共产主义之间的过渡时期、共产主义第一阶段、共产主义高级阶段，生产资料公有制、生产力高度发展、有计划分配社会劳动、各尽所能按劳分配、各尽所能按需分配，每个人自由而全面的发展、以合乎自然发展规律的方式改造和利用自然、从必然王国向自由王国飞跃等等。

当然，马克思恩格斯对未来社会的预测，是建立在对发达资本主义剖析的基础上，对于我国现在处在社会主义初级阶段的情况没有也不可能做出完全准确的分析，所以当我们把这些范畴用于中国特色社会主义政治经济学时，还要注意区分共产主义社会和我国正处于社会主义初级阶段的联系和差异。

构建中国特色社会主义政治经济学，要继承《资本论》的范畴，但不能停留于此，必须创造新的范畴。因为与《资本论》相比，中国特色社会主义政治经济学的任务、对象、所要研究的时代、实践都有了不同，所要揭示的经济规律提出的新见解也不同，所以必须提炼出新的《资本论》所没有提出的范畴。这也是马克思所要求的："一门科学提出的每一种新见解都包含这门科学的术语的革命。"① 在过去的探索中,我们提出了一些新范畴,如社会主义初级阶段、公有制为主多种所有制经济共同发展的基本经济制度、按劳分配为主多种分配方式并存的分配制度、社会主义市场经济等等,但还不够,还需要做出更大的努力。

六、《资本论》为构建中国特色社会主义政治经济学的体系结构提供了重要借鉴

科学的理论需要科学的体系结构予以表达。《资本论》的体系结构为构建中国特色社会主义政治经济学的体系结构提供了重要借鉴。

认识《资本论》的体系结构要把握两个角度:一个角度是以《资本论》为核心的马克思政治经济学的体系结构;另一个角度是《资本论》本身的体系结构。

马克思政治经济学的体系结构,是在马克思研究政治经济学过程中形成的。1842—1843 年,马克思作为《莱茵报》的编辑,"第一次遇到要对所谓物质利益发表意见的难事"和"关于自由贸易和保护关税的辩论",促使马克思去研究经济问题。1843 年底,马克思在巴黎开始研究政治经济学,目的是要写一部批判现存制度和资产阶级政治经济学的巨著。在写作这部著作手稿的过程中,马克思制定了他准备写作的政治经济学巨著的计划,经过不断修订和完善,这一计划定为六册:(1)资本,(2)土地所有制,(3)雇佣劳动,(4)国家,(5)国际贸易,(6)世界市场。其中第一册即资本册分为四篇:资本一般,竞争,信用,股份资本。而第一篇又划分为三部分:资本的生产过程;资本的流通过程;两者的统一,或资本和利润、利息。这一划分成为后来《资本论》三卷结构的萌芽。对于这样的计划,

① 马克思.资本论//马克思恩格斯文集:第 5 卷.北京:人民出版社,2009:32.

马克思后来有明确的说明，在 1859 年发表的《〈政治经济学批判〉序言》中他说："我考察资产阶级经济制度是按照以下的顺序：资本、土地所有制、雇佣劳动；国家、对外贸易、世界市场。"①

由于种种原因，马克思壮志未酬，没能完成他的计划，而只是于 1857 年 7 月—1858 年 6 月写了约 50 印张的手稿，即《资本论》的第一草稿；1861—1863 年写了约 200 印张的手稿，即《资本论》的第二稿；1863 年 8 月—1865 年底完成了《资本论》的第一个详细琢磨的稿本；并于 1867 年将《资本论》第一卷公开出版，而《资本论》第二卷、第三卷则是在马克思逝世后，由恩格斯整理校订分别于 1885 年、1894 年出版的②。

从上述可以看出，《资本论》是马克思拟将建立的政治经济学宏伟大厦的一部分，当然是最为核心的最为重要的部分。从马克思政治经济学的大系统说，《资本论》是一个子系统，从《资本论》本身的理论体系和结构看，它又是一个相对独立完整的体系。

《资本论》自身的体系结构，马克思在 1866 年 10 月 13 日给库格曼的信中写道："全部著作分为以下几个部分：第一册资本的生产过程。第二册资本的流通过程。第三册总过程的各种形式。第四册理论史。"③ 现在我们说的《资本论》一般是指 1~3 卷，即马克思说的第一第二第三册。第四册则是恩格斯逝世后，考茨基把《剩余价值理论》作为独立的著作出版。第一次把《剩余价值理论》作为《资本论》第四卷出版的是苏共马列主义研究院编辑出版的《马克思恩格斯全集》俄文第二版。就《资本论》的这三册而言，很显然，马克思是按照生产、流通和总过程的各种形式对资本主义经济运动进行阐述的。

需要特别指出的是，贯穿《资本论》全书的方法是唯物辩证法。马克

---

① 马克思.《政治经济学批判》序言//马克思恩格斯文集：第 2 卷. 北京，人民出版社，2009：588.

② 中央编译局.《马克思恩格斯文集》题注集萃. 马克思主义与现实，2010（4）.

③ 马克思. 马克思致路德维希·库格曼//马克思恩格斯文集：第 10 卷. 北京：人民出版社，2009：246.

思建立《资本论》的理论体系时，使用的是从抽象上升到具体的逻辑方法。所以尽管从第一卷第四章货币转化为资本开始是《资本论》最核心最具战斗力的篇章，但是在此之前，马克思还是用三章的篇幅阐述了商品、交换过程、货币或商品流通的一般理论，价值、使用价值、抽象劳动、具体劳动等都是在这里提出来的。这是因为，马克思认为，一方面在当时存在官方书报检查、对不合统治阶级心愿的作者进行警察迫害和各种陷害的情况下，在广大的公众尚未了解这部新的著作之前，一开始就将资本这一章出版是不适宜的；另一方面因为，"资本主义生产方式占统治地位的社会的财富，表现为'庞大的商品堆积'，单个的商品表现为这种财富的元素形式。因此，我们的研究就从分析商品开始"①。这样一来，叙述的方法就与研究的方法不同。"研究必须充分地占有材料，分析它的各种发展形式，探寻这些形式的内在联系。只有这项工作完成以后，现实的运动才能适当地叙述出来。这点一旦做到，材料的生命一旦在观念上反映出来，呈现在我们面前的就好像是一个先验的结构了。"②

上述马克思计划的政治经济学六册体系结构和《资本论》生产、流通、总过程各种形式的体系结构，可以直接为今天构建中国特色社会主义政治经济学提供重要的借鉴。可以参考马克思政治经济学的六册结构构建中国特色社会主义政治经济学理论体系，也可以参考《资本论》的结构构建中国特色社会主义政治经济学理论体系。对此，在过去的探索中，我国学者都有尝试，而且取得了值得肯定的成果。

但更重要的是，我们应该而且可以从马克思政治经济学的六册体系结构和《资本论》的三卷体系结构中，悟出构建政治经济学体系结构的一般方法论，作为今天构建中国特色社会主义政治经济学理论体系的指导。那就是：理论体系的构建是由研究目的决定的，要服从于服务于研究的目的。

① 马克思. 资本论//马克思恩格斯文集：第 5 卷. 北京：人民出版社，2009：47.
② 马克思. 资本论//马克思恩格斯文集：第 5 卷. 北京：人民出版社，2009：21 - 22.

基本的逻辑关系是：研究目的决定研究对象；研究目的和研究对象决定研究内容；研究目的、研究对象和研究内容决定理论体系和结构。按照这样的方法论和逻辑构建中国特色社会主义政治经济学理论体系，那么就不一定完全拘泥于马克思政治经济学的六册结构和《资本论》的结构，而需要在继承马克思构建政治经济学理论体系基本方法论的基础上，体现中国特色，有所创新，有所前进。

马克思研究政治经济学，目的是要写一部批判现存制度和资产阶级政治经济学的巨著从而揭示经济运动规律和社会发展规律，为无产阶级革命提供思想武器，为了实现这样的目的，才有了马克思政治经济学特有的研究对象和体系结构。今天我们研究中国特色社会主义政治经济学目的与马克思有了不同，我们的目的是探讨如何促进中国特色社会主义制度的发展和完善，如何实现生产力的发展和人民生活的改善。为实现这样的目的，就需要对中国的社会主义所处的阶段、面临的国情、根本任务；确立什么样的基本经济制度如何完善基本经济制度，确立什么样的分配制度如何完善分配制度，确立什么样的经济体制如何完善体制；实现什么样的经济发展怎样实现发展；确立什么样的市场与政府的关系如何完善市场与政府的关系；确立什么样的对外经济关系如何处理对外经济关系等等进行研究。对这些问题研究得比较清楚了，内容讲清楚了，如何构建中国特色社会主义政治经济学理论体系应该是水到渠成，可以是一种模式，也可以是多种模式。

幸运的是，我们有马克思政治经济学基本原理的指导，有改革开放和现代化建设的丰富实践，这些都为构建中国特色社会主义政治经济学奠定了基础，开辟了道路，使我们具备了实现中国特色社会主义政治经济学的理论创新、体系创新的现实可能性。让我们为此而努力！

（原载于《南开学报（哲学社会科学版）》2017年第4期；副标题：纪念《资本论》第一卷出版150周年）

把握"根"与"魂"　开拓新境界

中国特色社会主义政治经济学是植根于中国的土壤，立足当代中国国情和中国发展实践而产生的政治经济学。中国特色社会主义政治经济学与马克思恩格斯创立的、后为列宁毛泽东等继承发展的马克思主义政治经济学一脉相承，是马克思主义政治经济学基本原理与当代中国实际相结合，同时吸取中国历史优秀文明成果和世界其他国家优秀文明成果的产物，是中国化、时代化了的马克思主义政治经济学。

2014 年以来，习近平总书记多次强调要学好用好政治经济学，立足我国国情和我国发展实践，发展当代中国马克思主义政治经济学，坚持中国特色社会主义政治经济学的重大原则①。2016 年 5 月 17 日，习近平又主持召开哲学社会科学工作座谈会并发表重要讲话，强调结合中国特色社会主义伟大实践，加快构建中国特色哲学社会科学②。习近平的这些重要讲话，进一步把建设和发展中国特色社会主义政治经济学的重要性提升至空前的高度，其指明的方向必将推动中国特色社会主义政治经济学的进一步繁荣发展。经济学工作者的责任，就是要把发展中国特色社会主义政治经济学的使命担当起来，开拓当代中国马克思主义政治经济学的新境界。

---

① 更好认识和遵循经济发展规律　推动我国经济持续健康发展.人民日报，2014－07－09（1）. 立足我国国情和我国发展实践　发展当代中国马克思主义政治经济学.人民日报，2015－11－25（1）. 中央经济工作会议在北京举行　习近平李克强作重要讲话.人民日报，2015－12－22（1）.

② 习近平.在哲学社会科学工作座谈会上的讲话.人民日报，2016－05－19（2）.

一、 牢牢把握中国特色社会主义政治经济学的 "根"

发展中国特色社会主义政治经济学，要牢牢立足于当代中国的国情和伟大实践，充分吸收和弘扬中华民族几千年的优秀传统文化，这是中国特色社会主义政治经济学的"根"。

一个 13 多亿人口的发展中大国，要跨越"中等收入陷阱"，实现中华民族的伟大复兴，这是人类社会史无前例的实践。从计划经济体制转变为社会主义市场经济体制，从封闭半封闭状态走向开放，从生产落后走向现代化强国，这样大跨度的经济社会迅速发展是任何国家无法比拟的。实践是理论产生和发展的基础，理论来源于实践，在实践的检验中发展。中国特色社会主义政治经济学，正是从我国改革开放和现代化建设实践中，挖掘新材料，发现新问题，总结新经验，提炼出一系列创新性的观点和理论。其中包括：社会主义本质和以人民为中心的理论，社会主义初级阶段及其基本路线的理论，社会主义基本经济制度的理论，促进社会公平正义、逐步实现全体人民共同富裕的理论，发展社会主义市场经济、使市场在资源配置中起决定性作用和更好发挥政府作用的理论，全面深化改革、完善和发展社会主义基本制度、推进国家治理体系和治理能力现代化的理论，坚持党对国有企业领导、企业改革和建立完善现代企业制度的理论，宏观经济运行和调控的理论，创新、协调、绿色、开放、共享新发展理念的理论，我国经济发展进入新常态的理论，推动新型工业化、信息化、城镇化、农业现代化相互协调的理论，用好国际国内两个市场、两种资源的理论，等等。这些理论成果，是适应当代中国国情和时代特点的中国特色社会主义政治经济学的重要理论，不仅有力地指导了我国经济改革和发展的实践，而且为世界贡献了中国智慧。

过去的实践和理论创新为今后的发展奠定了基础，进一步改革开放和现代化建设的实践必将提出一系列新问题，如新常态下增长速度变化、发展动力转变、经济结构变动、供给侧结构性改革、环境保护、民生改善、应对金融及经济风险、跨越"中等收入陷阱"等等。这就要求中国特色社会主义政治经济学跟踪实践的新发展，加强对改革开放和社会主义现代化建设实践经验的总结，形成系统学说。这是发展中国特色社会主义政治经济学的着力点、着重点。

当代中国是历史上中国的传承与发展。我国是有着数千年悠久历史的文明古国，曾经有过经济繁荣发展的辉煌，特别是农耕文明长期居于世界领先水平。在经济发展的基础上，我国产生了富有中国特色的丰硕经济思想，体现了中华民族几千年集聚的知识和智慧。例如，关于以民为本、安民富民乐民的思想，关于苟日新日日新又日新、革故鼎新、与时俱进的思想，关于经世致用、知行合一、躬行实践的思想，关于俭约自守、力戒奢华的思想，关于安不忘危、存不忘亡、治不忘乱、居安思危的思想，等等①。这些思想比欧美国家提出得更早，而且对西方国家的经济学产生过重要影响。日本著名经济史学家泷本诚一在《欧洲经济学史》（1931）附录《重农学派之根本思想的根源》中提出，"西洋近代经济学的渊源在于中国的学说"②。马克思在《资本论》中论及货币与商品流通时，也曾讲到中国清朝人王茂荫的经济思想③。即使在对外开放的实践和思想方面，我国也比世界上一些国家要早得多。例如，早在公元前二世纪，从西汉时期汉武帝派遣张骞出使西域开始，后经多个朝代的发展，中国就开辟了"陆上丝绸之路"和"海上丝绸之路"，成为中国古代与亚欧互通有无的商贸大道，促进了中国与亚欧各国友好往来，筑起了沟通东西方文化的友谊之路。下至明朝，从1405年开始，郑和率领200多艘海船，七次远航西太平洋和印度

---

① 习近平. 从延续民族文化血脉中开拓前进　推进各种文明交流交融互学互鉴. 人民日报, 2014 - 09 - 25 (1).

② 谈敏. 法国重农学派学说的中国渊源. 上海：上海人民出版社, 1992：28.

③ 马克思恩格斯文集：第5卷. 北京：人民出版社, 2009：149 - 150.

洋，到达 30 多个国家和地区，最远曾到达麦加、红海及非洲东部。郑和的
航海比葡萄牙、西班牙等国航海家如麦哲伦、哥伦布等人的远行，早了将
近 100 年，是名副其实的"大航海时代"的先驱。中华民族的这些深厚传
统文化，是我国的独特优势。继承优秀的历史文化遗产，"是发展民族新文
化提高民族自信心的必要条件"①。发展中国特色社会主义政治经济学，要
加强对中华优秀传统文化中经济思想的挖掘和阐发，把具有当代价值的经
济思想弘扬起来，使中华民族优秀的经济思想，与当代经济思想相适应，
与现代经济发展相协调。

二、 牢牢把握中国特色社会主义政治经济学的 "魂"

发展中国特色社会主义政治经济学，必须旗帜鲜明地坚持以马克思主
义为指导，这是中国特色社会主义政治经济学的"魂"。

习近平指出："坚持以马克思主义为指导，是当代中国哲学社会科学区
别于其他哲学社会科学的根本标志，必须旗帜鲜明加以坚持。""坚持马克
思主义，最重要的是坚持马克思主义基本原理和贯穿其中的立场、观点、
方法。这是马克思主义的精髓和活的灵魂。""在我国，不坚持以马克思主
义为指导，哲学社会科学就会失去灵魂、迷失方向，最终也不能发挥应有
作用。"②

经济学坚持以马克思主义为指导，归根结底是坚持以马克思主义政治
经济学的基本原理为指导，尤其在以下方面。一是基本立场。以人民为中
心，代表最广大人民群众的根本利益，是马克思主义政治经济学的根本立
场。二是基本方法。辩证唯物主义和历史唯物主义是马克思主义政治经济
学的根本世界观和方法论。三是关于商品经济、社会化大生产一般规律的

---

① 毛泽东选集：第 2 卷．北京：人民出版社，1991：707 - 708．
② 习近平．在哲学社会科学工作座谈会上的讲话．人民日报．2016 - 05 - 19（2）．

理论，包括劳动价值理论、分工协作理论、提高劳动生产率理论、商品生产商品交换理论、价格和价值规律理论、货币及货币流通规律理论、实体经济与虚拟经济关系的理论，等等。四是资本主义经济运动规律的理论。这些理论最核心的是：在劳动价值论基础上揭示的剩余价值规律及剩余价值的生产和分配理论、资本积累理论、资本循环周转和社会总资本再生产理论、竞争和垄断理论、资本主义危机理论等。五是在解析资本主义基本矛盾运动发展趋势的基础上，揭示的人类社会发展一般规律，以及据此对未来共产主义社会科学预测得出的理论。其中包括全社会占有生产资料的理论、按劳分配理论、按比例分配社会劳动理论、有计划组织生产理论等。上述这些原理，除了第四类以外，其他几类原理对当代中国都有直接的指导作用。即使第四类原理，如果扬弃资本主义生产关系性质，对今天我国发展社会主义市场经济，进行经济建设和经济发展也具有重要指导意义。这是我们要坚定不移地坚持马克思政治经济学基本原理的根本原因。

坚持以马克思主义政治经济学基本原理为指导，核心要解决好"为什么人"的问题。这是发展中国特色社会主义政治经济学的根本性、原则性问题，是经济学工作者分析和解决问题的出发点与立足点。同样的经济问题，不同的人群往往得出不同的甚至截然相反的结论，其原因表面看似乎是由于具体研究方法、占有资料的差异，但其根源则在于屁股坐在什么人一边，为什么人说话。中国特色社会主义政治经济学是为人民大众和社会主义现代化建设服务的，坚持马克思主义政治经济学的根本立场就是要始终站在人民群众一边，代表绝大多数人民群众的根本利益，坚持以人民为中心。只有这样，中国特色社会主义政治经济学才能够具有吸引力、感染力、影响力和生命力。作为从事中国特色社会主义政治经济学的研究者、教育者，一定要坚持人民是历史创造者的观点，树立为人民做学问的理想，尊重人民主体地位，聚焦人民的实践创造，自觉把个人学术追求同国家和民族发展的命运紧紧联系在一起，努力多出经得起人民历史实践检验的研究成果。

坚持以马克思主义政治经济学基本原理为指导，关键在人。要把坚持马克思主义内化为经济学工作者自觉的要求和行动，不仅做到真学真懂，而且要做到真信真用。为此，就要按照习近平总书记的要求对待马克思主义，不能采取教条主义的态度，不能采取实用主义的态度，也不能采取浅尝辄止、蜻蜓点水的态度，更不能不学不懂就武断地以为马克思主义"过时了"。毋庸讳言，由于种种原因，马克思主义政治经济学在过去一定时期被边缘化、空泛化、标签化，在理论研究中"失语"、教材中"失踪"、论坛上"失声"的现象至今仍然存在，有时甚至还很严重。与此同时，比较严重地存在着对西方主流经济理论盲目崇拜、照抄照搬的现象。学习落实习近平系列讲话精神，应该旗帜鲜明地以马克思主义为指导，解决这些问题，确保正确的政治方向、价值取向、学术导向，使中国特色社会主义政治经济学沿着正确轨道不断前进。

三、 中国智慧： "根" 与 "魂" 的统一

走社会主义道路实现中华民族伟大复兴的实践是发展的实践，马克思主义政治经济学是发展的科学，一切从实际出发，与时俱进地创新发展，是马克思主义政治经济学的理论品质。发展中国特色社会主义政治经济学，就要把马克思主义政治经济学基本原理与当代中国实践结合起来，与弘扬优秀传统文化结合起来，与时代特点结合起来，创新发展马克思主义政治经济学，为世界贡献中国智慧。

90多年来，中国共产党领导中国人民坚持把马克思主义政治经济学基本原理与当代中国实践相结合，创新了政治经济学理论，形成了毛泽东经济思想和中国特色社会主义理论体系。在这些理论的指导下，我国经济取

得了社会主义建设的巨大成就。经济总量居世界第二，进出口总额居世界第一，人民生活水平有了大幅提高，综合国力大大增强。但我国仍处于社会主义初级阶段，虽然已成为经济总量大国，但人均国内生产总值仍在全球第 80 位左右徘徊，还有 7017 万农村贫困人口亟待脱贫。正如习近平指出的："面对我国经济发展进入新常态、国际发展环境深刻变化的新形势，如何贯彻落实新发展理念、加快转变经济发展方式、提高发展质量和效益，如何更好保障和改善民生、促进社会公平正义，迫切需要哲学社会科学更好发挥作用。面对改革进入攻坚期和深水区、各种深层次矛盾和问题不断呈现、各类风险和挑战不断增多的新形势，如何提高改革决策水平、推进国家治理体系和治理能力现代化，迫切需要哲学社会科学更好发挥作用。"[1]在这样的复杂形势和严峻挑战下，实现全面建成小康社会和民族复兴的目标，需要进一步以马克思主义政治经济学的基本原理为指导，把马克思主义政治经济学基本原理和当代中国实际紧密结合起来，实现"根"与"魂"的紧密统一，在继承中发展中国特色社会主义政治经济学，在发展中发挥马克思主义政治经济学基本原理的指导作用，结合新的实践不断做出新的理论创造。这是历史赋予我们的庄严使命。

实现"根"与"魂"的统一，重点在创新，根本目的在应用。马克思主义理论不是教条，而是行动的指南。这就要求我们以正在进行的改革开放和现代化建设为中心，坚持以马克思主义政治经济学基本原理为指导，回应实践和时代的呼唤，认真研究解决重大而紧迫的理论和现实问题，揭示发展规律，推动理论创新。必须在"创新、协调、绿色、开放、共享"五大新发展理念的指引下，把发展中国特色社会主义政治经济学的着力点，落到研究我国改革发展和现代化建设面临的重大理论和实践问题上来，落到提出并解决问题的正确思路和有效办法上来。在当前，特别要在社会主义初级阶段基本经济制度及其实现形式理论、分配制度及其实现形式理论、

---

① 习近平. 在哲学社会科学工作座谈会上的讲话. 人民日报, 2016－05－19 (2).

社会主义市场经济及其体制理论、全面深化改革及妥善处理市场与政府关系理论、绿色发展的马克思主义生态理论、经济发展新常态及发展方式经济结构转型理论、供给侧结构性改革和国企改革理论、宏观调控理论、开放型经济新体制和防范经济风险理论等重大方面实现新的突破，努力形成系统学说。要坚持用联系的发展眼光看问题，增强战略性、系统性思维，分清本质和现象、主流和支流，在全面客观分析的基础上，努力揭示我国和全球经济社会发展的大逻辑大趋势。

实现"根"与"魂"的统一，就要妥善处理中国特色社会主义政治经济学的民族性与世界性的关系，既立足中国实际，突出我国的主体性、民族性，又广泛汲取世界各国成功经验和优秀成果。"马克思主义必须和我国的具体特点相结合并通过一定的民族形式才能实现。"① 我国既具有在悠久历史发展中形成的优秀传统文化，又具有当代最大发展中国家现代化建设的实践经验，这是我们的优势。发挥好这些优势，就有更强能力去解决世界性问题；把我国实践总结好，就有更强能力为解决世界性问题提供思路和办法。

人类几千年灿烂的文明史是人类社会的共同财富。任何一个国家、一个民族都是在承先启后、继往开来中走到今天的，推进人类各种文明交流交融、互学互鉴，是世界各国经济共同发展、各国人民生活更加美好的必由之路。马克思早就说过："一个国家应该而且可以向其他国家学习。"② 我们要善于借鉴外国经验，为我所用，发展自己。但在借鉴中一定要立足本国的国情和本国的发展实践，用实践去检验别国的理论，分清楚什么是科学的、非科学的乃至糟粕，什么是适合本国国情的和不适合本国国情的，坚持取长补短、择善而从。正如习近平要求的："对国外的理论、概念、话语、方法，要有分析、有鉴别，适用的就拿来用，不适用的

---

① 毛泽东选集：第 2 卷．北京：人民出版社，1991：534.

② 马克思恩格斯文集：第 5 卷．北京：人民出版社，2009：9.

就不要生搬硬套。哲学社会科学要有批判精神，这是马克思主义最可贵的精神品质。"①

(原载于《中国社会科学》2016 年第 11 期)

---

① 习近平. 在哲学社会科学工作座谈会上的讲话. 人民日报，2016 - 05 - 19 (2).

为什么和怎么样学好用好政治经济学

　　2014 年 7 月 8 日，习近平主持召开经济形势专家座谈会，在听取专家学者对当前经济形势和做好经济工作的意见和建议时强调，实现我们确定的奋斗目标必须坚持以经济建设为中心，坚持发展是我党执政兴国的第一要务，要不断推动经济持续健康发展。发展必须是遵循经济规律的科学发展，必须是遵循自然规律的可持续发展。各级党委和政府要学好用好政治经济学，自觉认识和更好遵循经济发展规律，不断提高推进改革开放、领导经济社会发展、提高经济社会发展质量和效益的能力和水平①。习近平强调学好用好政治经济学，无疑与他个人的理想信念、理论修养、实践经验有关，但更重要的是基于对中国共产党执政和我国几十年社会主义经济建设经验的高度总结和对实现建成现代化国家宏伟目标的责任。

一、　政治经济学是指导我国社会主义经济建设的根本理论

　　习近平讲的政治经济学，是指马克思主义政治经济学，包括马克思创立的政治经济学和马克思主义基本原理与中国实际相结合产生的中国特色政治经济学（或称中国经济学）。

　　政治经济学虽然早在 1615 年法国学者就已提出，但真正成为理论体系

---

　　① 习近平主持召开经济形势专家座谈会. 人民日报，2014 – 08 – 22.

的是英国资产阶级古典政治经济学。资产阶级古典政治经济学提出了价值、剩余价值、劳动创造价值等包含诸多科学因素的政治经济学范畴和理论，成为马克思主义政治经济学的理论来源，但它不可避免地具有资产阶级的局限性，所以没有也不可能成为揭示人类经济和社会发展规律的代表劳动人民利益的政治经济学。

马克思批判性地继承了资产阶级古典政治经济学的科学成分，在唯物史观的基础上创新发展了政治经济学，使之揭示了资本主义社会剩余价值的来源和秘密，揭示了资本主义社会的基本矛盾和为社会主义所代替的必然性，揭示了商品经济、货币经济和社会化大生产的一般规律，所以不仅成为代表无产阶级和人民大众根本利益并指导无产阶级革命的理论武器，也成为社会主义经济建设、改革和发展的理论指南。

马克思主义政治经济学诞生后的西方世界尽管经济学流派纷呈，特别是在当代还形成了新古典综合派、凯恩斯经济学、新凯恩斯主义、现代货币主义、新古典宏观经济学、新制度经济学、公共选择学派、新剑桥学派、新熊彼特经济学派、激进政治经济学派，等等，但没有哪一种理论能够超过、取代马克思主义政治经济学。

中国新民主主义革命是在马克思主义指导下历尽艰难曲折取得成功的。中国的社会主义经济建设尽管历尽艰难，走过弯路，甚至发生过计划经济一统天下、"文化大革命"否定经济建设中心等曲折，但社会主义基本经济制度确立并经久不倒，社会主义经济发展道路确立并愈益宽广，社会主义经济建设虽有曲折但愈挫愈励、成就瞩目。这说明中国经济建设和发展的主基调是马克思主义政治经济学理论在起作用。所以说政治经济学是指导中国社会主义经济建设的根本理论，这是中国社会主义经济建设实践已经反复证明了的结论。

有一种说法，认为中国改革开放以来的现代化建设不是在马克思主义政治经济学理论指导下取得的，而是在西方经济理论指导下取得的。这种罔顾事实的说法是不正确的。

不可否认，1978 年改革开放以来，我国大量地学习借鉴西方发达国家的经验，包括学习和借鉴西方经济学的一些理论；但学习的目的不是照抄照搬，而是吸其精华，弃其糟粕，为我所用。从总体上说，西方经济理论尽管有的在经济运行发展层面上被借鉴和应用，但从来也没有成为我国现代化建设的根本性指导理论。

中国共产党人和中国人民的过人之处是善于总结长期革命建设正反两个方面的经验教训，并找到了一条科学的道路，那就是马克思主义必须与中国实际相结合，必须吸收人类文明的一切有益成果为我所用，必须走自己的路。在新中国成立 30 年探索的基础上，改革开放 30 多年来，我国形成了中国特色社会主义基本经济制度，形成了中国特色社会主义经济发展道路，形成了中国特色社会主义市场经济体制，其根本的指导理论不是西方经济理论，而是马克思主义中国化产生的中国特色社会主义理论体系。这个理论体系当然包括中国化了的马克思主义政治经济学理论。

如果实事求是地看，社会主义初级阶段理论在西方经济理论中有吗？公有制为主体、多种所有制经济共同发展的社会主义初级阶段基本经济制度理论在西方经济理论中有吗？按劳分配为主、多种分配方式并存的分配制度理论在西方经济理论中有吗？社会主义市场经济理论在西方经济理论中有吗？都没有。而这些理论是中国社会主义经济理论体系的根基，是指导中国社会主义经济制度建设、道路建设的基本理论。既然如此，怎么可以说中国改革开放以来的现代化建设不是在马克思主义政治经济学理论指导下取得的，而是在西方经济理论指导下取得的呢！

二、 增强对政治经济学的理论自觉和自信

坚持对马克思主义政治经济学的理论自信，增强学习马克思主义政治

经济学的自觉，是学好用好政治经济学的前提。如果对政治经济学不相信、不自信，那就既不可能自觉地学习政治经济学，更不可能自觉地用好政治经济学。

有一种看法认为，马克思主义关于资本主义的政治经济学已经过时，解释不了今天中国的现实，而真正的中国经济学尚未建立，所以谈不上对政治经济学自觉和自信，更谈不上自觉学好用好政治经济学。这种认识也是不正确的。

马克思创立的政治经济学虽然主要是研究资本主义生产方式及其相适应的生产关系和交换关系的，但他运用的一些基本范畴如商品、价值、使用价值、抽象劳动、具体劳动、剩余劳动和剩余价值、工资利润利息地租、资本循环周转、社会再生产等等，抛开其资本主义性质，在社会主义经济理论中完全是可以应用的；他所揭示的资本主义为社会主义所代替的人类社会运动的一般规律、市场经济和社会大生产规律，例如价值规律、资本积累规律、社会再生产规律等，在社会主义经济中也是完全适用的；特别是马克思主义政治经济学赖以建立的无产阶级、人民大众的立场和辩证唯物主义历史唯物主义的方法论，更是适用对包括社会主义社会在内的一切社会经济的分析。所以，马克思主义政治经济学就其基本立场、基本观点、基本方法而言，不仅没有过时，反而在今天具有重大的针对性和现实指导意义。

至于中国经济学尚未建立的说法，虽然可以仁者见仁，但说清楚政治经济学在中国的发展过程和现状会有助于对问题认识的统一。

早在新中国建立前的很长时期内，中国共产党就把马克思主义基本原理与中国实际相结合，产生了中国化马克思主义——毛泽东思想。毛泽东思想当然包括毛泽东经济思想，其中特别是关于中国社会半殖民地半封建性质的思想、关于新民主主义社会经济的思想等，都是对马克思主义政治经济学的丰富和发展。在这一时期的经济学界，一批经济学家在传播马克思主义政治经济学和借鉴西方经济理论的同时，从中国实际出发，提出了经济学"土货化"、"本土化"、"知中国，服务中国"等主张，并以此为基础研究当时中国的乡村经济、民族工商业经济、抗日战争时期的金融财政、编制物价指数，等等，取得了重要成果。

新中国成立后，虽然在马克思主义政治经济学与中国实际相结合的过程中我们走过弯路，但坚持探索适合中国实际的经济学的努力没有放弃并取得了一些重大进展，如从中国实际出发创造的社会主义生产资料所有制改造理论，妥善处理社会主义经济中的各种重大关系理论，社会主义社会发展商品生产和商品交换、发挥价值规律作用的理论，等等。所有这些探索和取得的进展，都为其后中国经济学理论的突破和中国经济学的建立奠定了基础。

改革开放以来，随着现代化建设实践的发展，对经济学理论的需求日益强烈，对马克思主义经济学的研究和应用与日俱增。"一切划时代的体系的真正的内容都是由于产生这些体系的那个时期的需要而形成起来的"①。在实践需求的推动下，我国理论界加快把马克思主义经济学基本原理与我国的实际相结合，在继承马克思主义经济学立场、观点、方法的同时，创新发展了的经济学理论，包括：关于改革方向、目标、道路的理论，关于社会主义本质的理论，社会主义初级阶段理论，社会主义初级阶段基本经济制度的理论，社会主义初级阶段分配制度理论，社会主义市场经济理论，社会主义经济运行理论，经济发展理论，开放理论等。这些理论极大地丰富和发展了马克思主义经济学理论，成为中国特色社会主义理论体系的重要来源，为中国化马克思主义经济学的形成做出了贡献。理论的创新推动了经济学学科和教材建设，一批新的体现中国风格、中国内容、中国特色的政治经济学教科书纷纷出版。这些事实说明，中国经济学的形成已经是不争的事实，而且已经并将继续为中国特色社会主义经济建设提供理论指

---

① 马克思恩格斯全集：第 3 卷．北京：人民出版社，1960：544．

导和支持。我们对此应该充满自信。

当然，任何科学的形成、发展和成熟程度都是由实践所决定的。我国正处于并将长期处于社会主义初级阶段，在当前和今后相当长时间内将会处于经济体制和发展方式转变的双重转型期，作为经济建设实践的反映并指导经济建设实践发展的经济学理论，不能不受这种条件的制约。所以，中国经济学虽然已经形成，但正如一个新生婴儿需要在精心培育中不断发育成长一样，中国经济学也需要在众人的努力下随着实践的发展而不断完善。为中国经济学的建设和完善做贡献，这是经济学理论工作者的历史使命，我们应该有这样的责任感和理论自觉。

三、 以科学的态度学习政治经济学

既然政治经济学已为实践证明是指导中国社会主义经济建设的根本理论，那么学好用好政治经济学就是我们的一项重要任务。而要学好用好政治经济学，就需要做到以下几点。

第一，要认真地学习政治经济学经典著作。

马克思主义经典著作蕴含和集中体现着马克思主义的基本原理，是中国特色社会主义理论体系的本源和基础。只有认真学习马克思主义经典著作，系统掌握马克思主义基本原理，才能完整准确地理解中国特色社会主义理论体系，才能创造性地运用马克思主义立场、观点、方法去分析和解决我们面临的实际问题，不断把中国特色社会主义事业推向前进[1]。《资本论》等作为最重要的马克思主义政治经济学经典著作，经受了时间和实践的检验，显示出它的生命力。原原本本地学习这些政治经济学经典著作，无论是对于学习掌握马克思主义政治经济学基本原理，还是对于指导我国

---

[1] 习近平. 领导干部要重视学习马克思主义经典著作. (2011－05－14). http：//www.china.com.cn/policy/txt/2011—05/14/content_ 22562408. htm.

的改革开放和现代化建设实践，都有重要的现实意义。

《资本论》等政治经济学经典著作博大精深，要全部读完、读懂并准确理解并非易事，非下苦功不可。但这样的苦功会使人终身受益，必要且值得。有人为了省时省力，喜欢读经典著作解说、导读或一些通俗读物，这对于初学政治经济学的人们而言，当然不是不可以。从一定意义上说，这有利于深入学习和理解马克思主义经典原著。但必须明确，解说、导读或通俗读物类的作品毕竟是经过作者理解加工了的二手经典著作，或多或少都包括了作者自己的见解，体现了作者的水平。要全面准确理解马克思主义政治经济学经典著作，深入理解马克思主义政治经济学的思想精髓，不能停留于此，还必须专心致志地原原本本地读原著，努力掌握贯穿《资本论》等著作中的马克思主义基本立场、观点和方法，学懂学通马克思主义政治经济学基本原理。

第二，要以开放的态度学习政治经济学。

所谓开放的态度，最重要的是要面向世界，善于吸收人类文明的优秀成果。马克思主义政治经济学发现了资本主义生产方式攫取剩余价值的秘密，揭示了人类社会发展规律，但并没有穷尽真理。它是马克思等经典作家智慧的结晶，但同时又是马克思等汲取人类探索真理的丰富思想成果，特别是资产阶级古典政治经济学成果的结晶。今天以开放的态度学习政治经济学，一个重要的问题是要在学习马克思主义政治经济学，坚持以马克思主义为指导的同时，要以客观的态度对待世界各国特别是西方发达国家的经济学。

世界各国特别是西方发达国家的经济学对于现代化社会大生产和市场经济运行的许多分析及其得出的理论，包含有合理的成分，对于经济运行分析的一些方法，许多是自然科学方法在经济学中的应用，便捷可行。所以借鉴和吸取这些科学的成分和方法，为我所用，对于我国发展社会主义市场经济，完善社会主义市场经济体制，丰富和发展中国经济学理论，是有益的。更何况，我们要摆脱后发的被动局面，赶上乃至超过西方发达国家，不学习西方先进的东西也是不可以的。

但必须明确，西方发达国家的经济学以资本主义私有制为前提，它的一些基本假定并不符合我国国情，所以不可能成为指导我国经济建设实践的根本理论。我国目前对西方发达国家经济学的学习引进既有不够的问题，表现在对多种学派的理论全面介绍特别是分析不够，一些学者对西方经济学知之甚少，由此导致不能够有效地批判吸收，也有盲目崇拜、照抄照搬的问题，表现在有的学者对西方发达国家的经济学囫囵吞枣，并未弄懂西方某种理论的针对性、假定前提而片面传播和应用，甚至以追求一些词句、套用一些数学模型为时髦。对这两类问题必须客观地分析，予以纠正。基本的态度是，对西方发达国家的经济学一是要学，要学懂、学通；二是"外国的经验可以借鉴，但是绝对不能照搬"①。

第三，要以发展的态度学习政治经济学。

科学的本性是与时俱进，在实践中不断丰富和发展自身。恩格斯指出："我们的理论是发展的理论，而不是必须背得烂熟并机械地加以重复的教条。"②列宁说："我们决不把马克思的理论看作某种一成不变的和神圣不可侵犯的东西；恰恰相反，我们深信：它只是给一种科学奠定了基础，社会主义者如果不愿落后于实际生活，就应当在各方面把这门科学向前推进。"③

马克思创立的政治经济学是一个多世纪前在当时的历史条件下的产物。实践发展了，时代前进了，就要求我们既要把经典作家的论断放到当时的历史环境中来认识，同时又要紧密结合今天的实践，对马克思当时阐释的理论加深领会，防止生搬硬套，防止断章取义，防止片面理解，努力做到分清哪些是必须长期坚持的马克思主义政治经济学基本原理，哪些是需要

---

① 邓小平. 在中央顾问委员会第三次全体会议上的讲话//邓小平文选：第3卷. 北京：人民出版社，1993.

② 马克思恩格斯全集：第36卷. 北京：人民出版社，1974：584.

③ 中央编译局. 列宁专题文集：论马克思主义. 北京：人民出版社，2009：96.

结合新的实际加以丰富发展的理论判断，哪些是必须破除对马克思政治经济学的教条式的理解，哪些是必须澄清的附加在马克思政治经济学名下的错误观点。

以《资本论》中马克思阐述的劳动价值论为例。劳动价值论是马克思主义政治经济学理论的基石，在劳动价值论的基础上，马克思创立了资本主义条件下的工资理论、剩余价值理论、积累理论、资本循环周转和社会再生产理论、分配理论和周期危机理论，揭示了资本主义社会最终将为更加美好的未来社会（共产主义社会其初级阶段是社会主义社会）所取代的必然趋势，同时对未来社会进行了预测和展望。马克思劳动价值论虽然是在对资本主义条件下商品生产商品交换的分析中得出的，但它包含了关于商品生产、商品交换和市场经济发展最一般、最基本的理论。马克思在阐述劳动价值论过程中所阐述的商品使用价值的数量、质量的规定性，商品价值实体和价值量的规定性，特别是关于价值规律的理论，等等，都是对商品生产、商品交换和市场经济发展一般规律的揭示。这些理论不仅适应于资本主义社会条件下的市场经济，也适应于包括社会主义条件下的市场经济在内的一切市场经济。这是马克思劳动价值论产生以来虽然遭到攻击和否定，但依然放射真理光芒的根本原因所在。但是，实践在不断发展，人类社会在不断前进，特别是第二次世界大战以后，与科技革命相伴随的信息化和经济全球化，使全球经济具有了许多新的特点。改革开放以来，中国社会经历了从计划经济体制向社会主义市场经济体制的伟大转变，我国社会主义市场经济的实践历程与马克思经典作家对未来社会所进行的预期有很大的不同，社会主义市场经济条件下社会劳动的内容和社会财富积累的方式也与马克思经典作家的论述发生了深刻的变化。根据变化了的情况，深化对在社会主义市场经济条件下的创造价值的劳动的认识，深化对科技人员、经营管理人员在社会生产和价值创造中所起作用的认识，深化对科技、知识、信息等新的生产要素在财富和价值创造中的作用的认识，深化对社会主义剩余价值的性质的认识，深化对价值创造与价值分配关系的认识，等等，并在深化这些认识中继承、发展、丰富马克思劳动价值论，是理论界的一项重要使命。

即使对于当代中国化的马克思主义政治经济学即中国特色社会主义经济理论，也要以发展的态度加以学习。因为中国的改革开放在不断深化，现代化实践在不断发展，面临的国际环境在不断变化，中国特色社会主义经济理论必须在跟进这些实践的发展变化中才能不断丰富和完善，并在指导实践中显示出强大的生命力。以发展的态度学习政治经济学，就既要反对把政治经济学中揭示的必须长期坚持的马克思主义基本原理（例如唯物史观和社会大生产规律等）当作过时的观点，否定政治经济学的当代价值和指导意义，又要反对把政治经济学当成教条，机械地照抄照搬。科学的态度应该是在坚持和继承中发展，在创新发展中坚持。

第四，要坚持理论联系实际的学风，在实践应用上下功夫。

学习政治经济学的目的在于应用。马克思主义政治经济学之所以能够保持旺盛的生命力，归根结底在于它能够适应实践发展的需要，指导实践的发展。所以，无论是学习政治经济学中的基本理论、基本观点和基本方法，还是丰富和发展马克思主义经济学的理论，都要从我国实际出发，与我国的实践相结合，并在结合的实践中创新和发展。

我国正在进行的改革开放和现代化建设事业是史无前例的伟大实践，伟大的实践一方面需要科学的理论做指导，另一方面又会检验已有的理论，推动理论的发展和创新。马克思主义政治经济学无疑可以为我国的现代化建设实践提供指导，同时也需要而且能够在实践应用中得到检验和发展。

以市场经济理论为例，鉴于资本主义基本矛盾导致的危机频发和社会劳动的大量浪费，按照社会主义在发达资本主义基础上诞生的逻辑，马克思在政治经济学研究中曾预测未来社会可以由社会中心直接地按比例地分配社会劳动，而不再需要商品、货币插手其间。所以，马克思创立政治经济学时没有提出社会主义市场经济的概念，更没有提出我国要大力发展社会主义市场经济，建立和完善社会主义市场经济体制的理论，丰富和发展马克思政治经济学理论的是我国社会主义现代化建设的实践。在实践中，我们将马克思政治经济学基本原理与中国的实际相结合，不仅做出我国处于社会主义初级阶段的判断，而且从社会主义初级阶段出发，提出要大力发展社会主义市场经济，通过深化改革建立和完善社会主义市场经济体制的理论。所以，社会主义市场经济理论既是对马克思创立的政治经济学基本理论的继承，又是对其基本理论的发展和创新，而实现这一发展创新的根本途径是理论的应用和实践。

实践发展永无止境，对马克思创立政治经济学的学习、继承和创新永无止境。在中国特色社会主义建设实践中，学习、继承和创新政治经济学的基本理论、基本观点和基本方法不仅会使马克思创立的政治经济学永葆生机和魅力，而且马克思主义基本原理与当代中国实际相结合的产物——中国化马克思主义政治经济学也一定会不断发展和完善，成为实现建设现代化强国目标的理论指南。

四、 高校要为学好用好政治经济学做贡献

高等教育承担着培养高级专门人才、发展科学技术文化、促进社会主义现代化建设的重大任务。高等学校是政治经济学学科、队伍最聚集的地方，是政治经济学人才培养和科学研究的主力军，对于学好用好政治经济学承担义不容辞的责任。

在过去的时间里，高校曾经产出了大批高质量的研究成果，培养了大批优秀人才，为政治经济学学科建设、中国特色社会主义经济理论的形成和发展、改革开放和现代化建设，特别是政治经济学人才培养、队伍建设做出了重要贡献；但与时代和实践要求相比，与学好用好政治经济学要求

相比，需要改进的地方尚多，必须进一步加强改革和建设，努力做出更大贡献。

对于高校政治经济学的状况，早在 2005 年我曾经做过一些估计，指出："政治经济学学科的发展，虽然取得了历史性的突破，主要表现在马克思主义政治经济学的基本原理、基本方法在我国改革开放和现代化建设实践中得到了继承和发展，形成了中国特色的社会主义经济理论；但当前也确实面临严峻挑战，主要是：第一，高校中学习政治经济学的大学生在减少。许多学校管理类学科已不再把政治经济学作为专业核心课程，有的学校甚至连经济学门类的专业也不开设政治经济学。第二，政治经济学对青年学生的吸引力在减弱，许多大学生对政治经济学学习兴趣远不如对西方经济学学习的兴趣高。第三，由于接受教育的背景、知识结构、学缘结构的变化，教师中不少人对西方经济理论和方法比较熟悉，而对政治经济学的理论和方法则不够熟悉，所以他们对西方经济学的偏好可能甚于对政治经济学的偏好。"[1]

令人遗憾的是，近十年过去了，这种状况总体上看改观不大，在某一些高校甚至政治经济学的课时在进一步削减，而西方经济学的课时在进一步膨胀，课程门数从一门变成初级、中级、高级微观经济学和初级、中级、高级宏观经济学等六门。一个正在雄心勃勃为建设现代化国家实现民族复兴中国梦的社会主义中国，政治经济学的地位和被重视程度怎么会出现这样的状况呢？对于出现这种状况的原因，我也曾做过分析，指出："从国际国内大环境看，20 世纪 80 年代后，社会主义出现挫折，有人对马克思主义能不能指导社会主义走向胜利产生疑义，政治经济学的科学性如何，不少人也产生疑问。这样的社会思潮对高校，对大学生，不可能不产生影响，这种影响的直接结果就是降低了大学生学习政治经济学的热情。从政治经济学本身看，尽管经济学界和广大教师付出了巨大的努力，推动了政治经

---

[1] 逄锦聚. 政治经济学学科的现状和发展趋势. 人民日报，2005 - 05 - 13.

济学理论体系和内容的创新，但这种创新还需要进一步深化、系统和完善。特别是要将理论创新转化为教学内容，还需要付出进一步的努力。毋庸讳言的是，在一些高校，由于种种原因，教材的水平、教师的水平还与同学的要求有较大的差距，教学效果也还需要进一步提高。"①

现在看来，这些原因大都依然存在，但不局限于此。在我们国家，一种不正常的现象如果持续得不到矫正，一定是与领导重视与否和体制机制有关。从领导重视角度看，虽然中央领导非常重视学好用好政治经济学，但有的下级党委和政府的领导干部不学、不懂、不讲、不用政治经济学，而盲目崇拜西方经济理论，对高校学生和教师也产生了不良影响。从高校系统看，本来高校的根本任务是培养人才，教学内容、课程体系的设置和改革是培养人才的重要环节，但我们有的领导往往只善于抓"大事"，而对于关系培养什么人的带有普遍性和趋势性的实事或者听而不闻，或者抓而不紧。从体制机制角度看，已经盛行多年的一些对人才、对成果评价的标准忽视甚至贬低政治经济学的地位和作用得不到纠正，更甭说主动建立有利于学好用好政治经济学的保障机制。

产生这些问题的后果是不言而喻的，今天在校的青年学生就是明天国之栋梁，青年学生的政治经济学根基打不牢，不仅影响他们本身，也会影响明天干部队伍的素质和民族的未来。

纠正这些问题的措施建议如下：

第一，以落实习近平关于学好用好政治经济学的讲话精神为契机，组织编写政治经济学干部读本和大众读本，在全社会普及政治经济学的知识，包括普及马克思创立的政治经济学基本原理和中国化马克思主义政治经济学——中国特色社会主义经济理论知识，形成学习应用政治经济学的良好社会氛围。

第二，将政治经济学的教学纳入教育部正在组织制定的全国高校经济

---

① 逢锦聚. 政治经济学学科的现状和发展趋势. 人民日报，2005 - 05 - 13.

类、管理类专业国家标准，提出明确教学要求，保证其在课程体系中的地位和必要学分。

第三，在政府各部门组织的有关学科、教学评估和人才评审中，强化对政治经济学学科建设和教学的要求。

第四，加强政治经济学学科建设和科学研究，深化政治经济学教学改革和教材建设，坚持马克思主义基本原理与中国实际相结合，从中国的实际出发，在充分吸收中国实践经验、中华民族历史文明和借鉴国外经验的基础上不断建设和完善中国经济学。

第五，加强队伍建设。培养政治经济学的名师和大家，充分发挥他们对学科建设、科学研究和人才培养的引领作用，对老一代政治经济学名师大家，包括健在的和故去的，采取出版其代表著述、推介其治学事迹和学术成就等措施，使他们的优良学风、优秀学识和著述能够传承并教育后人；培养政治经济学中青年学科带头人和学术骨干，创造良好条件发挥他们的引领作用和才智。采取培训、进修学习研讨等措施，使从国外学成归来的学者加强对政治经济学的学习，提倡并采取措施加强从事西方经济学教学的教师与从事政治经济学的教师的相互学习和融合。

（原载于《政治经济学评论》2015 年 1 月第 6 卷第 1 期）

政治经济学的当代使命和创新发展

一、 政治经济学的当代使命

如果从 1615 年法国重商主义代表人物蒙克来田第一次使用政治经济学概念算起①，政治经济学在世界存在、发展，至今已有近 400 年历史。如果从 1662 年英国古典政治经济学创始开始算起②，政治经济学在世界存在、发展，至今已有近 350 年历史。如果从 1848 年马克思主义诞生算起③，作为马克思主义重要组成部分的政治经济学在世界存在、发展，至今已有 160 多年的历史。从政治经济学创立、发展的历史看，政治经济学是时代和实践发展的产物，不同的时代赋予政治经济学不同的使命，不同时代的实践产生不同的政治经济学理论。

以英国古典政治经济学为例。17 世纪中叶，英国已经成为整个世界工业最发达的国家，与此相应，资本主义生产关系在英国已达到最发达的程度，这是英国得以最先产生古典政治经济学的经济基础。英国资产阶级革命的胜利奠定了英国最先产生古典政治经济学的阶级基础。配第代表新兴的产业资本的利益和要求，开始创立英国古典政治经济学。这时的政治经

① 逄锦聚，洪银兴，林岗，刘伟. 政治经济学 . 4 版. 北京: 高等教育出版社，2009.

② 威廉·配第是英国古典政治经济学的创始人，他最著名的经济学著作《赋税论》出版于 1662 年。

③ 对于马克思主义诞生的标志，理论界有不同观点，本文同意把 1848 年《共产党宣言》的问世作为马克思主义诞生的重要标志。

济学是资本主义制度产生和上升阶段产生的理论，当时时代赋予它的历史使命是阐明在资本主义制度产生发展过程中所产生的一系列经济现象，探索资本主义经济发展的规律，为新兴的资本主义经济制度的发展提供理论基础和指导。

资本主义制度促进了生产力的巨大发展和社会文明的巨大进步，正如马克思恩格斯在《共产党宣言》中所指出的："资产阶级在它的不到一百年的阶级统治中所创造的生产力，比过去一切世代创造的全部生产力还要多，还要大。"① 同时又产生了自身无法克服的矛盾。资本主义发展到日益成熟、经济危机开始发生、制度本身固有的矛盾开始暴露、无产阶级与资产阶级矛盾日趋尖锐的阶段，马克思主义政治经济学适应时代和实践的需求产生了。从马克思主义政治经济学诞生的那一天开始，时代就赋予其揭示资本主义生产方式内在矛盾的历史使命。实践为完成这种使命提供了条件，正是有了这种条件，马克思主义政治经济学才开天辟地第一次在揭示资本主义制度下社会化大生产和市场经济发展一般规律的同时，揭示了资本主义制度的生产资料资本家私有制和生产社会化的基本矛盾，和资本主义制度必然为新的社会主义制度所代替的历史必然性②。

19 世纪末 20 世纪初，资本主义发展到帝国主义阶段，世界进入帝国主义和无产阶级革命的时代，政治经济学就不能停留在对资本主义经济制度一般规律的揭示，而必须揭示资本主义进入帝国主义阶段的经济特征。在这样的条件下，列宁的帝国主义理论产生了。列宁帝国主义理论是对马克思主义政治经济学的继承和发展，为分析发展到帝国主义的资本主义特征提供了理论指南，为帝国主义时代无产阶级的革命提供了理论武器③。

当社会主义制度从理论变为现实，世界上产生苏联、中国等一批社会

---

① 马克思，恩格斯. 共产党宣言//马克思恩格斯选集：第 1 卷. 北京：人民出版社，1995.

② 马克思. 资本论//马克思恩格斯文集：5 - 7 卷. 北京：人民出版社，2009.

③ 列宁. 帝国主义是资本主义的最高阶段//列宁专题文集：论资本主义. 北京：人民出版社，2009.

主义国家并开始社会主义建设实践时，以社会主义生产关系为主要研究对象的政治经济学在继承马克思主义政治经济学的基础上诞生了，列宁、斯大林、毛泽东等根据苏联和中国的社会主义实践，探索并创立了各具特色的政治经济学理论，为社会主义建立初期的经济建设和经济发展实践提供了理论指导①②。

历史发展到当代，和平与发展成为时代的两大主要问题，世界多极化、经济全球化深入发展，科技进步日新月异，国与国之间的竞争日趋激烈。我国进入改革开放、加快推进社会主义现代化的历史新时期，经济建设、政治建设、文化建设、社会建设以及生态文明建设全面推进，工业化、信息化、城镇化、市场化、国际化深入发展，人口、资源、环境压力日益加大，调整经济体制、转变发展方式的要求更加迫切。在这样的时代和实践条件下，政治经济学理所当然要担负起新的历史使命。

第一，适应和平与发展成为时代两大主要问题和世界多极化、经济全球化深入发展、科技进步日新月异的世界发展潮流，揭示人类经济社会发展的规律和趋势，为促进我国和世界经济的发展做出应有的贡献。政治经济学所要揭示的这些规律和趋势不仅包括生产社会化的一般规律和趋势，而且包括市场经济发展的一般规律和趋势。

第二，适应我国进入改革开放加快推进社会主义现代化的历史新时期的新要求，揭示我国社会主义经济发展的特殊历史、发展所处的特殊阶段，面临的国际环境和社会主义初级阶段的基本经济制度、分配制度，社会主义市场经济运行和经济发展的规律，以及社会主义条件下政府职能和政府与市场的关系等，为改革开放和现代化建设提供理论支持和指导。

第三，除上述两项基本使命外，作为一门学科，政治经济学还要担负为所有经济学科提供理论基础的学科责任。与政治经济学产生和发展的初

---

① 斯大林. 苏联社会主义经济问题. 北京：人民出版社，1952.

② 毛泽东. 论十大关系//毛泽东著作选读：下册. 人民出版社，1986.

期阶段不同，随着时代和实践的发展，政治经济学已经发展为包括理论经济学和应用经济学等多个分支学科在内的庞大的学科体系。从广义上说，政治经济学实际上已经是经济学的同义语；但从狭义上说，政治经济学则是以研究生产方式及与之相适应的经济关系为主的科学。其他的经济学分支学科可以就经济的某个方面进行专门的研究，产生专门的理论，如金融学可以就金融领域的规律进行探讨，形成金融理论；财政学可以就财政领域的规律进行探讨，形成财政理论等等。但政治经济学则必须对一种经济制度下的所有经济现象及其相互关系进行研究，从最基本理论的层次上揭示其规律性，从而为其他具体某一领域经济现象进行研究的具体学科提供综合的基本的理论基础。

二、 政治经济学已经取得的进步和面临的挑战

在历史学家视野中的当代，起始时点上可能有不同的划分。而本文所讲的当代，是始于1978年，其标志是中国共产党的十一届三中全会的召开和改革开放开始。在世界，第三次科技革命和经济全球化方兴未艾。

改革开放开始以来，与时代和实践的发展相适应，政治经济学取得了巨大的进步。这些进步在纪念党的十一届三中全会30周年之际不少学者都进行过总结和概括①②，我也曾将其概括为十个方面③：

第一，关于改革方向、目标、道路的理论。包括：改革开放的必要性、必然性，改革的性质、目标、道路和方略，这些理论构成了我国社会主义改革的理论体系。

第二，关于什么是社会主义和社会主义本质的理论。社会主义的本质

---

① 卫兴华. 中国特色社会主义经济理论体系十大要点. (2009 - 10 - 23). http：//theory. people. com. cn/GB/10278796. html.

② 张卓元. 中国经济学30年. 北京：中国社会科学出版社，2008.

③ 逄锦聚. 改革开放进程中的经济学理论创新. 光明日报，2009 - 03 - 07.

包括三个相互联系的重要方面：一是促进社会和谐，实现人的全面发展，这是社会主义的本质属性和根本目的。二是消灭剥削，消除两极分化，最终达到共同富裕，这是社会主义的本质属性和根本要求。三是解放生产力，发展生产力，这是社会主义的本质属性和根本手段。

第三，社会主义初级阶段理论。社会主义初级阶段包括两层含义：第一，就我国的社会性质来看，已经是社会主义社会，因此，我们必须坚持而不能离开社会主义，这与过渡时期有着本质的区别。第二，就我国社会主义社会成熟程度来看，还处在社会主义初级阶段，仍然没有从根本上摆脱贫穷落后的状态，我们必须认清这一点，决不能超越这个阶段。

第四，社会主义初级阶段基本经济制度的理论。包括：由生产力的发展水平所决定，我国不可能实行单一的生产资料公有制，而必须实行公有制为主体、多种所有制经济共同发展的基本经济制度；公有制实现形式可以而且应当多样化，国有经济控制国民经济命脉，对经济发展起主导作用；毫不动摇地巩固和发展公有制经济，毫不动摇地鼓励、支持、引导非公有制经济发展，坚持平等保护物权，形成各种所有制经济平等竞争、相互促进的新格局。

第五，社会主义初级阶段分配制度理论。包括：按劳分配为主体、多种分配方式并存是社会主义初级阶段的分配制度；坚持按劳分配为主体，资本、技术和管理等生产要素参与分配的原则；坚持效率与公平的统一，创造机会公平，整顿分配秩序，既反对平均主义，又防止收入差距过大，国民收入初次分配和再分配都要处理好效率和公平的关系，再分配更加注重公平；保护合法收入，调节过高收入，取缔非法收入；鼓励一部分地区和个人靠诚实劳动和合法经营先富起来，先富起来的地区和个人要帮助后富的地区和个人，最终实现全社会的共同富裕，使全体人民共享发展的成果。

第六，社会主义市场经济理论。包括：市场经济与公有制相容，计划和市场都是资源配置手段，发展要素市场，完善市场体系，社会主义经济体制改革的目标是建立社会主义市场经济体制等。

第七，社会主义微观经济理论。包括：在社会主义市场经济条件下，企业是独立的法人，拥有自主经营、自负盈亏的生产经营权；深化国有企业公司制股份制改革，建立健全现代企业制度；深化垄断企业改革，引入竞争机制；推进集体企业改革，发展多种形式的集体经济、合作经济；推进公平准入，改善融资条件，破除体制障碍，促进个体私营经济和中小企业发展；以现代产权制度为基础，发展混合所有制经济等。

第八，经济发展理论。包括：以科学发展观统领经济社会发展；提高自主创新能力，建设创新型国家；转变经济发展方式；产业结构优化升级；统筹城乡发展，推进社会主义新农村建设；能源资源节约和生态保护，增强可持续发展能力；区域协调发展等。

第九，开放理论。包括：统筹体制改革和对外开放，坚持"引进来"和"走出去"相结合，充分利用国际国内两个市场、两种资源，以开放促改革、促发展，完善内外联动、互利共赢、安全高效的开放型经济体系；经济全球化作为一个客观进程具有二重性，要形成经济全球化条件下参与国际经济合作和竞争新优势；转变贸易方式，促进国际收支基本平衡，注重防范国际经济风险；正确处理对外开放同独立自主、自力更生的关系，维护国家经济安全等。

第十，社会主义宏观经济理论。包括：计划与市场关系，国民经济宏观经济运行和宏观经济分析，国民经济结构分析，宏观调控模式、目标、手段，政府职能及其转变等。

上述政治经济学这些重要理论创新，极大地丰富和发展了马克思主义经济学理论，为马克思主义中国化、时代化，为中国特色社会主义道路和中国特色社会主义理论体系的形成做出了重要贡献，为我国的改革开放和现代化建设事业提供了有力的理论支持和指导。

但是，政治经济学的这些创新还是阶段性的，时代和实践的发展是无止境的，理论的创新也不应该停止在一个水平上。毋庸讳言的是，在我国前进的道路上，仍面临着一系列新的挑战和问题。国际经济动荡不安，世界金融危机使世界经济中的不确定因素和风险增大。国内经济中多年来积累的深层次的和一些新生的矛盾交织在一起，开始凸现出来，通货膨胀与国民经济持续稳定增长的矛盾突出；经济发展方式、经济结构不合理的问题依然较大；经济增长的资源环境代价过大；城乡和区域经济社会发展仍然不平衡；农业稳定发展和农民持续增收难度加大；劳动就业、社会保障、收入分配等关系群众切身利益的问题仍然较多，部分低收入群众生活比较困难。这些问题如不能从理论与实践的结合上妥善解决，必将对我国改革开放、现代化建设造成严重影响。改革开放和现代化建设实践的发展呼唤着经济学理论的进一步创新。适应时代和实践的要求，探索既适合于中国国情又能反映经济学最新发展的理论是摆在政治经济学面前的一项重大任务。

三、 发挥优势， 博采众长， 在服务改革开放和现代化建设中实现创新

政治经济学要实现新的创新与发展，不负庄严的历史使命，需要做到以下几点：

第一，要紧紧跟上时代和实践发展的步伐，发挥我国独特的优势，创新经济理论。

跟上时代和实践的步伐，就是要关注世界和我国在经济全球化以及改革开放和现代化建设中提出的重大课题，对其进行全局性、前瞻性、战略性研究，得出科学的理论，丰富和发展政治经济学的内容。为此，就一定要拓宽政治经济学研究对象，由研究生产关系拓宽为研究经济制度、经济方式、经济运行和经济发展的各个领域；拓宽研究视野，由研究中国经济拓宽到经济全球化。

发挥中国的优势，就是要发挥中国作为一个后发的发展中大国可以为经济理论研究提供丰富实践的优势。相对于成熟的西方发达国家，中国的变化完全可以用日新月异来形容。从经济制度经济体制说，中国正处于从计划经济体制向社会主义市场经济转型的过程中，体制转型提出的问题和问题解决得出的理论是任何其他发达国家经济学没有遇到的；中国正处于从经济不发达向经济比较发达、经济发展方式由高消耗低产出低效率向低消耗高产出高效率的转型过程中，经济发展方式转变过程中提出的问题也是西方发达国家经济学未曾遇到的。更复杂的是，作为一个拥有 13 多亿人口的农业大国，城市化、市场化、工业化、信息化、国际化融为同一过程，由此遇到的问题也是以前所有经济学未曾遇到的。伟大的理论是与伟大的时代和实践相伴而生的。我国的经济学处在这样急剧变革的时代，时代和实践的发展为经济学的繁荣和发展提供了历史难得的机遇和条件。政治经济学要抓住这样难得的机遇和条件，加强对重大实践问题的研究，加快创新和发展。

发挥中国的优势并非不要关注外国的发展，相反，发挥中国的优势与加强对世界经济的研究是并行不悖的。这里涉及一个重大问题，就是如何看待马克思主义政治经济学对资本主义经济的研究。马克思主义政治经济学以资本主义生产方式及其与之相适应的生产关系和交换关系为研究对象，在揭示社会化大生产和市场经济发展一般规律的同时，揭示了资本主义制度的生产资料资本家私有制和生产社会化的基本矛盾，以及必然为新的社会主义社会所取代的历史必然性。马克思主义政治经济学所采取的立场、方法和揭示的基本原理是科学的，至今仍是我们研究政治经济学的指南。但是时代和实践发展了，面对今天西方发达资本主义国家不断调整经济关系谋求新发展的实际，政治经济学的研究就不能局限于马克思已有的理论，而必须进一步重点研究当代资本主义的新变化及其对我们的启示，研究由发达资本主义国家主导的经济全球化进程中提出的新课题，以为我国的改革和对外开放提供理论的指导。

第二，要继承马克思主义政治经济学的基本原理，发挥方法论的优势，创新经济理论。

创新和发展政治经济学必须处理好继承与创新发展的关系。任何理论都需要继承，更需要创新，在继承的基础上才能更好地创新，有创新才能实现继承的意义。对于马克思主义政治经济学，最值得继承的基本原理有两类：一类是关于社会化大生产和货币经济商品经济一般规律的原理。马克思主义政治经济学在分析资本主义经济内在矛盾发展过程中，揭示了社会大生产和市场经济的一般规律，例如劳动时间的节约规律、价值规律、社会按比例分配劳动时间规律、资本循环周转和社会再生产规律等等，这些规律在资本主义制度下表现为资本主义经济运行的规律，但如果抛开其制度因素，对于其他社会发展社会化大生产和市场经济也同样是适应的。另一类是作为根本方法论的基本原理。辩证唯物主义和历史唯物主义是马克思主义政治经济学的根本的方法论。运用辩证唯物主义和历史唯物主义，马克思才揭示了资本主义的基本矛盾和资本主义为社会主义代替的必然性，成为颠扑不破的真理和科学。在马克思主义政治经济学的这两类基本原理中，辩证唯物主义和历史唯物主义的方法论更具根本的意义。相对于其他一切经济学，它是马克思主义的政治经济学的根本优势所在。从马克思主义诞生至今，人类社会又发展了160多年，时代和实践发生了变化，政治经济学的研究内容和历史使命发生了变化，但是作为根本方法论的辩证唯物主义和历史唯物主义依然放射真理的光芒。今天我们创新和发展马克思主义政治经济学，必须坚持和运用马克思主义的辩证唯物主义和历史唯物主义，有了辩证唯物主义和历史唯物主义我们就有了透过一切复杂经济现象看本质的金钥匙，就有了探索并发现经济全球化和我国改革开放现代化建设规律的理论武器。

第三，要广泛吸取人类文明一切有益成果，兼容并蓄，实现创新和发展。

科学技术和经济全球化的发展，使人类生活在一个共同的地球村，人们不仅要为本国经济的发展而且要为解决人类所共同面对的经济问题（例如贸易问题、金融问题、资源问题、环境问题、气候问题等）探索道路，发现和发展经济学理论。虽然到目前为止，世界上还没有所谓适合各国国情的具有普适价值的政治经济学，但对经济学的国际化的要求是越来越强烈，各国经济学的相互学习和借鉴已经是不可逆转的潮流。

客观地说，世界上一切有益的文明成果，都是人类智慧的结晶，应该是人类共同的财富。在当代更应该是如此。从这样的意义上说，中国的经济学要对全世界开放是毋庸置疑的。所谓对全世界开放，包括两层含义：一是要充分借鉴世界范围一切经济学的有益成果，特别是发达国家经济学的成果，引进并吸取其科学的成分，为我所用；二是要尽可能采用世界范围内人们比较接受的学术规范，使中国经济学的研究成果走向世界，为世界范围的经济学发展创新和世界经济的发展做出贡献。要做到这样，必须注意克服两种倾向：一种倾向是对国外经济学照抄照搬，认为中国的经济学似乎这也不是，那也不是；另一种倾向是排斥国外经济学，特别是西方发达国家经济学，唯我独行。经过几十年的改革开放，后一种倾向逐步改变，但前一种倾向似乎还有上升之势。其实只要尊重历史，仔细想想，世界和中国的历史上还没有哪个国家靠照搬别国理论而成功的，真正能够解决中国问题的还是以马克思主义经济学基本方法论为指导而发展起来的具有中国特色的经济学，或称为中国化、时代化的马克思主义政治经济学，这种政治经济学是中国特色社会主义理论体系的重要组成部分。在中国，作为主流经济学而对改革开放起指导作用的不是国外什么经济学，而是这种具有中国特色的经济学。当然，随着时代和实践的发展，具有中国特色的经济学也需要不断发展和完善，但发展和完善的方向还是坚持以马克思主义为指导，适应时代和实践发展的要求，借鉴和吸收人类文明一切有益成果。

（原载于《政治经济学评论》2011年1月第2卷第1期）

论马克思主义政治经济学理论创新

一、 马克思主义政治经济学必须创新

在开始论证这一命题的时候，为了对命题理解的统一，首先有必要明确什么是马克思主义，什么是马克思主义政治经济学。

关于什么是马克思主义，从不同的角度，可以做出不同的回答。从其阶级属性讲，马克思主义是关于无产阶级和人类解放的科学，是关于无产阶级斗争的性质、目的和解放条件的学说。从其研究对象和主要内容讲，马克思主义是完整的科学世界观和方法论，是关于自然、社会和思维发展的普遍规律的学说，是关于资本主义发展和转变为社会主义以及社会主义和共产主义发展的普遍规律的学说。而从其创造者、继承者的认识成果讲，马克思主义是由马克思恩格斯创立的，并由各个时代、各个民族的马克思主义者不断丰富和发展的观点和学说的体系。由此，马克思主义可以从狭义上和广义上理解。从狭义上理解，马克思主义即马克思恩格斯创立的基本理论、基本观点和学说的体系。从广义上理解，马克思主义不仅指马克思恩格斯创立的基本理论、基本观点和学说的体系，也包括后人对它的发展，即发展了的马克思主义。作为中国共产党和社会主义事业指导思想的马克思主义，是从广义上理解的马克思主义。它既包括由马克思恩格斯创立的马克思主义的基本理论、基本观点、基本方法，也包括经列宁继承和发展，推进到新的阶段，并由毛泽东、邓小平、江泽民等为主要代表的中

国共产党人将其与中国具体实际相结合，进一步丰富和发展了的马克思主义，即中国化的马克思主义。

政治经济学是马克思主义的重要组成部分之一。明确了什么是马克思主义，关于什么是马克思主义政治经济学也就可以得出逻辑的结论。从马克思最初赋予政治经济学的任务看，政治经济学是研究生产方式和与之相适应的生产关系和交换关系的科学。马克思主义政治经济学也有狭义与广义之分，从狭义说，马克思主义政治经济学是由马克思和恩格斯创立的政治经济学，从广义说，马克思主义政治经济学包括马克思和恩格斯创立的和由后人发展了的政治经济学，自然也包括由中国共产党人发展了的马克思主义政治经济学理论。当我们说，马克思主义政治经济学必须创新时，更多的是指从狭义理解的马克思主义政治经济学，因为广义的马克思主义政治经济学本身是发展的与时俱进的政治经济学。

之所以强调马克思主义政治经济学必须创新，是因为：

第一，时代不同了，马克思主义政治经济学必须发展。任何科学的理论都是时代的产物，马克思主义政治经济学也不例外。马克思主义政治经济学创立的时代是工业化初期，蒸汽机是生产力发展的重要标志；资本主义制度处于上升时期，并趋于成熟；工人阶级与资本家阶级斗争日趋尖锐，罢工、武装起义、暴力冲突，成为工人阶级反抗资本家阶级的一些重要形式。在这样的时代，一方面，资本主义制度的发展极大地促进了生产力的发展；另一方面，经济危机的发生、工人运动的发展，显示出资本主义制度在创造高度发达生产力的同时，也开始并日益成为生产力发展的桎梏，并已经造就出推动其走向反面的生产力条件和阶级力量。在这样的背景下，在揭示资本主义经济运行规律的基础上，揭示资本主义制度的历史局限性及其为新的社会制度代替的必然性，为工人阶级提供反对资本家阶级的思想武器，就成为政治经济学庄严的使命。马克思主义政治经济学与马克思主义哲学、科学社会主义等其他组成部分一起，就是适应这样的时代需要产生的。所以，从一开始马克思主义政治经济学，就具有科学性、革命性、阶级性相统一的鲜明特征。

时间过了150多年，时代发展了。当今时代，人类进入工业化后期，工业化与信息化结合，知识经济初见端倪，信息技术、生物技术等成为生产力发展的主要标志；资本主义一统天下的格局被打破，社会主义制度诞生、发展，取得了辉煌的成就，也遇到过挫折，资本主义在经历反复严重危机后有所调整，有了一些新变化；资本主义与社会主义并存、竞争、合作发展，经济全球化与区域化并存、发展，和平与发展是世界主要潮流，但两种社会制度之间、国家与国家之间竞争日趋激烈，局部地区的战争时有发生，世界并不太平。在这样的背景下，马克思主义政治经济学完全固守原有的理论显然就不能适应时代发展的要求，实现理论创新是时代提出的要求。

第二，实践发展了，马克思主义政治经济学必须发展。时代的发展是实践发展的必然结果。就其本质而言，实践是理论产生的本源，是推动理论发展的根本力量，是检验理论是否正确的唯一标准。马克思主义政治经济学创立之后，实践有了革命性的发展，概括起来，突出地表现为三个根本的方面：1. 第三次科技革命的发生和科学技术在生产中的广泛应用，极大地促进了生产力发展；2. 资本主义经过了世界性的经济危机、两次世界大战，一些主要资本主义国家经济有了新的发展，生产关系和上层建筑领域有了一些新变化；3. 社会主义制度从理论变成现实，由一国到多国，开辟了人类历史的新纪元，社会主义制度的建立及其在经济、政治、外交、军事上的影响，改变了世界的政治格局，在很大程度上遏制了资本主义和霸权主义在全世界的扩张，推动着世界和平与发展的时代潮流。社会主义在20世纪取得了举世瞩目的辉煌成就，但是在发展中也显示出在许多方面尚不成熟。在社会主义的进程中，曾经发生过许多曲折，甚至是严重失误和挫折，有许多经验教训值得总结。什么是社会主义，怎样建设社会主义等都是实践提出的需要回答的重大课题。适应实践发展的要求，马克思主义政治经济学理论就必须发展和创新。

第三，马克思主义政治经济学能否创新，关系到马克思主义的生命力，关系到社会主义的前途命运。科学的理论之所以具有生命力，在于它能够反映实践和时代的要求，随实践和时代的发展而发展。只有能够不断从实际出发，不断创新和发展的理论才是能够指导实践的理论。时代和实践的发展，亟须科学的理论做指导。在生动活泼的实践和日新月异的时代面前，马克思主义政治经济学理论能否创新，关系到马克思主义的生命力，也关系到社会主义的命运。所以无论是从实践和时代发展的要求，还是从马克思主义政治经济学自身建设的迫切性认识问题，马克思主义政治经济学都必须创新。

二、　马克思主义政治经济学能够创新

马克思主义政治经济学必须创新是问题的一个方面，马克思主义政治经济学能够创新是问题的另一个方面，而且是更重要的方面。马克思主义政治经济学是否能够创新，回答是肯定的，因为：

第一，时代和实践的发展为马克思主义政治经济学的创新奠定了基础。时代和实践的发展不仅要求政治经济学创新，而且为此奠定了基础。生产力的发展不仅推动了经济和社会的发展，使之丰富多彩，而且随着科学技术的发展，也为认识世界提供了手段。计算机的广泛应用，信息经济的发展，网络的出现，为人类认识瞬息万变的经济社会提供了条件。资本主义发展变化，使资本主义的固有矛盾出现了新的表现形式，更加充分地展开，使人们深化对资本主义制度的发展规律的认识成为可能。社会主义经济制度的产生和发展，为马克思主义政治经济学的创新提供了可供总结的实践，使马克思主义关于未来社会的预测开始受到检验并在实践中丰富和发展。

马克思主义政治经济学理论本质上是实践的理论。有了时代和实践的发展，马克思主义政治经济学理论的创新就有了肥沃的土壤。

第二，理论的发展为马克思主义政治经济学的创新提供了条件。科学的发展需要站在前人的肩膀上，马克思主义就是吸收了几千年来人类思想和文化发展中的一切优秀成果，尤其是在批判地继承、吸收人类 19 世纪所创造的优秀成果——德国古典哲学、英国古典政治经济学和英国法国的空想社会主义合理成分的基础上，总结资本主义制度发展和工人阶级斗争实践发展起来的。正像列宁所说："共产主义是从人类知识的总和中产生出来的，马克思主义就是这方面的典范。"①

马克思主义政治经济学创立之后，特别是在当今时代，世界范围内经济学理论又有了长足的发展。中国特色社会主义理论的创立，极大地丰富了马克思主义政治经济学的理论宝库，成为创新和发展马克思主义政治经济学理论的宝贵源泉。此外，西方发达市场经济国家的经济理论，发展中国家的经济理论，苏东国家的经济理论，西方马克思主义研究取得的进展等，都可以成为创新和发展马克思主义政治经济学理论的借鉴。所有这些，为马克思主义政治经济学的创新提供了条件。

第三，中国的实践为马克思主义政治经济学的创新积累了一定经验。新中国建立五十多年来，特别是改革开放二十多年来，我国的经济发展取得了巨大的成就。作为一个拥有 13 亿人口的发展中国家，初步解决了温饱问题，实现了人均国民生产总值突破 1000 美元的飞跃，国民经济较长时期内以年均 9% 以上的速度快速增长；经济体制经历了计划经济的曲折探索和改革，有序地实现着向市场经济的转型，社会主义市场经济体制的框架初步建立；粗放型的经济增长方式开始向集约型的增长方式转变，在国际经济复杂动荡的背景下，国民经济基本保持着协调健康发展；对外开放日益扩大，外贸进出口总额迅猛增长，一个曾经封闭、半封闭的中国日益融入

---

① 列宁选集．第 4 卷．北京：人民出版社，1995：284 – 285.

世界市场经济体系中。作为 20 世纪一个重要标志的中国经济改革和发展，上述的成就对世界产生了并正在产生着重要影响。

中国经济发展的实践，为经济学理论的创新提供了难得的条件。与中国经济发展的实践相匹配，我们的经济学理论有了长足的前进，提出了：我国正处于社会主义初级阶段的理论；发展社会主义市场经济建立社会主义市场经济体制的理论；社会主义初级阶段基本经济制度、分配制度的理论；建立统一的市场体系的理论；以科学发展观统领经济社会发展的理论；等等。但是，与时代和实践的发展要求相比较，经济学理论的滞后和落后仍是不容忽视的问题。我们需要给予已经发展的丰富实践以更加科学的理论解释，中国经济学理论也应该走向世界，像经济发展的实绩一样在世界范围内产生更加重大的影响。

时代和实践的发展是无止境的，理论的创新也不应该停止在一个水平上。毋庸讳言的是，在我国前进的道路上，多年来积累的深层次的和一些新生的矛盾纠缠在一起，也开始凸现出来，我们仍面临着一系列新的挑战和问题。国有企业改革仍处于攻坚阶段，如何从体制上、机制上保证国有经济发挥足够的作用和活力仍是亟待解决的难题；农民失去土地引起的经济社会矛盾加剧，农村问题、农业问题、农民问题将是较长时期困扰我国的突出问题；收入差距拉大、贫富悬殊影响着人们对改革和社会的态度和信心；消除贫困、扩大就业将是长期的重任；资源、能源、环境的严重制约，将对国民经济的可持续发展构成长期的威胁；金融安全问题、核心技术的自主创新问题、对外开放中的贸易摩擦问题等等也将长期构成对我国经济的严峻挑战。这些问题如不能从理论与实践的结合上妥善解决，必将对我国改革开放、现代化建设造成严重影响。改革开放和现代化建设实践的发展，呼唤着经济学理论的进一步创新。适应时代和实践的要求，进一步解放思想，开拓创新，探索既适合于中国国情，又能反映经济学最新发展的理论是摆在经济学理论工作者面前的一项重大任务。

第四，马克思主义政治经济学是开放的、发展的科学。马克思主义理论诞生后，马克思、恩格斯一直都是着眼实际，着眼历史条件的变化，以实事求是的科学态度对待自己创立的理论。早在1872年《共产党宣言》德文版序言中，马克思、恩格斯就指出："这些原理的实际运用，正如《宣言》中所说的，随时随地都要以当时的历史条件为转移。"[1] 恩格斯曾明确指出："我们的理论是发展着的理论，而不是必须背得烂熟并机械地加以重复的教条。"[2] 马克思主义政治经济学自从来到世上，就具有开放、发展的特征，在今天，有了丰富的实践，有了人类社会创造的许多文明成果，马克思主义政治经济学的创新一定能够实现。

三、 马克思主义政治经济学创新的基本方向

要实现马克思主义经济学理论的创新，有三个问题需要明确：一是必须坚持实践第一的观点，实事求是，一切从实际出发；二是必须坚持把马克思主义基本原理与中国的实际相结合；三是必须充分吸收人类社会创造的一切文明成果。这三个方面，实际上也是政治经济学学科的发展方向。

之所以必须坚持实践第一的观点，实事求是，一切从实际出发，是因为，我们要进一步创新的马克思主义政治经济学理论，必须是对实践有指导作用，能够引领实践健康发展的理论，而这样的理论只能从实践经验中总结，并在实践中受到检验和发展。书本的知识，前人的经验和理论成果是重要的，没有这些知识和理论，一切从头开始，也很难实现进一步创新，但这些知识和理论只是已有的理论，它可以为我们进一步创新经济学理论提供基础和借鉴，但却代替不了理论的进一步创新。所以归根结底，理论的进一步创新只能源于实践并随实践的发展而深化。

---

① 马克思恩格斯选集：第1卷. 北京：人民出版社，1995：248–249.
② 马克思恩格斯选集：第4卷. 北京：人民出版社，1995：681.

　　坚持实践第一的观点，一切从实际出发，首先是要从我国的实际出发。我国有自己特殊的历史、特殊的文化、特殊的国情、特殊的经济制度，只有对这些"特殊"吃准吃透，才可能做到一切从实际出发。我国正在进行的以建立和完善社会主义市场经济体制为目标的改革开放和以全面建设小康社会为目标的现代化建设事业，是前无古人的伟大实践，只有投身这样的实践并善于从这样的伟大实践中吸取营养，才可能总结出伟大的理论，实现经济学理论的进一步创新。而这一点，几乎是世界上其他任何国家所不可比拟的。中国的经济学工作者，处于这样的时代，这样的国家，得天独厚，应该为经济学理论的进一步创新做出世界性的贡献。基于此，我们应该多一些自信和自豪，而完全不必凡事跟在别人后头跑，甚至妄自菲薄。当然，强调首先是要从我国的实际出发，并不排斥从世界的实际出发。我们处于一个开放的时代，经济全球化和区域化是世界发展的潮流，在这样的时代，不了解世界，也就不能很好地研究中国，所以一切从实际出发，也要从世界的实际出发。

　　在坚持实践第一，一切从实际出发的同时，之所以还必须坚持把马克思主义基本原理同中国实际相结合，是因为这是已为实践证明非走不可的必经之路，舍此不能达到我们预定的目标。中国共产党成立八十多年来，把马克思主义基本原理同中国具体实际相结合，带领全中国人民取得了革命、建设和改革的卓越成就。实践证明，马克思主义是我们立党立国的根本指导思想，是全国各民族人民团结奋斗的共同理论基础；而马克思主义基本原理同中国实际相结合是马克思主义在中国具有生命力和有效性的根本途径和经验。马克思主义的基本原理任何时候都要坚持，否则我们的事业就会因为没有正确的理论基础和思想灵魂而迷失方向，就会归于失败。马克思主义基本原理一定要同中国实际相结合，否则马克思主义不能发展，中国的问题也不能有效解决。这就是我们为什么必须始终学习和坚持马克思主义基本原理同中国实际相结合的道理所在。

坚持把马克思主义基本原理与中国实际相结合，就要把马克思主义基本原理作为指导，联系国际国内的大局，联系社会的思想实际，去观察和分析问题。我们今天所面临的最大的社会实际是我国处于并将长期处于社会主义初级阶段。社会主义初级阶段的基本国情，是我们党制定路线、方针、政策的客观依据，也是我们观察和分析社会现象、认识和解决社会问题的基础。我们要学会运用马克思主义的立场、观点和方法，认真地总结过去，客观地分析现实，努力实现马克思主义政治经济学的创新。要坚持和弘扬理论联系实际的学风，一方面，要防止和反对教条主义。另一方面，也要反对形式主义和实用主义。

教条主义是本本主义，照本宣科，简单地、机械地套用"本本"和字句，形式主义只做表面文章，搞花架子。这只能使对马克思主义的理解停留在一知半解的水平；实用主义则是容易断章取义，为我所用，往往给马克思主义附加一些不正确的东西，从而肢解了马克思主义。所以我们强调理论联系实际，一方面要认认真真、老老实实地坚持马克思主义基本原理；另一方面要以马克思主义政治经济学原理分析解决我国的实际问题，在分析解决实际问题中创新发展马克思主义政治经济学。

在坚持实践第一，一切从实际出发，把马克思主义基本原理同中国实际相结合的同时，之所以还必须充分吸收人类社会创造的一切文明成果，是因为马克思主义不仅具有与时俱进的理论品质，而且善于吸取人类文明的一切成果，具有开放性。马克思恩格斯就曾吸收英国资产阶级古典政治经济学的科学成分而创立了马克思主义政治经济学。在今天社会主义与资本主义两种制度并存、竞争、合作的条件下，我们更应该善于充分吸收人类文明的一切成果，包括西方经济学的文明成果，以丰富和发展马克思主义政治经济学。

当前，一个客观事实是，西方发达国家的市场经济发育程度和市场经济体制的完善程度比我们高，综合国力比我们强。西方经济学作为对这种市场经济运行和发展的理论概括，包含了一些科学的对我们有用的成分，也是人类文明的结晶。有分析地借鉴这些科学的成分，为我所用，对我们发展社会主义市场经济是有益的。当然，必须明确，西方经济学有其非科学性，主要是：将资本主义作为永恒的、美好的制度是不符合实际情况和人类社会发展一般规律的；将市场看作是万能的已为实践证明是不正确的；排斥和否定对经济的干预也是不符合现代市场经济发展要求的。正因为西方经济学有这些非科学性甚至是根本性的缺陷，所以它不可能成为我国改革开放和现代化建设的指导思想，在借鉴西方经济学理论的时候，一定要从中国的实际出发，有取有舍，有用有弃，而决不可照抄照搬。

（原载于《经济学家》2007 年第 1 期；副标题：兼论政治经济学学科的发展方向）

论马克思主义经济学中国化

　　马克思主义中国化和马克思主义经济学中国化，是中国革命和建设中提出的重大课题，在当前我国致力于改革开放和现代化建设新的历史条件下，正确地认识和积极推进马克思主义中国化和马克思主义经济学中国化，关系到我国现代化建设事业的前途和民族的兴旺。本文拟在马克思主义中国化的背景下，阐述马克思主义经济学中国化的有关问题。

一、 关于马克思主义经济学中国化的含义

　　马克思主义经济学，也即马克思主义政治经济学，是马克思主义的重要组成部分。作为整体的马克思主义中国化，从逻辑上说应该包括马克思主义各个组成部分的中国化。在 20 世纪 30 年代毛泽东提出马克思主义中国化之前①，马克思主义哲学家艾思奇就提出过，"现在需要来一个哲学研究的中国化、现实化的运动"②，但理论界使用马克思主义经济学中国化则是近些年的事情。有学者发表了文章，有学者出版了专著③，与此相适应，也有学者使用了中国化马克思主义经济学的概念④。但从对马克思主义经济学

---

① 毛泽东. 论新阶段//中央档案馆. 中共中央文件选集: 第 11 册. 北京: 中共中央党校出版社, 1991.

② 艾思奇. 艾思奇文集: 第 1 卷. 北京: 人民出版社, 1981.

③ 王文寅. 马克思主义经济学中国化研究. 太原: 山西经济出版社, 2008.　张宇. 改革开放与马克思主义经济学的发展: 马克思主义经济学的当代化与中国化. 教学与研究, 2008（8）.

④ 裴小革. 改革开放是中国化马克思主义经济学的伟大成果. 长白学刊, 2008（5）.

中国化研究的深度和水平而言，还只能说是开始，尚未达到对马克思主义中国化整体研究的水平。

什么是马克思主义中国化？理论界基本共识是：马克思主义中国化就是把马克思主义基本原理与中国具体实际相结合。本文同意这样的界定，但再加一句：在当代中国，马克思主义中国化就是把马克思主义基本原理与中国面临的和平、发展时代主题和中国改革开放、现代化建设的实际相结合。什么是马克思主义经济学中国化？与对马克思主义中国化的理解相适应，马克思主义经济学中国化就是把马克思主义经济学基本原理与中国具体实际相结合，在当代中国，就是把马克思主义基本原理与中国面临的和平、发展时代主题和中国改革开放、现代化建设的实际相结合。

在我国，对马克思主义经济学中国化的研究在相当长时间内比较滞后，是有历史原因的。新民主主义革命时期，中国共产党的主要任务是领导全中国人民推翻"三座大山"，建立新中国。在这样的历史背景下，一开始对马克思主义的学习和应用，更加注重的是其革命的部分，对其经济学则很难摆到很重要的地位。这从马克思主义经典著作在我国的传播可见端倪。据中央编译局提供的资料，《共产党宣言》第一个中译本 1920 年 8 月就由上海社会主义研究社出版，而一向被认为是马克思主义经济学经典著作的（当然不仅仅是经济学经典著作）《资本论》第一个中译本到 1930 年 3 月才由上海昆仑书店出版社出版，而且只是第一卷，全译本则直到 1938 年八九月才由上海读书生活出版社出版。新中国建立，特别是社会主义经济制度建立后，本应该把经济建设摆到中心地位，集中精力抓经济建设，但由于人们共知的原因，没有能够完全这样做，虽然在一些时间也抓了经济建设并取得了成绩，但在相当长时间内是以阶级斗争为纲。"一切划时代的体系的真正的内容都是由于产生这些体系的那个时期的需要而形成起来的。"①当时的环境如此，所以虽然理论界、教育界在一些时间也做过引入苏联政

---

① 马克思恩格斯全集：第 3 卷．北京：人民出版社，1960：544.

治经济学教科书和编写我国自己经济学教科书的努力，开展了对一些经济问题的研究，但作为直接对经济建设、发展有指导作用的马克思主义经济学建设没有得到应有的重视，马克思主义经济学中国化和中国化马克思主义经济学建设也就没有取得应有的成效。

1978 年党的十一届三中全会的召开，开启了改革开放历史新时期，我国整个工作中心转到经济建设上来。随着改革开放和现代化建设实践的发展，对经济学理论的需求逐渐强烈，对马克思主义经济学的研究和应用日益增多，与此同时，西方经济学理论被大量引入和借鉴，我国出现了经济学的空前繁荣。这一时期，虽然也出现过对马克思主义经济学的教条式的理解或重视不够、对西方经济学盲目照抄照搬的一些不健康的倾向，但总体上说，经济学的繁荣发展是主流，经济学理论为经济社会发展服务所取得的成就是有目共睹的。更具历史意义的是，在改革开放实践推动下，我国理论界在中国共产党的领导下加快把马克思主义经济学基本原理与我国的实际相结合，在继承马克思主义经济学立场观点方法的同时，创新发展了经济学理论。这些理论成为中国特色社会主义理论体系的重要来源，为马克思主义中国化和中国化马克思主义的形成做出了贡献，为马克思主义的丰富和发展做出了贡献。

但需要指出的是，任何科学的形成、发展和成熟程度都是由实践所决定的。我国正处于并将长期处于社会主义初级阶段，在当前和今后相当长时间内将会处于经济体制和发展方式转变的双重转型期，作为经济建设实践的反映并指导经济建设实践发展的经济学，其状况不能不受这样条件的制约，所以我国的马克思主义经济学中国化的进程一定会随改革开放和经济发展的发展而深化，具有中国特色的经济学理论也会不断出现和发展，但作为马克思主义经济学中国化成果的中国化马克思主义经济学至今还不能说已经建设成功，这是经济学理论工作者必须长期为之奋斗的一项伟大历史使命。

二、 关于什么是马克思主义、 怎样对待马克思主义

推进马克思主义经济学中国化，作为认识的前提和基础是，什么是马克思主义和怎样对待马克思主义。胡锦涛在纪念党的十一届三中全会召开30周年大会上的讲话中指出："30 年来，我们党的全部理论和全部实践，归结起来就是创造性地探索和回答了什么是马克思主义、怎样对待马克思主义，什么是社会主义、怎样建设社会主义，建设什么样的党、怎样建设党，实现什么样的发展、怎样发展等重大理论和实际问题。"① 在参与改革开放的实践和理论活动中，特别是在近几年主持《马克思主义基本原理概论》教科书的编写和修订过程中，作者对什么是马克思主义、怎样对待马克思主义的问题有了进一步的认识。

（一） 以发展的观点认识什么是马克思主义

在过去相当长时间内，对于什么是马克思主义，从不同的角度有多种表述。从它的创造者、继承者的认识成果讲，马克思主义是由马克思恩格斯创立的，而由各个时代、各个民族的马克思主义者不断丰富和发展的观点和学说的体系。从它的阶级属性讲，马克思主义是关于无产阶级和人类解放的科学，是关于无产阶级斗争的性质、目的和解放条件的学说。从它的研究对象和主要内容讲，马克思主义是完整的科学世界观和方法论，是关于自然、社会和思维发展的普遍规律的学说，是关于资本主义发展和为社会主义代替以及社会主义和共产主义发展的普遍规律的学说。这些表述无疑都可以为什么是马克思主义的认识提供重要的指导和参考。

但是，马克思主义是发展的、开放的体系。以发展的、开放的观点进一步认识马克思主义，马克思主义有狭义和广义之分。从狭义上说，马克

---

① 胡锦涛. 在纪念党的十一届三中全会召开 30 周年大会上的讲话. 人民日报，2008 – 12 – 19 (1) .

思主义即马克思恩格斯创立的基本理论、基本观点和学说的体系。从广义上说，马克思主义不仅指马克思恩格斯创立的基本理论、基本观点和学说的体系，也包括后人对它的发展，即发展了的马克思主义。作为中国共产党和社会主义事业指导思想的马克思主义，是广义的马克思主义。它既包括由马克思恩格斯创立的马克思主义的基本理论、基本观点和学说的体系，也包括经列宁等继承和发展，推进到新的阶段，并由毛泽东、邓小平、江泽民等为主要代表的中国共产党人将其与中国具体实际相结合，进一步丰富和发展了的马克思主义，即中国化的马克思主义①。

说马克思主义是发展的、开放的体系，是指马克思主义的个别结论可以发展还是指马克思主义基本原理也可以发展？在过去比较长时期内，主要指前者，而今天，我们认为讲马克思主义要发展，不仅指前者，而且也指后者。

讲马克思主义基本原理要发展，首先是一个实践问题。社会主义的实践提出了一系列新问题需要我们去认识，例如社会主义的本质究竟是什么，社会主义发展究竟要经过什么样的阶段，在这样的阶段要实行什么样的基本经济制度和分配制度，如何实现社会主义经济、社会的科学发展等等，这些问题都涉及马克思主义的基本原理。在实践的基础上，总结经验，将马克思恩格斯生前没有认识到或没有完全解决的重大问题上升到基本原理的高度进行总结和凝练，这是时代赋予马克思主义继承者的责任，也是马克思主义作为发展的、开放的理论体系的本质要求。过去，我们拘泥于对马克思主义个别结论进行丰富和发展，认为马克思主义基本原理似乎就不需要丰富和发展，重要原因除了实践尚未发展到今天的程度之外，还在于思想不够解放，认识还需要进一步深化。今天，我们认识到马克思主义基本原理也需要不断丰富和发展，而中国共产党人和广大人民群众的理论创新就是对马克思主义的丰富和发展，这是一个重大的理论和认识的突破。

---

① 本书编写组. 马克思主义基本原理概论. 北京：高等教育出版社，2009.

对于马克思主义的上述理解，应该说是一种前进。其意义不仅说明马克思主义是发展的、开放的理论体系，从而否定了把马克思主义看成是封闭僵化体系的错误观点，而且把马克思主义中国化取得的伟大成果即中国化的马克思主义纳入马克思主义的理论体系。这就为"在当代中国，坚持中国特色社会主义理论体系，就是真正坚持马克思主义"① 的论断提供了坚实的理论支持。

（二）从整体上理解什么是马克思主义

在过去相当长时间内，对于马克思主义的理解基本上习惯于"三个组成部分"，这当然是有根据的，因为恩格斯的《反杜林论》和列宁的《马克思主义三个来源和三个组成部分》，都可以用以证明上述的观点。但是根据发展了的实践和理论进展，认识不能停留于此，而应该在肯定马克思主义三个主要组成部分的同时，吸收马克思主义中国化取得的最新成果，从新的角度对马克思主义进行整体性的理解和把握。

以这样的观点从整体上认识什么是马克思主义，首先应该明确，马克思主义是彻底而严整的科学理论体系。它的内容不仅包括哲学、政治经济学、科学社会主义三个主要部分，而且涵盖了政治、经济、文化、军事、历史、社会生活、人类发展等诸多领域和各个方面，是极其丰富的。对于这样一个内容极其丰富的理论体系从整体上理解和把握，可以有几个角度：

1. 从马克思主义的形成过程研究和把握其整体性。马克思主义是适应资本主义生产方式有了相当发展的时代和无产阶级反对资产阶级实践的要求，在对人类文明成果继承和发展的基础上产生的。与在此之前的所有资产阶级理论不同，马克思主义经典作家的全部理论活动都是为了人类解放这一目标而进行的，其根本宗旨是实现人类解放。从马克思主义形成过程

① 胡锦涛. 高举中国特色社会主义伟大旗帜　为夺取全面建设小康社会新胜利而奋斗. 北京：人民出版社，2007：12.

中马克思主义创始人理论活动的全部过程看，马克思主义具有鲜明的整体性。马克思恩格斯从年轻时代起就立志选择"最能为人类而工作的职业"，大量接触穷苦的工人群众。马克思 1841 年后在《莱茵报》上发表的多篇论文，恩格斯写作的《英国工人阶级状况》，都表达了对贫苦群众的深切同情和对资本主义社会的憎恶。其后，马克思恩格斯积极参加推翻资本主义制度的阶级斗争，投入创立无产阶级政党、组织无产阶级队伍的活动，同工人运动中的各种机会主义思潮进行不懈的斗争。他们毕生的使命都和发展、壮大无产阶级革命事业密切地联系在一起。从 19 世纪 40 年代后半期马克思恩格斯创建"共产主义者同盟"开始，一直到 90 年代前半期恩格斯晚年领导第二国际的活动，关注欧美无产阶级革命斗争和政党的发展为止，在这半个世纪的历程中，马克思恩格斯始终处在国际共产主义运动斗争的前沿，积极参与并领导了无产阶级反对资产阶级和资本主义制度的斗争。马克思恩格斯的生平事业和无产阶级革命斗争所具有的这种紧密联系，是他们创立马克思主义的重要条件。而在此基础上形成的马克思主义，从一开始就成为无产阶级反对资产阶级的强有力的思想武器。这个思想武器，不是支离破碎的，而是一个以科学的世界观和方法论一以贯之的严整的体系。

2. 从马克思主义各个组成部分的内在联系和马克思主义基本著作的内容研究和把握其整体性。马克思主义是涉及众多学科门类的知识海洋，虽然各个学科侧重点不同，但都是马克思主义科学世界观和方法论的体现，都是贯穿人类社会发展普遍规律的学说。

从马克思主义经典著作的主要内容看，马克思主义整体性更为明显。一般认为，《共产党宣言》是马克思主义形成的标志，而《共产党宣言》实际上是马克思主义的理论宏伟大厦的缩影，其理论内容几乎涵盖了马克思主义的各个重要方面。其他著作也大都是这样，《1844 年经济学哲学手稿》中关于哲学问题的思辨与关于政治经济学、人类解放理论等现实问题的交织；《神圣家族》《德意志意识形态》《哲学的贫困》等著作中哲学问题、经济学问题、历史问题、社会问题的汇聚；《路易·波拿巴的雾月十八日》《法兰西内战》等关于现实问题的著作中所蕴含的深刻的哲学观念与政治经济学前提；而《反杜林论》，恩格斯虽然对"哲学"、"政治经济学"、"社会主义"三个部分进行了分别论述，但从全文看，恰恰是这些看似独立的部分，构成了一个内容紧密相连、逻辑严谨的理论整体。即使像《资本论》这样被长期看作经济学的马克思主义经典著作，实际上它不仅包含有马克思主义的经济学基本原理，而且也包含了马克思主义的辩证唯物主义和历史唯物主义世界观方法论、科学社会主义的基本原理，堪称马克思主义的百科全书。因此，从马克思主义经典著作的全部内容看，马克思主义是严谨而完整的理论体系，从整体上理解和把握马克思主义是符合马克思主义本来面貌的。

3. 从马克思主义的革命性与科学性统一研究和把握其整体性。从科学性与革命性统一的角度理解和把握，马克思主义是包含四个最根本最核心内容的严整体系。第一，科学的世界观和方法论。辩证唯物主义和历史唯物主义是马克思主义最根本的世界观和方法论，也是马克思主义理论科学体系的哲学基础。第二，鲜明的政治立场。马克思主义政党的一切理论和奋斗都应致力于实现以劳动人民为主体的最广大人民的根本利益，这是马克思主义最鲜明的政治立场。第三，重要的理论品质。坚持一切从实际出发，理论联系实际，实事求是，在实践中检验真理和发展真理，是马克思主义最重要的理论品质。第四，崇高的社会理想。实现物质财富极大丰富、人民精神境界极大提高、每个人自由而全面发展的共产主义社会，是马克思主义最崇高的社会理想。

以上这四个方面，包括了马克思主义的最基本内容，体现了马克思主义的基本立场、基本观点和基本方法，是从总体上把握的马克思主义。今天，我们坚持和发展马克思主义，绝不是要单纯坚持和发展马克思主义的某个观点，而是要从总体上坚持、继承其基本立场、基本方法和基本观点。

4. 从马克思主义的创新性和实践性研究和把握其整体性。马克思主义是开放的发展的学说，创新性是马克思主义的重要特征。中国化马克思主义与马克思恩格斯创立的马克思主义一脉相承，又将马克思主义的基本原理与中国实践紧密结合，创造性地发展了马克思主义。

学习的目的在于应用，马克思主义的生命力在于指导实践，实践性是马克思主义的另一重要特征。在现实的实践过程中，没有纯粹的哲学问题、经济学问题、政治问题或思想文化问题。任何问题必然综合地、有机地包含着多方面相互影响的内容和规定性。如果我们从马克思所说的"改变世界"的角度来理解马克思主义理论，马克思主义理论必然是整体的，因为它所面对的实践问题是具体的、整体的。

当然，需要说明的是，强调要加强对马克思主义整体性的研究和把握，并不是要否定或排斥对马克思主义丰富内容进行分门别类的研究，相反，加强对马克思主义整体性的研究和把握与对马克思主义丰富内容进行分门别类研究是相辅相成、相得益彰的。分门别类研究越深入，越有利于对马克思主义理论整体性的研究和把握，对马克思主义整体性的研究和把握越准确，越有利于对马克思主义分类研究的深入和全面。过去，我们对马克思主义哲学、政治经济学、科学社会主义等分门别类地进行研究，取得了重大进展，对继承和发展马克思主义起到了极大的促进作用，今后在加强研究马克思主义整体性的同时，这种分门别类的研究还要继续，但显然不能拘泥于此，马克思主义是内容丰富的宏伟理论大厦，我们还要进一步在更多的领域、更多的学科开展马克思主义的研究。这样，既有分门别类的研究，又有对马克思主义整体性的研究，对马克思主义的研究一定会更加深入，马克思主义一定会发出更加灿烂的真理光芒。

（三）以科学的态度对待马克思主义

如何对待马克思主义，过去是、现在是、将来还是关系我们党和国家前途命运的大问题。

在这个问题上我们以前是有深刻教训的，吸取这些经验教训，首先就必须坚持马克思主义不动摇。这是就马克思主义的基本原理、基本观点和方法而言的。而随着时代的发展和历史条件的变化，马克思主义创始人针对特定历史条件的一些具体论述可能不再适用，而新的实践又会提出新的问题，需要我们去认识、去解决，这就要求我们在坚持马克思主义基本原理的基础上去丰富和发展马克思主义。在我国社会主义实践的过程中，坚持与发展是统一的。只有坚持，才能发展；只有发展，才能更好地坚持。否认马克思主义的科学性，是错误的、有害的；教条式地对待马克思主义，也是错误的、有害的。我们一定要适应实践的发展，以实践来检验一切，用发展着的马克思主义指导新的实践。"我们必须坚持解放思想、实事求是、与时俱进，从理论和实践的结合上不断研究新情况、解决新问题，做到自觉地把思想认识从那些不合时宜的观念、做法和体制的束缚中解放出来，从对马克思主义的错误的和教条式的理解中解放出来，从主观主义和形而上学的桎梏中解放出来，不断有所发现、有所创造、有所前进。"①

与此同时，要吸收理论界的最新成果，力求全面准确地阐述并丰富和发展马克思主义。

由马克思恩格斯创立的马克思主义，是经典作家 160 多年前根据当时历史条件做出的科学结论。时代发展了，这就要求我们既要把经典作家的论断放入当时的历史环境中来认识，同时又要紧密结合今天发展了的实践，做出准确而又符合时代要求的新阐释，努力做到"四个分清"，即努力分清哪些是必须长期坚持的马克思主义基本原理，哪些是需要结合新的实际加以丰富发展的理论判断，哪些是必须破除的对马克思主义的教条式的理解，哪些是必须澄清的附加在马克思主义名义下的错误观点。根据这样的要求，我们必须既努力全面准确地阐述马克思主义，又尽可能地吸收理论界的最

---

① 胡锦涛. 在"三个代表"重要思想理论研讨会上的讲话. 北京：人民出版社，2003：27－28.

新成果，丰富和发展马克思主义理论。

三、 在推进马克思主义经济学中国化进程中努力实现经济学理论的创新

中国改革开放和现代化建设的实践，极大地推动了马克思主义经济学的中国化，使之实现了若干方面的重大创新；时代和实践的不断发展，呼唤经济学理论的进一步创新。在推进马克思主义经济学中国化进程中，努力实现经济学理论的创新，是经济学工作者的共同使命和责任。

（一）改革开放以来经济学理论的创新

改革开放以来，我国的经济学理论取得了重大突破和创新，这些创新，可概括为十个主要方面：一是对改革开放的方向、目标、道路进行了探索，为改革开放方略的确定和不断深化做出了贡献。二是对什么是社会主义和社会主义的本质进行了探索，为明确社会主义的本质是解放生产力，发展生产力，消灭剥削，消除两极分化，最终达到共同富裕以及人的全面发展做出了贡献。三是对中国特色社会主义的经济进行了探索，为中国特色社会主义理论体系的形成做出了贡献。四是对社会主义初级阶段的国情、主要矛盾和主要任务进行了阐发，为确立社会主义初级阶段理论做出了贡献。五是对社会主义初级阶段基本经济制度和分配制度进行了探索，为确立公有制为主体、多种所有制经济共同发展的基本经济制度和按劳分配为主体、多种分配方式并存的分配制度做出了贡献。六是对社会主义市场经济以及社会主义市场经济条件下企业制度、市场体系等进行了探索，为确立和完善社会主义市场经济体制做出了贡献。七是对以人为本国民经济全面持续协调发展进行了探索，为树立和落实科学发展观，促进国民经济科学发展

做出了贡献。八是引入社会总供给、社会总需求范畴和市场经济条件下国民经济总供求分析方法，探索了社会主义市场经济宏观调控的主要目标、调控方式和政府主要职能，为国民经济宏观领域的改革做出了贡献。九是对开放型经济进行探索，为在经济全球化条件下我国对外开放战略的制定和实施做出了贡献。十是对世界社会主义发展进程中出现的新问题和现代资本主义出现的新特点进行了研究，为社会主义制度的自我完善和发展做出了理论阐释。

（二）马克思主义经济学中国化进程中理论创新的重要原因和经验

在我国，经济学之所以能够取得创新，主要原因是：

首先，改革开放和现代化的实践为经济理论创新提供了不竭源泉和动力。经济学理论本质上是实践的理论，实践是理论创新和发展不竭的源泉。社会主义革命和建设实践特别是三十年改革开放中广大人民群众的伟大实践，对经济学理论的发展和创新提出了强烈的需求，为经济学的创新提供了丰富的实践源泉，并推动了经济学理论的不断创新。其次，改革开放促进了思想解放，营造了百家争鸣的学术氛围，极大地调动了经济学工作者的积极性和创造性。全社会尊重这样的劳动，努力营造生动活泼、求真务实的学术环境，提倡不同学术观点、学术流派的争鸣和切磋，提倡充分的批评与反批评。这种良好的社会环境和学术氛围，极大地调动了经济学工作者的积极性，使他们的创造性迸发出来，成为经济学理论创新的生力军。再次，改革开放加快了中国经济学走向世界和借鉴国外经济学的进程。随着中国经济日益开放，中国特色的经济学理论日益引起世界的关注，改革开放进程中的中国经济学理论，也在认真借鉴西方发达市场经济国家的经济理论、发展中国家的经济理论、苏东国家的经济理论研究取得的进展等，得到进一步创新和发展。最后，改革开放加快并深化了马克思主义中国化的进程，由此所形成的中国特色社会主义理论体系，是经济学理论创新的根本思想保证和强大动力。改革开放的过程是马克思主义中国化深化的过程，在改革开放进程中，经济学理论创新一方面为中国特色社会主义理论体系的形成做出贡献，另一方面又以中国特色社会主义理论体系为指导，这就保证了经济学理论创新既能沿着正确的方向前进而不误入歧途，又使经济学理论创新具有科学的方法论为指导。这是经济学理论创新经久不衰的重要原因所在。

经济学理论发展，积累了丰富的经验，最重要的是：

1. 解放思想是先导。解放思想是改革开放的先导，也是理论创新的先导。改革开放以来，经济学理论取得的一次又一次创新无不是解放思想的成果，而每一次经济学理论的创新又进一步推动了改革开放的深化和思想的进一步解放。实践证明，解放思想是建设中国特色社会主义的法宝，也是经济学理论创新的强大思想武器。2. 坚持方向不动摇。改革开放是社会主义制度的自我发展和自我完善，改革开放的根本目的就是要通过大力发展社会主义市场经济，建立和完善社会主义市场经济体制，发展生产力，提高综合国力和人民生活水平。就经济学理论创新而言，坚持方向不动摇，就是坚持为人民服务、为社会主义现代化建设服务、为改革开放服务的方向不动摇。积三十年之经验，在改革开放进程中必须在任何情况下坚持方向不动摇，在改革顺利的情况下坚持方向不动摇，在改革遇到困难、发生问题时尤其要坚持方向不动摇。3. 坚持创新不止步。创新是理论进步的灵魂，创新无止境。改革开放以来经济学理论取得的突破和进展无不是创新的结果。要创新就要坚持科学研究无禁区，学术争鸣要鼓励；要创新就要坚持实践第一的观点，重视对国情、世情的调查研究，不断总结实践经验，尊重人民的创造精神；要创新就要妥善处理坚持以马克思主义为指导和充分借鉴人类文明成果的关系，既坚持正确的导向，又大胆吸收西方发达国家和发展中国家的先进经验；要创新就要倡导科学严谨的学风，不唯书，不唯上，只唯实。4. 关键是要建设一支高水平高素质的理论研究队伍。改革开放以来经济学理论创新取得的成就，得益于建立了一支数量宏大、素质较高的理论队伍。这支队伍总体而言，拥护改革开放、拥护社会主义，具有较广阔的视野、较渊博的专业知识和高尚的敬业精神，是值得信赖的队伍。今后经济学理论继续创新，还必须继续加强队伍建设，充分发挥这支队伍的作用。

（三）马克思主义经济学理论的创新是一个不断深化的过程

时代和实践的发展是无止境的，理论的创新也不应该停留在一个水平上。在改革开放和现代化建设的道路上，我们仍面临着一系列新的挑战和问题。这些挑战和问题有的是来自国际的，有的是来自国内的。在国内的这些问题中，有的属于由改革开放的深化触及的一些深层次矛盾，有的则是具有阶段性特征的问题。不管哪些问题的克服和解决，都呼唤着经济学理论的进一步创新。在当前，经济学应着力研究和创新的主要领域及问题有：

1. 马克思主义经济学中国化研究。包括：中国特色社会主义经济理论体系；科学发展观的经济学阐释；马克思主义经济学关于科学发展的理论研究；落实科学发展观的体制机制问题研究；建立和完善中国特色经济学等。马克思主义经济学中国化的成果是中国特色社会主义理论体系的重要组成部分，加强马克思主义经济学中国化研究将极大地丰富和发展中国特色社会主义理论体系。

2. 中国特色社会主义道路研究。包括：中国经济改革和发展模式研究；中国特色自主创新道路研究；中国特色新型工业化道路研究；中国特色农业现代化道路研究；中国特色城镇化道路研究等。总结中国特色发展道路及其经验，也是经济学理论创新义不容辞的责任。

3. 深化改革开放和完善社会主义市场经济体制问题研究。包括：今后中长期深化改革开放战略研究；完善社会主义市场经济体制、基本经济制度和健全现代市场经济体系研究；深化财税、金融等体制改革，完善宏观调控体系研究；政府职能转变和行政宏观管理体制改革、政府监管体制改革研究；收入分配制度改革研究；社会保障制度改革研究；经济体制、政治体制、社会体制、文化体制综合配套改革研究；拓展对外开放广度和深度，提高开放型经济水平等。

4. 国民经济又好又快发展和改善民生问题研究。包括：国民经济持续稳定发展研究；加快转变经济发展方式，推动产业结构优化研究；区域均衡发展和区域竞争问题研究；加强能源资源节约和生态环境保护，增强可持续发展能力研究；扩大就业的理论和对策研究；新形势下推进农村改革发展、推进社会主义新农村建设的理论和政策研究；健全严格规范的农村土地管理制度研究；确保国家粮食安全和主要农产品有效供给的理论与对策研究等。当前，针对经济社会发展中出现的收入差距拉大、房价上升过快、宏观经济中"两难"问题增多等问题，特别是要加强经济与社会协调发展研究。

5. 开放进程中抵御世界各种危机影响维护国家安全研究。包括：美国次贷危机及其对中国的启示研究；国际金融危机对中国的影响与中国经济金融安全研究；扩大国内需求特别是消费需求的理论和对策研究；灵活审慎的宏观调控政策研究；对自由市场经济制度及西方主流经济学的进一步评析和研究；全球经济调整与中国经济发展方式转变研究；开放条件下的国际货币政策协调研究等。

要实现经济学理论的创新，就需要：

1. 继续坚持实践第一的观点，实事求是，一切从实际出发。坚持实践第一的观点，一切从实际出发，首先是要进一步从我国的实际出发。我国有自己特殊的历史、特殊的文化、特殊的国情、特殊的经济制度，只有对这些"特殊"吃准吃透，才可能做到一切从实际出发。我国正在进行的以建立和完善社会主义市场经济体制为目标的改革开放和以全面建设小康社会为目标的现代化建设事业，是前无古人的伟大实践，只有投身这样的实践并善于不断从这样的伟大实践中汲取营养，才可能总结出伟大的理论，实现经济学理论的进一步创新。强调首先要从我国的实际出发，并不排斥从世界的实际出发。我们处于一个开放的时代，经济全球化和区域化是世界发展的潮流，在这样的时代，不了解世界，也就不能很好地研究中国，所以一切从实际出发，也要从世界的实际出发。

2. 继续坚持把马克思主义基本原理与我国实际相结合，在马克思主义中国化上下功夫。坚持把马克思主义基本原理与中国实际相结合，就要把马克思主义基本原理作为指导，联系国际国内的实际，去观察和分析问题。要善于运用马克思主义的立场、观点和方法，认真地总结过去，客观地分析现实，努力实现经济学理论的进一步创新。要坚持和弘扬理论联系实际的学风，一方面，要防止和反对教条主义，另一方面，也要反对形式主义和实用主义。教条主义是本本主义，照本宣科，简单地、机械地套用"本本"和字句，形式主义只做表面文章，这只能使对马克思主义的理解停留在一知半解的水平；实用主义则往往断章取义，为己所用，给马克思主义附加一些不正确的东西，甚至肢解马克思主义。所以我们强调理论联系实际，一方面要认认真真、老老实实地坚持马克思主义基本原理；另一方面要以马克思主义基本原理分析解决我国的实际问题，在分析解决实际问题中创新发展经济学理论。

3. 继续充分吸收人类社会创造的一切文明成果。马克思主义不仅具有与时俱进的理论品质，而且善于吸取人类文明的一切成果，具有开放性。在今天社会主义与资本主义两种制度并存、竞争、合作的条件下，我们更应该善于充分吸收人类文明的一切成果，包括西方经济学的文明成果，以丰富和发展马克思主义经济学理论。但在借鉴国外经济学理论的时候，一定要从中国的实际出发，有取有舍，有用有弃，决不可照搬照抄。

4. 继续加强队伍建设。要坚持高标准，按照政治强、业务精、作风正的要求，造就一批用马克思主义武装起来、立足中国、面向世界、学贯中西的思想家和理论家，造就一批理论功底扎实、勇于开拓创新的学科带头人，造就一批年富力强、政治和业务素质良好、锐意进取的青年理论骨干。关键措施是要高度重视对哲学社会科学人才的培养和使用，建立能够使优秀人才脱颖而出、人尽其才的良好机制，形成尊重劳动、尊重知识、尊重人才、尊重创造的良好氛围。

（原载于《毛泽东邓小平理论研究》2010 年第 6 期）

中国特色社会主义的理论创新

中国特色社会主义的普遍性和世界意义

中国特色社会主义是中国共产党人领导中国人民对马克思主义的丰富和发展，是对人类的伟大贡献。但中国特色社会主义产生以来，在国内外也受到一些非议和诋毁。有人认为中国特色社会主义实际是"资本社会主义""国家资本主义""新官僚资本主义"，国外有人甚至认为中国特色社会主义是"中国特色资本主义""权威资本主义"。针对这样的认识，本文将阐明，中国特色社会主义本质上是科学社会主义，不仅具有鲜明的中国特色，而且反映了人类的普遍价值追求，具有普遍世界意义。中国特色社会主义应该为人类社会发展进步做出更大贡献，并在做出贡献的过程中以更加开放的姿态，走向未来，走向世界。

一、 中国特色社会主义是 20 世纪人类的宝贵财富

20 世纪世界共产主义运动最重大最有影响的历史成就有两个：

一个是社会主义从理论到实践。马克思恩格斯创立的科学社会主义作为一种科学学说，产生于 19 世纪，它不仅以辩证唯物主义和历史唯物主义的世界观和方法论，通过对资本主义的剖析揭示了资本主义为社会主义代替的必然性和条件，揭示了人类社会发展的一般规律，而且对社会主义做了科学预测，提出了社会主义产生发展的一系列理论。如果说在 19 世纪，科学社会主义还只是人类的一种美好向往，一种科学的学说，那么在 20 世

纪，经过无产阶级革命，在世界上产生了一批社会主义国家，人类的这种美好向往和科学学说，实现了从理论到实践的飞跃。从此，世界就不再是完全由资本主义主宰的世界，而社会主义作为一种崭新的社会制度与资本主义制度并存，并在相当长的一个时期，以其强大的生命力创造出奇迹和辉煌。当然最早产生的这些社会主义国家，其中有的在实践探索中遇到了挫折，有的甚至暂时抛弃了社会主义，但从历史的长期发展看，社会主义实践留给人类历史的经验教训是极其宝贵的。

另一个是中国特色社会主义的开创和发展。俄国十月革命一声炮响，给灾难深重的旧中国传来了马克思主义，在马克思主义指导下，中国共产党创立了。中国共产党创立90多年来，紧紧依靠人民，把马克思主义基本原理同中国实际和时代特征结合起来，独立自主走自己的路，历经千辛万苦，付出各种代价，取得革命、建设、改革伟大胜利，开创和发展了包括中国特色社会主义道路、理论体系、制度"三位一体"的中国特色社会主义，从根本上改变了中国人民和中华民族的前途命运。

中国特色社会主义是道路、理论体系和制度的总称。作为道路，中国特色社会主义是实现中国社会主义现代化的必由之路，是创造人民美好生活的必由之路。中国特色社会主义道路，既坚持以经济建设为中心，又全面推进经济建设、政治建设、文化建设、社会建设、生态文明建设以及其他各方面建设；既坚持四项基本原则，又坚持改革开放；既不断解放和发展社会生产力，又逐步实现全体人民共同富裕、促进人的全面发展。这条道路既不是"传统的"，也不是"外来的"，更不是"西化的"，而是我们"独创的"，是一条人间正道。只有这条道路而没有别的道路，能够引领中国进步、实现人民福祉。

作为理论体系，中国特色社会主义是马克思主义中国化最新成果，包括邓小平理论、"三个代表"重要思想、科学发展观和习近平同志一系列重要讲话精神。这一理论体系写出了科学社会主义的"新版本"，是深深扎根于中国大地、符合中国实际的当代中国马克思主义。它体现了对马克思列宁主义的坚持和发展，是毛泽东思想的继承和创新。马克思列宁主义、毛泽东思想一定不能丢，丢了就丧失根本。同时，我们一定要以我国改革开放和现代化建设的实际问题、以我们正在做的事情为中心，着眼于马克思主义理论的运用，着眼于对实际问题的理论思考，着眼于新的实践和新的发展。在当代中国，坚持中国特色社会主义理论体系，就是真正坚持马克思主义。

作为制度，中国特色社会主义坚持把根本政治制度、基本政治制度同基本经济制度以及各方面体制机制等具体制度有机结合起来，坚持把同基层民主制度有机结合起来，坚持把党的领导、人民当家做主、依法治国有机结合起来，符合我国国情，既坚持了社会主义的根本性质，又借鉴了古今中外制度建设的有益成果，集中体现了中国特色社会主义的特点和优势，是中国发展进步的根本制度保障①。

中国特色社会主义道路是实现途径，中国特色社会主义理论体系是行动指南，中国特色社会主义制度是根本保障，三者统一于中国特色社会主义伟大实践。

20世纪80年代末90年代初，世界共产主义运动遭受挫折，但中国特色社会主义却蒸蒸日上，使一个拥有13多亿人口的发展中国家综合国力迅速增强，社会主义显示出无比的生命力和优越性。中国特色社会主义的创立和发展极大丰富和发展了马克思主义，是20世纪科学社会主义留给人类的最宝贵财富。

二、 中国特色社会主义的中国特色和人类的共同价值追求

中国特色社会主义是根植于中国大地、反映中国人民意愿、适应中国

---

① 中共中央宣传部．习近平总书记系列重要讲话读本．北京：学习出版社，2014：11－15.

和时代发展进步要求的社会主义。其本质是科学社会主义，而不是别的什么主义。中国特色社会主义反映了科学社会主义的本质要求：奋斗目标是共产主义，根本目的是为了每个人的自由而全面的发展；为了实现奋斗目标和根本目的，坚持公有制为主体多种所有制经济共同发展的基本经济制度和分配制度；最大限度地解放生产力和发展生产力，消除两极分化，消灭剥削，实现共同富裕；坚持共产党领导，实行依法治国，实现社会和谐，创新、协调、绿色、开放、共享发展等。

中国特色社会主义具有鲜明的中国特色。它建立在中国特殊的国情之上，特殊国情包括特殊的历史、特殊的社会主义发展阶段、特殊的基本经济制度和分配制度等内容，并实行特殊的社会主义市场经济运行机制和经济体制。正如 2012 年 11 月，习近平总书记在中央政治局第一次集体学习时指出，"中国特色社会主义特就特在其道路、理论体系、制度上，特就特在其实现途径、行动指南、根本保障的内在联系上，特就特在这三者统一于中国特色社会主义伟大实践上。"[1] 中国特色社会主义不仅与马克思恩格斯设想的在发达资本主义基础上建立的社会主义相比有重大创新发展，与资本主义相比更具有根本的区别。

需要特别指出的是，中国特色社会主义不仅具有其本质属性和鲜明特色，同时也包含着人类共同的价值追求，具有人类文明的普遍性。第一，中国特色社会主义以每个人的自由而全面的发展为根本目的，贯穿着以人民为中心的思想，坚持把增进人民福祉、促进人的全面发展、朝着共同富裕方向稳步前进，作为经济发展的出发点和落脚点。这反映了人类对美好生活的共同向往，包含了人类追求的共同目标。第二，中国特色社会主义坚持不断改革制度和体制，调整经济基础和上层建筑，最大限度地解放生产力发展生产力。这反映了生产力发展的本质要求，适应了人类社会发展的根本规律。第三，中国特色社会主义致力消除两极分化，消灭剥削，实

---

① 习近平谈治国理政. 北京：外文出版社，2014：9.

现共同富裕，实现公平公正。这是当代人类面临的突出问题之一，反映人类对公平正义的共同追求。第四，中国特色社会主义坚持对外开放基本国策，发展更高层次的开放型经济，致力和平发展，强调互利互惠，合作共赢，积极参与全球经济治理，构建人类命运共同体。这适应了经济全球化发展的时代潮流，反映了人类和平发展、平等发展、共同发展的共同心声。第五，中国特色社会主义实行依法治国，实现社会和谐，坚持创新、协调、绿色、开放、共享的发展理念，不断破解经济发展难题，开创经济发展新局面。这反映了历史发展的时代潮流。

认识中国特色社会主义的本质极其重要，它要求我们既不走僵化封闭的老路，也不走改旗易帜的邪路，要坚持社会主义基本制度和发展道路不动摇。认识中国特色社会主义鲜明的中国特色同样极其重要，它要求我们要从中国实际出发，把马克思主义基本原理与中国的实际结合起来，同时借鉴别国的优长，既不照抄照搬，也不教条主义。

相比于对中国特色社会主义本质要求和中国特色的认识，我们对中国特色社会主义的普遍性和世界性意义的认识，在过去相当长的时间里都显得不足。而强调中国特色社会主义所包含的这些普遍性和世界性意义，表明作为人类文明，中国特色社会主义不仅属于中国，也属于世界是很有必要的。我们尊重别国人民的道路和制度选择，更不强求别国一定走中国的道路，但世界各国文明可以互相借鉴，中国特色社会主义应该以更加开放的姿态走向世界，为世界文明发展和人类共同进步做出更大贡献。

三、 在积极参与经济全球化进程中做出更大贡献

中国是一个最早孕育、探索经济全球化的文明古国。公元前 139 年，从西汉时期汉武帝派遣张骞出使西域开始，中国的丝绸就源源不断地运往罗马等国家，这就是最早的"丝绸之路"，沿着这条丝绸之路，汉朝及其后的

多个朝代的使节频繁往返西域各国，不断增强中国和西域各国的友谊和交流。从1405年开始，明朝郑和率领200多艘海船，两万七八千人，七次远航西太平洋和印度洋，到达30多个国家和地区，最远的曾到达非洲东部，红海和麦加。郑和比葡萄牙、西班牙等国的航海家早了将近100年，是名副其实的"大航海时代"的先驱。特别需要提出的是，中国古代发明的指南针及其在航海上的应用，对地理大发现和海上贸易发挥了极大的促进作用，对经济全球化的形成和发展做出了重要贡献。对此，马克思曾指出："火药、指南针、印刷术——这是预告资产阶级到来的三大发明。火药把骑士阶层炸得粉碎，指南针打开了世界市场并建立了殖民地，而印刷术则变成新教的工具，总的来说完成科学复兴的手段，变成了精神发展创造必要前提的强大的杠杆。"① 但是由于外敌侵入，封建王朝的没落，近代中国在历史发展中曾经丧失过进一步参与经济全球化的进程的机遇。新中国成立初期，由于外部封锁和认识上的局限，中国也只能跟一些社会主义国家建立对外经济联系，所以在一段时期内没法完全融入经济全球化的进程。改革开放近40年来，中国坚持把对外开放作为基本国策，积极参与经济全球化进程，立足自身国情，走出了一条中国特色发展道路。目前我国与200多个国家和地区建立了经济贸易关系，外贸进出口总额在世界排名第一位。

展望未来，走在中国特色社会主义康庄大道上的中国，将以更加开放的姿态参与经济全球化进程，发挥更加积极的作用，推动经济全球化健康发展。一要促进以人民为本的经济全球化。每个人自由而全面的发展，是马克思主义追求的根本价值目标。我们参与经济全球化的最终目的是为了人民。所以在参与经济全球化的过程中，不仅要促进本国而且要努力促进世界不断消除南北差距，促进发展中国家消除贫困、不断缩小贫富差距，

① 马克思恩格斯文集：第8卷. 北京：人民出版社，2009：338.

要维护公平正义，促进人人享有发展机遇、享有发展成果。二要促进更加公平的经济全球化。所谓更加公平的经济全球化，主要是指各国都应成为全球发展的参与者、贡献者、受益者，参与机会更加公平，参与规则更加公平，实现各国的共同发展。中国要在参与经济全球化的过程中，反对霸权，努力促进各个国家都实现发展。同时要主持公道，各国发展水平有差异，在经济全球化中，各国应该承担共同但有区别的责任。三要促进更加开放的经济全球化。在经济全球化进程中，要反对各种形式的贸易保护主义，共同维护多边贸易体制，构建开放型经济，实现共商、共建、共享，优化发展伙伴关系，促进生产要素在全球范围更加自由便捷地流动。要推动发达国家及时兑现承诺、履行义务，推动国际社会坚持南北合作主渠道地位，深化南南合作。四要促进更加和平、安全的经济全球化。和平与发展是时代主要问题，二者相辅相成。要同国际社会一道，共同反对战争，维护国际和平，以和平促进发展，以发展巩固和平。要创造安全的经济环境，促进国际金融机构加快改革，多边开发机构增加发展资源。要加强宏观经济政策协调，区域组织要加快一体化进程，通过优势互补，提升整体竞争力。五要促进相互尊重互利共赢的经济全球化。要尊重各国各自的道路选择和制度选择，相互借鉴发展经验。要继续努力推动经济全球化朝着均衡、普惠、共赢的方向发展。在遵守共同的国际规则国际惯例的同时，要根据自身禀赋特点，发挥自身优势和特色，制定适合本国国情的发展战略。要推动国际社会帮助发展中国家加强能力建设，根据这些国家的实际需求，有针对性地提供支持和帮助。六要促进可持续发展的经济全球化。要努力推动世界经济平衡发展，推动资源拥有和消耗失衡、经济发展失衡等问题的解决，实现经济、社会、环境协调发展，实现人与社会、人与自然和谐相处[①]。

---

① 习近平. 谋共同永续发展做合作共赢伙伴: 在联合国发展峰会上的讲话. 人民日报, 2015-09-27 (1).

四、 实施 "一带一路" 战略与世界各国人民分享中国经济发展成果

中国改革开放和现代化建设取得了举世瞩目的成就，国内生产总值跃居世界第二位，人均国内生产总值由 1978 年的 381 元人民币增加到 2012 年的 38420 元人民币，按当年汇率计算已进入中等发达国家水平，贫困人口减少了 4.39 亿，在教育、卫生、妇女等领域取得显著成就，人民生活水平、居民收入水平、社会保障水平迈上一个大台阶，综合国力、国际竞争力、国际影响力迈上一个大台阶，

国家面貌发生新的历史性变化。（见表 1）

表 1　中国改革开放 35 年成就（1978—2012 年）

	GDP			人均 GDP		外汇储备		城镇居民人均可支配收入		农村居民人均纯收入	
	总量（万亿人民币）	世界位次	年均增长	数量（人民币元）	年均增长	数量（亿美元）	世界位次	数量（人民币元）	年均增长	数量（人民币元）	年均增长
1978 年	0.364	10		381		1.67	38	343.4		133.6	
2012 年	51.89	2	9.8%	38 420	8.7%	33 116	1	24 565	7.4%	7 917	7.5%

资料来源：根据国家统计局《改革开放铸辉煌经济发展谱新篇——1978 年以来我国经济社会发展的巨大变化》，2013 年 11 月 6 日《人民日报》绘制。城镇居民人均可支配收入和农村居民人均纯收入年均增长是扣除了价格因素的数字。

经济发展进入新常态后，虽然中国的经济增长速度由年均 10% 的高速增长转变到中高速增长，但是中国正在致力于结构调整和发展方式的转变，经济发展的动力正在由传统的要素投入为主转变为创新驱动为主，同时，中国正在实施"十三五"经济社会发展规划，创新、协调、绿色、开放、共享的发展理念正在转化为实实在在的措施[1]。中国将保持经济中高速增

---

[1] 中共中央关于制定"十三五"经济社会发展规划的建议. 北京：人民出版社，2015.

长，推动产业迈向中高端水平，强化创新引领作用，为发展注入强大动力，推进新型城镇化和农业现代化，促进城乡区域协调发展，推动形成绿色生产生活方式，加快改善生态环境，深化改革开放，构建发展新体制，持续增进民生福祉，使全体人民共享发展成果①。所有这些说明，中国经济新的增长动力正在形成，向好的持续发展的势头不会改变。

中国发展取得的成果和经济发展向好的势头，不仅要增进 13 亿多中国人民的福祉，也要与全世界人民分享。首先是要为世界提供更多公共产品。在 2015 年联合国峰会上的讲话中，国家主席习近平庄重宣布，中国将设立"南南合作援助基金"，首期提供 20 亿美元，支持发展中国家落实 2015 年后发展议程。中国将继续增加对最不发达国家投资，力争 2030 年达到 120 亿美元。中国将免除对有关最不发达国家、内陆发展中国家、小岛屿发展中国家截至 2015 年底到期未还的政府间无息贷款债务②。同时，要为发展和世界经济的复苏提供机遇。中国要继续深化改革，建设开放型经济新体制，实施"一带一路"战略，更加积极地同有关各方一道，推进"一带一路"建设，推动亚洲基础设施投资银行和金砖国家新开发银行早日投入运营、发挥作用，为发展中国家经济增长和民生改善贡献力量，为促进经济全球化健康发展做出贡献。特别是"一带一路"建设，沿线超过 60 个国家和地区，把亚洲经济圈同欧洲经济圈连接起来，搭建战略平台，携手东盟、南亚、西亚、北非、欧洲等国家和地区，重现海上丝绸之路繁荣，促进沿线国家的经济发展与共同富强，实现互惠互利共赢。"一带一路"建设秉持的是共商、共建、共享原则，不是封闭的，而是开放包容的；不是中国一家的独奏，而是沿线国家的合唱③。

---

① 中华人民共和国国民经济和社会发展第十三个五年规划纲要. 北京：人民出版社，2016.
② 习近平. 谋共同永续发展做合作共赢伙伴：在联合国发展峰会上的讲话. 人民日报，2015－09－27（1）.
③ 张天宇. 习近平主席在博鳌亚洲论坛 2015 年年会上的主旨演讲.（2015－03－29）［2016－03－01］. http：//news. xinhuanet. com/politics/2015－03/29/c_ 127632707. htm.

五、 积极参与并推动全球治理向着更加公正合理方向发展

贡献、责任要与权利相适应。当今世界，和平与发展的时代主题没有变，但随着我国和一些发展中新兴市场经济国家的快速发展，原有的由某个大国主导世界秩序和国际规则的世界格局发生了并正在发生着变化，世界多极化、经济全球化、文化多样化、社会信息化深入发展。国际金融危机冲击和深层次影响在相当长时期依然存在，世界经济在深度调整中曲折复苏、增长乏力。主要经济体走势和宏观政策取向分化，金融市场动荡不稳，大宗商品价格大幅波动，全球贸易持续低迷，贸易保护主义强化，新兴经济体困难和风险明显加大。新一轮科技革命和产业变革蓄势待发，国际能源格局发生重大调整。全球治理体系深刻变革，发展中国家群体力量继续增强，国际力量对比逐步趋向平衡，国际投资贸易规则体系加快重构，多边贸易体制受到区域性高标准自由贸易体制挑战。局部地区地缘博弈更加激烈，传统安全威胁和非传统安全威胁交织，国际关系复杂程度前所未有①。这些问题说明，世界面临的问题越来越多，挑战越来越严重，这些问题非一个国家的努力可以解决，必须多国的联合和共同参与才可能解决。在这样的背景下，加强全球治理、推进全球治理体制变革，建立国际机制、遵守国际规则、追求国际正义成为多数国家的共识，已是大势所趋。

适应这样的世界变动趋势，中国要坚持从本国国情出发，把维护国家利益同维护广大发展中国家共同利益结合起来，坚持权利和义务相平衡，要推动变革全球治理体制中不公正不合理的安排，推动国际货币基金组织、世界银行等国际经济金融组织切实反映国际格局的变化，特别是要增加新兴市场国家和发展中国家的代表性和发言权，推动各国在国际经济合作中权利平等、机会平等、规则平等，推进全球治理规则民主化、法治化，努

---

① 中华人民共和国国民经济和社会发展第十三个五年规划纲要．北京：人民出版社，2016.

力使全球治理体制更加平衡地反映大多数国家意愿和利益。要推动建设国际经济金融领域、新兴领域、周边区域合作等方面的新机制新规则，推动建设和完善区域合作机制，加强周边区域合作，加强国际社会应对资源能源安全、粮食安全、网络信息安全、应对气候变化、打击恐怖主义、防范重大传染性疾病等全球性挑战的能力。

全球治理规则体现更加公正合理的要求离不开对人类各种优秀文明成果的吸收。中华民族具有优秀的文化传统，要积极发掘和弘扬中华文化中的优秀传统，继续丰富打造人类命运共同体等主张，弘扬共商共建共享的全球治理理念。要加强能力建设和战略投入，加强对全球治理的理论研究，高度重视全球治理方面的人才培养①。

（原载于《马克思主义理论学科研究》2016 年第 2 期）

---

① 习近平. 推动全球治理体制更加公正更加合理　为我国发展和世界和平创造有利条件. 人民日报，2015 – 10 – 14（1）.

以党的十八大精神为指导
加强马克思主义理论学科建设

党的十八大在总结中国特色社会主义建设取得的成就和实践经验的基础上，实现了一系列重大理论创新，为马克思主义理论学科建设既提供了指南，又提出了新课题、新要求。以党的十八大精神为指导，把马克思主义理论学科建设提高到更高水平是今后一项重大任务。

一、 党的十八大的理论创新是进一步推进马克思主义理论学科建设的指南

党的十八大是在我国进入全面建成小康社会决定性阶段召开的一次十分重要的大会。大会旗帜鲜明地回答了我国在今后相当长时间里举什么旗，走什么路，以什么样的精神状态，朝着什么样的目标前进等重大问题，是我国迈向新的征程夺取更大胜利的宣言书和动员令。

党的十八大的理论创新包括若干个方面①。

1. 党的指导思想的与时俱进。把科学发展观同马克思列宁主义、毛泽东思想、邓小平理论、"三个代表"重要思想一道，作为党必须长期坚持的

---

① 十八大辅导读本.北京：人民出版社，2012. 深度解读十八大报告的新表述、新论断、新要求.http：//www.people.com.cn/2012 - 11 - 23. 王伟光.马克思主义中国化理论创新的纲领性文件.光明日报，2012 - 11 - 27.

指导思想，是党的指导思想的又一次与时俱进，是党的十八大报告的历史贡献。

2. 明确阐述了中国特色社会主义道路、制度和理论体系的科学内涵、相互关系及其伟大意义，开拓了中国特色社会主义认识新境界。报告指出，中国特色社会主义道路是实现途径，中国特色社会主义理论体系是行动指南，中国特色社会主义制度是根本保障，三者统一于中国特色社会主义伟大实践，这是党领导人民在建设社会主义长期实践中形成的最鲜明特色①。

3. 系统阐述了建设中国特色社会主义的总依据、总布局、总任务。提出建设中国特色社会主义总依据是社会主义初级阶段，总布局是"五位一体"，总任务是实现社会主义现代化和中华民族伟大复兴。特别是将中国特色社会主义事业总体布局从经济政治社会文化建设"四位一体"扩展为经济政治文化社会生态文明建设"五位一体"，进一步丰富和发展了中国特色社会主义理论体系。

4. 概括了中国特色社会主义的基本要求，丰富了中国特色社会主义的内涵。提出建设中国特色社会主义必须坚持人民主体地位，必须坚持解放和发展社会生产力，必须坚持推进改革开放，必须坚持维护社会公平正义，必须坚持走共同富裕道路，必须坚持促进社会和谐，必须坚持和平发展，必须坚持党的领导。"八个必须"丰富了中国特色社会主义的内涵。

5. 确立"两个百年"目标和"两个全面目标"。两个百年目标即在中国共产党成立一百年时全面建成小康社会，在新中国成立一百年时建成富强民主文明和谐的社会主义现代化国家。两个全面目标即到2020年全面建成小康社会和全面深化改革。从十六大十七大全面建设小康社会到十八大提出全面建成小康社会，是奋斗目标的飞跃，对全面建成小康社会五个方面要求和全面深化五大体制改革的论述表明党对奋斗目标认识的深化。

---

① 胡锦涛. 坚定不移沿着中国特色社会主义道路前进　为全面建成小康社会而奋斗：在中国共产党第十八次全国代表大会上的报告. 北京：人民出版社，2012.

6. 强调了转变经济发展方式的新的要求和任务，阐明了贯彻落实科学发展观、推进科学发展的新思路。报告强调必须坚持发展是硬道理的战略思想，在当代中国，坚持发展是硬道理的本质要求就是坚持科学发展。以科学发展观为主题，以加快转变经济发展方式为主线，把推动发展的立足点转到提高质量和效益上来，着力激发各类市场主体发挥新活力，推动新型工业化、信息化、城镇化、农业现代化同步发展，不断增强长期发展后劲。提出全面深化经济体制改革；实施创新驱动发展战略；推进经济结构战略性调整；推动城乡发展一体化；全面提高开放型经济水平等五项任务。

7. 阐述了全面深化经济体制改革的方向、核心。提出经济体制改革的核心问题是处理好政府和市场的关系，必须更加尊重市场规律，更好发挥政府作用。这是实践经验的总结，抓住了经济体制改革的核心。保证各种所有制经济依法平等使用生产要素、公平参与市场竞争、同等受到法律保护，这是十八大的新观点，具有重要理论和实践意义。有针对性地回答了对中国经济体制改革各种各样的议论，表明坚定不移推进改革的决心，既不走僵化保守的老路，也不走改旗易帜的邪路，而是坚定不移地走中国特色社会主义的道路。

8. 强调了推进政治体制改革和中国特色社会主义政治发展道路。明确提出：坚持走中国特色社会主义政治发展道路和推进政治体制改革，而政治体制改革必须坚持走中国特色社会主义政治发展道路，必须坚持党的领导、人民当家做主、依法治国有机统一，以保证人民当家做主为根本，以增强党和国家活力、调动人民积极性为目标，必须健全社会主义协商民主制度。

9. 强调了扎实推进社会主义文化强国建设，概括了社会主义核心价值观。提出要加强社会主义核心价值体系建设，要全面提高公民道德素质，要丰富人民精神文化生活，要增强文化整体实力和竞争力。要坚持社会主义先进文化前进方向，树立高度的文化自觉和文化自信，向着建设社会主义文化强国宏伟目标阔步前进。特别是从三个层次用 24 个字概括了社会主义核心价值观。从国家层面看，是富强、民主、文明、和谐；从社会层面看，是自由、平等、公正、法治；从公民个人层面看，是爱国、敬业、诚信、友善。

10. 丰富和拓展了党的建设的部署。在总结新世纪新阶段党的建设新鲜经验的基础上，提出了党的建设的总体要求，一是强调以执政能力建设、先进性和纯洁性建设为主线。二是强调提高党"自我净化、自我完善、自我革新、自我提高"的能力。三是强调建设学习型、服务型、创新型的马克思主义执政党，进一步回答了"建设一个什么样的党"的问题。毫不动摇坚持、与时俱进发展中国特色社会主义，不断丰富中国特色社会主义的实践特色、理论特色、民族特色、时代特色是一项长期的艰巨的历史任务。十八大的理论创新是对中国改革开放和现代化建设丰富实践经验的总结，同时也提出今后在全面建成小康社会和全面深化改革进程中需要进一步着力研究创新发展的一系列重大问题。马克思主义理论学科应该以十八大精神为指导，以十八大为新起点，加强学科建设，为实现宏伟目标做出贡献。

二、 以十八大精神为指导， 进一步加强马克思主义理论学科建设

马克思主义理论学科适应时代和实践发展的需求，担负着马克思主义理论人才培养、科学研究、社会服务和文化传承创新的任务，同时，为全体青年学生思想政治理论教育教学提供学科和理论支撑。以十八大精神为指导加强马克思主义理论学科建设，需要着力做好如下主要工作。

1. 妥善处理马克思主义理论学科体系、马克思主义理论学科和马克思主义理论学科方向的关系，进一步凝练学科方向，提高学科质量。马克思主义理论学科体系、马克思主义理论学科和马克思主义理论学科方向是相

互联系但又有区别的范畴。马克思主义是科学的理论体系。它的内容涵盖了政治、经济、文化、军事、历史、社会生活、人类发展、自然界等诸多领域和方面，是极其丰富的。从狭义上说，马克思主义理论即马克思恩格斯创立的基本理论、基本观点和学说的体系；从广义上说，马克思主义理论体系不仅指马克思恩格斯创立的基本立场、基本理论、基本观点和学说的体系，也包括后人对它的发展，即发展了的马克思主义。作为中国共产党和中国特色社会主义事业指导思想的马克思主义，既包括由马克思恩格斯创立的马克思主义的基本立场、基本理论、基本观点、基本方法，也包括经列宁继承和发展，推进到新的阶段，并由毛泽东、邓小平、江泽民、胡锦涛等为主要代表的中国共产党人将其与中国具体实际相结合，进一步丰富和发展了的马克思主义，即中国化的马克思主义。在当代中国，中国特色社会主义理论体系就是当代的马克思主义①。马克思主义理论体系如此丰富，以马克思主义科学理论体系为研究对象的马克思主义理论学科体系自然也就是包括马克思主义哲学、政治经济学、科学社会主义等多学科在内的学科体系。这里有一个观点需要说明，在过去很长时期内，我们把哲学、政治经济学、科学社会主义作为马克思主义的主要组成部分，相应地马克思主义理论学科体系似乎只包括哲学、政治经济学、科学社会主义学科，这种认识虽然并不错，但根据发展了的理论认识，显然马克思主义学科体系还包括马克思主义政治学、社会学、法学、民族学、史学、文学等多个马克思主义哲学社会科学学科。

马克思主义理论学科是对马克思主义整体性研究的学科，是马克思主义学科体系的重要组成部分，按照我国目前学科设置，马克思主义理论学科下设六个二级学科，分别是马克思主义基本原理、马克思主义发展史、马克思主义中国化研究、国外马克思主义研究、思想政治教育和中国近现代史基本问题研究。从整体上研究马克思主义，是马克思主义理论学科与

---

① 本书编写组．马克思主义基本原理概论．北京：高等教育出版社，2010：3－4．

其他学科的重要区分。对马克思主义进行分门别类的研究无疑十分必要，但如果忽视或者削弱对马克思主义整体性的研究则不利于对马克思主义全面、准确的理解。应该承认，过去有段时期我们对马克思主义整体性研究不够，马克思主义理论学科作为一级学科设置以来，对整体性的研究有了重大进展，这是十分可喜的，当然这种研究还要进一步深化，努力取得更大的进展。

马克思主义理论学科方向是在准确把握马克思主义理论学科内涵、特点的基础上，抓住马克思主义理论和实践发展中带有基础性、战略性、全局性、导向性的重要问题，并从各个学科点的优势特色出发而设置的主攻方向。学科方向可以是马克思主义理论学科及其所属二级学科的具体化，也可以是以马克思主义理论学科为主的马克思主义理论体系相关学科的交叉。按现在的学科管理体制，马克思主义理论学科及其所属二级学科是由中央批准统一设置的，凝练学科方向的责任则由各高校承担。显然这是一项十分重大的责任。

应该肯定，在妥善处理马克思主义理论学科体系、马克思主义理论学科和马克思主义理论学科方向的关系，进一步凝练学科方向，提高学科质量上，各高校各学科点都付出了努力，进行了可贵的探索，取得了成效，但也有两种做法值得注意：一种是缺乏对马克思主义理论学科发展规律和学科建设基本要求的研究，设立的学科方向过宽过滥，有的甚至为了获取博士硕士授予权而把一些不适宜在马克思主义理论学科设置的学科方向也作为马克思主义理论学科的方向设置进来。一种是对马克思主义理论学科的开放性发展性研究不够，使马克思主义理论学科方向的设置过于封闭，缺乏与相关学科的交叉和协同创新。这两种做法都不利于马克思主义理论学科的繁荣发展和质量的提高，应该在不断总结经验的基础上加以改进。

积多年的体会，我认为马克思主义理论学科凝练学科方向可以依据五条原则和要求：一是遵循学科建设规律；二是遵循马克思主义理论发展规律和党的理论建设规律；三是遵循思想政治理论教育教学规律；四是适应中国特色社会主义建设对马克思主义理论创新提出的要求；五是体现各高校、各学科点的优良传统、优势和特色。在此基础上注重马克思主义理论整体性研究，加强马克思主义各个组成部分内在关系的研究，加强马克思列宁主义、毛泽东思想和中国特色社会主义理论体系内在关系的研究，经过不断探索，把马克思主义理论学科方向凝练得更加科学。

2. 把握高等教育战略主题和核心任务，努力为提高思政课教育教学质量进而为提高人才培养质量提供高水平的学科支撑。

培养人才是高等学校的根本任务。坚持以人为本、推进素质教育是教育改革发展的战略主题，是贯彻党的教育方针的时代要求①。提高质量是高等教育的生命线②，是高等教育改革发展的核心任务。马克思主义理论学科建设要把为思想政治理论课教育教学服务，为提高人才培养质量服务摆在首要的位置，用学科建设取得的成果服务于思想政治理论课建设，不断提高教育教学的实效性，增强说服力、感染力和亲和力。

经过近些年的努力，思政课在课程体系和教材体系建设方面已经取得了实质性进展，成效显著，当前思政课教育教学的着力点，应该在此基础上再接再厉，力争在如下三个方面再取得进一步的成效：一是要探索科学的教学体系，实现由教材体系向包括教材体系在内的教学体系和学生认知体系的转变。教材的内容要变成学生的认知和思想政治素质，中间既有一个教师如何运用教材而又不拘泥于教材创造性施教的过程，也有一个学生如何发挥主动性独立思考勇于创新学习的过程。如何采取科学的方式方法使这两个过程有机地统一，相得益彰，收到成效，这既涉及教师的马克思主义理论水平，也涉及教师的教学艺术，是我们必须探索解决的问题。二是探索科学的人才培养模式，注重知行统一，实现由单一课堂教学向课堂

① 国家中长期教育改革和发展规划纲要//全国教育工作会议文件选编. 北京：人民出版社，2010.
② 胡锦涛. 在庆祝清华大学建校100周年大会上的讲话. 北京：人民出版社，2011.

教学、校园文化、社会实践"三位一体"教学模式的转变。究竟怎样才能使马克思主义基本原理入耳、入脑，内化为大学生的基本素质，使之终身受益，这不仅仅是如何讲好一门课的问题，还涉及人才培养模式。最近一些年来，不少学校在重视课堂教学的同时，重视校园文化和社会实践，取得事半功倍的效果，值得肯定和推广。马克思主义本质上是发展的实践的科学。课堂教学无疑重要，但大学生学习马克思主义决不应该只局限于课堂教学。我国和世界正在进行的实践是一个大课堂，应该充分利用社会教育资源，开展各种课外校外活动，利用多种渠道、多种机会组织学生深入我国改革开放和现代化实践，了解世界的发展和变化，同时加强校园文化建设和学生社团组织指导，以加深对马克思主义的学习和理解。三是探索科学质量评价体系，实现片面注重考试成绩向科学、多样的评价标准转变。对教育教学质量的评价标准是指挥棒，有什么样的评价标准就体现以什么为导向，往往就会产生什么样的结果。我国长期实行的以书面考试成绩为主要甚至唯一尺度的评价标准虽然有一定的合理性，但如果仅以此评价大学生马克思主义的水平或思想政治水平，成绩高的思想政治水平就高，反之就低，其不合理性是显而易见的。改革这样的评价标准已是当务之急，思想政治理论课应该率先做出榜样。改革的方向应该建立以知识、素质、能力为一体的，由教师、学生、学校管理部门、社会等各方面参与的教育教学质量评价体系，并以此激励学生学习、运用马克思主义，努力成为合格的社会主义建设者和接班人。对于做好如上三个方面的工作，学科建设应该给出有力的支持。

3. 坚持为人民服务为社会主义服务的方向，以需求和问题为导向，大力开展协同创新，努力提升科研质量，为实现全面建成小康社会的宏伟目标提供理论指导和支持。

科学研究是马克思主义理论学科建设的重要内容。马克思主义理论学科的科学研究要以时代和实践发展需求为导向，加强对时代特征和时代发展进程中提出的重大问题，马克思主义创新发展过程中特别是中国特色社会主义事业建设中提出的重大问题，马克思主义理论学科建设、人才培养和教育教学中提出的重大问题，马克思主义经典理论阐释和传播中的重大问题等，进行战略性、前瞻性、全局性的研究，并在研究中妥善处理基础理论研究、应用研究和政策研究的关系，中国化马克思主义与国外马克思主义的关系、继承与创新的关系等，为马克思主义时代化、中国化、大众化和中国特色社会主义建设做出有益的贡献。党的十八大确立了全面建成小康社会和全面深化改革的宏伟目标，实现这样的目标是亿万人民的开创性行动，开创性行动需要开创性科学理论做指导。中国特色社会主义理论体系，既坚持了科学社会主义基本原则，又根据时代条件赋予其鲜明的中国特色，是马克思主义中国化的伟大成果，是全面建成小康社会和全面深化改革的行动指南。但中国特色社会主义理论体系是开放的发展的理论体系，在坚持以中国特色社会主义理论体系为指导的同时，根据实践的发展不断丰富和发展中国特色社会主义理论体系，是马克思主义理论学科的使命和责任。马克思主义理论学科要加强对全面建成小康社会和全面深化改革进程中提出的一系列重大问题的研究，致力于理论创新，为建成小康社会全面深化改革提供理论支持，为毫不动摇坚持、与时俱进发展中国特色社会主义理论体系做出贡献。

要实现理论创新，必须积极投身全面建成小康社会和全面深化改革的实践。全面建成小康社会和全面深化改革是全中国人民的伟大实践。我们一定要用好用足在中国大地上发生的得天独厚的实践机遇，改变局限于书本、书斋做学问和理论与实践结合不够的积习，在教书育人的同时，保证有专门的时间，深入改革开放和现代化建设第一线做调查研究，积极投身于全面建成小康社会和全面深化改革的实践。在实践中学习，在实践中探索，将人民群众丰富的实践经验总结上升为科学的理论，为全面建成小康社会和全面深化改革贡献才智。要实现理论创新，必须进一步解放思想，勇于探索。解放思想、实事求是、与时俱进、求真务实，是推动党和人民事业发展的强大思想武器，也是推动马克思主义理论学科建设的思想武器。过去建设小康社会、改革开放靠解放思想开辟道路，靠创新不断向前推进，今后全面建成小康社会和全面推进改革也必须要进一步解放思想和不断创新。实践发展永无止境，认识真理永无止境，解放思想和创新也永无止境。要发扬"不唯书、不唯上、只为实"的科学精神，增强责任感，不僵化、不停滞，不为任何风险所惧、不为任何干扰所惑，牢牢把握时代发展要求，把人民共同愿望摆在首位，不懈探索和把握中国特色社会主义规律，勇于实践、勇于创新，为把全面建成小康社会和全面深化改革推向前进做出贡献。要实现理论创新，必须在关系全面建成小康社会和全面深化改革的重大理论问题上有所突破。要选取全面建成小康社会和全面深化改革进程中提出的重大课题作为主攻方向，改革不合理的体制机制，主动开展学科之间、学校之间、学校与社会科研机构和实际部门之间的联合攻关，协同创新。在当前，特别要抓住全面建成小康社会和全面深化改革中群众最为关注的突出问题，努力出更多更高质量的成果，为党和政府的科学决策、民主决策提供咨询，推动社会主义精神文明和物质文明全面发展。要实现理论创新，必须坚持中国特色。全面建成小康社会和全面深化改革应该坚持中国特色不动摇，既不走僵化保守的老路，也不走改旗易帜的邪路，要坚定不移地走中国特色社会主义道路。

4. 进一步加强队伍建设，为提高马克思主义理论学科质量提供人才保证。

不断改进思想政治理论课教育教学方式，提高教学质量，教师是关键。而教师首要的是进一步提高思想政治素质，如果教师对马克思主义不信、不用，那么要学生去学好马克思主义基本原理是困难的。所以教师队伍要加强政治思想建设，要加强对马克思主义的学习和运用，努力提升自身思想政治素质，为学生做出榜样。

　　马克思主义理论学科队伍作为全国哲学社会科学的重要方面军，在改革开放和现代化建设中，无论是在人才培养、科学研究，还是社会服务、文化传承创新方面都做出了重要的贡献。但是与国家和人民的要求相比，在产出成果的质量和对实践的指导作用等方面还有差距，今后在贯彻落实党的十八大精神，全面建成小康社会和全面深化改革中，还要进一步加强自身建设，坚定不移地坚持正确的方向，努力提高业务水平，加强师德和学风建设，真正做到政治强、业务精、作风硬，为全面建成小康社会和全面深化改革做出更大贡献。

（原载于《马克思主义研究》2013 年第 1 期）

对什么是马克思主义的科学阐释

马克思主义整体性是对其彻底而严整科学理论体系的界定，也是对什么是马克思主义的进一步说明。马克思主义的内容是极其丰富的。从不同的角度可以概括其不同的定义。从它的创造者、继承人的认识成果讲，可以定义为：马克思主义是马克思、恩格斯创建的，马克思主义者不断加以丰富发展的观点和学说的体系。从它的阶级属性讲，可以定义为：马克思主义是无产阶级和人类解放的科学，尤其是关于无产阶级斗争的性质、目的和解放条件的学说。从它的研究对象讲，可以定义为：马克思主义是一个完整的科学世界观，是关于自然、社会和思维发展普遍规律的学说，特别是关于资本主义发展和转变为社会主义以及社会主义和共产主义发展普遍规律的学说。

"什么是马克思主义"，这是一个有关马克思主义的本质及其属性等马克思主义观的根本问题。对这个问题认识越深入，我们对马克思主义整体性的把握才会越科学。胡锦涛总书记 2003 年在"三个代表"重要思想理论研讨会上的讲话中，从理论特征、社会理想、理论品格和政治立场四个方面对什么是马克思主义做了科学的概括。这是我们从整体上理解和把握马克思主义的重要的指导思想。

一、 辩证唯物主义和历史唯物主义是马克思主义最根本的理论特征

马克思、恩格斯批判继承人类优秀文化遗产，特别是德国古典哲学的优秀成果，并通过自己的实践创立了马克思主义哲学，即辩证唯物主义和历史唯物主义。马克思主义哲学以自然、社会和思维发展的普遍规律为研究对象，结束了旧哲学凌驾于所有科学之上，成为"科学之科学"的统治，第一次正确地解决了哲学与具体科学的关系问题。马克思主义哲学在科学实践观的基础上，把唯物主义和辩证法高度统一起来，把唯物辩证的自然观和历史观高度统一起来，构建了完备而严密的辩证唯物主义和历史唯物主义的科学理论体系。既解决了"世界的本原是什么"的问题，又结束了旧哲学中唯心主义在社会历史领域长期独占统治地位的局面，为研究社会提供了科学的理论指导。此外，马克思主义哲学公然申明为无产阶级服务，这也是其哲学鲜明的特点。所以它是无产阶级的世界观和方法论的科学理论体系，反映了无产阶级和劳动人民的根本利益和要求，它的产生使无产阶级和劳动人民第一次有了自己的精神武器，结束了旧哲学专属于剥削阶级的历史。因此，辩证唯物主义和历史唯物主义同旧哲学有着本质的区别。它把研究自然界、人类社会和思维发展中普遍起作用的最一般规律作为自己的任务，这也使哲学成为科学的世界观和方法论。从而实现了哲学史上的革命性变革。

辩证唯物主义和历史唯物主义是马克思主义理论的思想基础，是贯穿马克思主义理论始终的思想方法，是马克思主义最根本的理论特征。

第一，辩证唯物主义和历史唯物主义是无产阶级的世界观和方法论。

世界观是人们对世界的根本看法，哲学则是理论化系统化的世界观。因此，哲学作为世界观具有高度的抽象性与概括性，为人们科学认识世界提供着理论的指导。

马克思主义哲学是科学的世界观。因为只有它提供了以自然科学和社会科学为依据的、关于整个物质世界的科学图景。辩证唯物主义关于世界物质性及其发展规律的观点，从根本上揭示了客观世界的本来面貌。现代科学也充分证明了它的正确性。马克思主义哲学也是科学的方法论。它表明了马克思主义哲学的革命本质。马克思主义哲学和无产阶级革命实践，以及各门科学的紧密联系，最突出和最集中的表现就是给予它们认识和改造世界唯一的科学方法论。世界观和方法论的一致性，贯穿在全部马克思主义哲学规律、范畴之中。把辩证法作为方法而否认它是世界观，或者把唯物主义作为世界观而否认它是方法，都是不全面的，也是错误的。实际上，唯物主义是世界观，它给予世界本质以唯一科学的解释，正因如此，它又是方法论。辩证唯物主义和历史唯物主义是世界观，也是方法论。列宁在谈到这一点时强调，辩证唯物主义之所以叫作辩证唯物主义，是因为它对自然界现象的看法、它研究自然界现象的方法、它认识这些现象的方法是辩证的，而它对自然现象的解释、它对自然界现象的了解、它的理论又是唯物主义的。马克思、恩格斯发展了唯物主义，而且把它贯彻到底，把它对自然界的认识推广到对人类社会的认识。历史唯物主义就是这一科学思想中的最大成果，从而从根本上说明了马克思主义对自然、社会和人类思维本质的观点和理论。它之所以成为无产阶级的世界观和方法论，因为它是完备深刻而无片面性的学说。"马克思的哲学是完备的哲学唯物主义，它把伟大的认识工具给了人类，特别是给了工人阶级。"①

无产阶级肩负着埋葬人剥削人的资本主义制度，解放全人类的伟大历史使命。只有马克思主义的哲学，才给无产阶级指明了如何摆脱一切被压迫阶级深受其害的精神奴役的出路。也只有这样的理论，才阐明无产阶级在整个资本主义制度中的真正地位。辩证唯物主义和历史唯物主义是科学的理论体系，不仅在实践中为无产阶级的解放事业和社会主义建设事业提

---

① 列宁选集：第 2 卷．北京：人民出版社，1995：311.

供着世界观和方法论的指导，同时也在理论上为马克思主义科学理论体系的创立提供着理论和方法指导。所以，从根本上说，马克思主义理论体系本身就是一个完整的世界观。

第二，辩证唯物主义和历史唯物主义是马克思主义理论的思想基础。

"我们党有个很大的优点，就是有一个新的科学的观点作为理论的基础"①，创立完备的唯物主义哲学，以便为马克思主义政治学和政治经济学提供坚实的理论基础。这是马克思、恩格斯新世界观创立的意义所在。没有历史唯物主义，便不可能有真正的哲学社会科学，所以列宁称之为"科学思想中的最大成果。"②

马克思主义哲学作为一种崭新的理论形态，在它产生和发展的整个过程中始终是与无产阶级革命的实践紧密相连的。辩证唯物主义和历史唯物主义正确揭示了人类社会的本质，为我们理解纷繁复杂的社会现象提供了强大的思想武器。马克思、恩格斯在创立辩证唯物主义和历史唯物主义科学理论体系的同时，运用唯物史观的基本原理，着重研究资本主义社会，研究资本主义经济发展的规律，形成了科学的剩余价值学说，揭露了资本主义剥削的秘密，论证了社会化大生产与资本主义私有制的矛盾，指明资本主义发展到社会主义的必然性。在此基础上，马克思、恩格斯又运用辩证唯物主义和历史唯物主义的基本原理，指明了无产阶级的历史使命，主张无产阶级要建立自己的政党，并夺取政权，实现无产阶级专政，得出了资本主义必然灭亡社会主义必然胜利的结论，使社会主义建立在科学的基础上，从而创建了科学社会主义理论。

由此可见，马克思、恩格斯对资本主义社会的批判，对资本主义经济发展规律的研究，以及对空想社会主义的批判吸收，无产阶级社会主义理论的建立，都是以马克思主义哲学为基础产生出来的。因此，辩证唯物主

---

① 马克思恩格斯选集：第 2 卷. 北京：人民出版社，1995：39 – 40.
② 列宁选集：第 2 卷. 北京：人民出版社，1995：443.

义和历史唯物主义是马克思主义理论的思想基础。

第三，辩证唯物主义和历史唯物主义是贯穿马克思主义理论始终的思想方法。

辩证唯物主义和历史唯物主义是科学的世界观，也是科学的方法论。马克思主义不仅批判地继承了19世纪德国古典哲学、英国古典政治经济学和法国、英国空想社会主义学说，还对资本主义经济规律进行了深入的研究，辩证唯物主义和历史唯物主义的方法论是贯穿始终的。用唯物辩证法从根本上来改造全部政治经济学，把唯物辩证法应用于历史、自然科学、哲学以及工人阶级的政策和策略，这是马克思、恩格斯最为注意的事情，也是他们做了最重要最新颖的贡献的地方。《共产党宣言》是马克思、恩格斯根据刚刚创立的历史唯物主义理论为无产阶级政党起草的第一个政治纲领，它既是马克思主义哲学在革命实践中的第一次运用，也是对这一哲学的一次精辟阐述。正如列宁评价的："这部著作以天才的透彻而鲜明的语言描述了新的世界观，即把社会生活领域也包括在内的彻底的唯物主义、作为最全面最深刻的发展学说的辩证法，以及关于阶级斗争和共产主义新社会创造者无产阶级肩负的世界历史性的革命使命的理论。"① 在一定的意义上，辩证唯物主义和历史唯物主义的世界观、方法论，既是凝铸在马克思主义理论始终的方法，也是结果。换句话说，辩证唯物主义和历史唯物主义这一科学体系的形成本身就是运用这一方法研究自然、社会和人类思维发展的结果。实际上，马克思主义的三个主要组成部分都是运用这一方法进行研究的结果。因此，马克思主义哲学、政治经济学和科学社会主义等就构成了一个严整的世界观和方法论。而这一世界观，首先在马克思的《哲学的贫困》和《共产党宣言》中问世，经过了20余年的发展，到《资本论》出版以后，就以日益增长的速度，扩大它的影响，并为日益广大的阶层所接受。之后，它已远远越出欧洲的范围，在一切有无产者和无畏的

---

① 列宁选集：第2卷.北京：人民出版社，1995：416.

科学理论家的国家里，都受到了重视和拥护，以至于唯物主义方法成为"社会科学的唯一科学的方法"①。

二、 实现物质财富极大丰富、 人民精神境界极大提高、 每个人自由而全面发展的共产主义社会， 是马克思主义最崇高的社会理想

马克思、恩格斯在分析资本主义经济发展规律的基础上，认为资本主义生产方式的内在矛盾决定了资本主义必然灭亡、社会主义必然胜利。对于未来社会的问题，马克思、恩格斯曾就其发展过程、发展方向和基本特征等方面的内容做了科学的预测和设想。虽然论述未来社会的内容不多，但马克思、恩格斯却给我们描绘了一幅共产主义社会的理想蓝图。

马克思主义认为人类社会是一个由低级阶段向高级阶段发展的历史过程，也是一个从片面到全面逐步推进的过程。资本主义私有制废除以后，人类必将进入共产主义社会。但是由于社会发展的连续性，即使发生了革命性的变革，在相当长的时期内新社会还带有旧的生产方式的痕迹。共产主义社会由于刚刚从资本主义社会产生出来，因此在各方面，"在经济、道德和精神方面还带着它脱胎出来的那个旧社会的痕迹"②。马克思把这一阶段称为共产主义的"第一阶段"，后来列宁称之为社会主义社会。

在第一阶段完全巩固和充分发展的基础上，共产主义社会将进入一个更高级的阶段。这一阶段后来被列宁称为共产主义社会。这两个阶段是相互衔接的。共产主义社会第一阶段是高级阶段的必要准备，高级阶段是第一阶段发展的必然趋势。马克思对高级阶段的基本特征做了明确概括："在共产主义社会高级阶段，在迫使个人奴隶般地服从分工的情形已经消失，

---

① 列宁全集：第 1 卷．北京：人民出版社，1984：181.
② 马克思恩格斯选集：第 3 卷．北京：人民出版社，1995：304.

从而脑力劳动和体力劳动的对立也随之消失之后；在劳动已经不仅仅是谋生的手段，而且本身成了生活的第一需要之后；在随着个人的全面发展，他们的生产力也增长起来，而集体财富的一切源泉都充分涌流之后，——只有在那个时候，才能完全超出资产阶级权利的狭隘眼界，社会才能在自己的旗帜上写上：各尽所能，按需分配！"①

从马克思的相关论述中，可以总结出共产主义社会的一些基本特征：第一，社会生产力高度发达，物质财富极大丰富；第二，彻底消灭了阶级差别和重大社会差别；第三，每个社会成员都能全面发展；第四，劳动成为生活的享受；第五，分配原则为按需分配。

共产主义社会是人类有史以来最美好、最进步的社会。实现物质财富极大丰富、人民精神境界极大提高、每个人自由而全面发展，这是马克思主义最崇高的社会理想。共产主义理想不是乌托邦，不是凭空猜测，而是建立在马克思、恩格斯对人类社会历史发展规律特别是资本主义社会发展规律的科学分析的基础之上，反映了历史发展的必然趋势。马克思主义崇高社会理想的确立，为无产阶级明确了前进方向，激励着全世界无产阶级团结起来，推翻资本主义制度，建立无产阶级专政，实现生产资料公有制，建设社会主义社会，并在此基础上，逐步过渡到共产主义社会。

实现共产主义是人类历史上最伟大的事业，但又是十分艰巨的事业。共产主义社会的实现，需要全世界无产阶级和人民群众的共同努力，需要经过若干代人长期的奋斗，要经历一个极其艰难而漫长的过程。马克思主义指出，共产主义的实现是靠实践来完成的。共产主义不是学说，而是运动，是用实际手段来追求实际目的的最实际的运动。共产主义的实现要经历不同的阶段，在不同的国家、不同的历史阶段又有代表那个阶段最广大人民利益的奋斗纲领。实现共产主义，一方面要树立崇高的共产主义理想，坚定共产主义信念，为共产主义的远大理想而奋斗；另一方面更要把实现

---

① 马克思恩格斯选集：第3卷．北京：人民出版社，1995：305－306.

共产主义的远大理想与各个不同阶段代表人民利益的奋斗目标结合起来，投身于现实的社会主义建设之中。

三、 马克思主义政党的一切理论和奋斗都应致力于实现最广大人民的根本利益， 这是马克思主义最鲜明的政治立场

第一，这是由马克思主义理论的特点决定的。鲜明的阶级性是马克思主义的根本特点。它是在广大的无产阶级革命实践中产生与发展起来的，是无产阶级根本利益的科学表现。马克思说过："哲学把无产阶级当作自己的物质武器，同样，无产阶级也把哲学当作自己的精神武器。"[1] 马克思主义是适应无产阶级运动的需要而产生的，第一次阐明了现代无产阶级是推翻资本主义，建立社会主义的社会力量，是革命最彻底最有前途的阶级。所以，马克思主义一经产生就把伟大的认识工具给了人类，特别是给了无产阶级。它使无产阶级第一次意识到自己在资本主义社会中的地位与作用，从而使无产阶级由自在阶级发展为自为阶级，自觉组织起来为人类的解放而奋斗。从这样的意义上讲，马克思主义就是无产阶级立场在其斗争中的理论表现，是无产阶级解放的条件的理论概括。

第二，这是由无产阶级的历史使命决定的。马克思主义指出，无产阶级的阶级地位与历史使命决定了它没有任何私利可图，无产阶级只有解放全人类，才能最后解放自己。马克思在《〈黑格尔法哲学批判〉导言》一文中，对无产阶级的这一使命做了具体的阐述。这是一个被戴上彻底锁链的阶级，它形成了一个由于自己遭受普遍苦难而具有普遍性质的领域。在这个领域中的人们并不要求享有任何特殊的权利，因为他们连最一般的权利都没有。由此形成了这个领域与其制度的全面对立。这样也就形成一个若

---

① 马克思恩格斯选集：第 1 卷．北京：人民出版社，1995：151.

不从其他一切社会领域解放出来从而解放其他一切社会领域就不能解放自己的领域。所以，马克思认为："无产阶级宣告迄今为止的世界制度的解体，只不过是揭示自己本身存在的秘密，因为它就是这个世界制度的实际解体。无产阶级要求否定私有财产，只不过是把社会已经提升为无产阶级的原则的东西，把未经无产阶级的协助就已作为社会的否定结果而体现在它身上的东西提升为社会的原则。"① 马克思对无产阶级历史使命的阐述和论证说明，由于无产阶级是同资本主义制度的前提和基础对立的阶级，它是历史上唯一不谋求建立自己对社会的统治而斗争的。它是要取消任何统治与任何奴役的阶级。而且，如果不解放其他一切社会领域，无产阶级自己就不能获得解放。因此，无产阶级革命和自身的解放同社会、人类的普遍解放是完全一致的。

第三，是否始终站在最广大人民的立场上，是唯物史观和唯心史观的分水岭，也是判断马克思主义政党的试金石。"历史活动是群众的事业"，决定历史的是"行动着的群众"。马克思主义第一次科学地阐明了人民群众在社会历史发展中的作用问题，认为人民群众是历史的主人、历史的创造者，人民群众的利益、意志、愿望和要求从根本上体现了社会发展的方向。人民群众不仅创造了社会物质财富和精神财富，而且是实现社会变革的决定力量，推动着社会形态由低级向高级的飞跃。历史的发展表明，决定人类命运的是人民群众，人心向背是历史进程中长期起作用的社会因素。过去的一切运动都是少数人的或者为少数人谋利益的运动，无产阶级的运动是绝大多数人的、为绝大多数人谋利益的独立的运动。无产阶级的革命运动顺应了人民群众的基本愿望和要求，顺应了历史发展潮流。这就要求无产阶级及其政党必须坚持植根于人民的政治立场，注重从人民群众的实践中吸取养分。马克思主义政党的一切理论和奋斗都应致力于实现最广大人民的根本利益，这是马克思主义最鲜明的政治立场，也是马克思主义政党

---

① 马克思恩格斯选集：第 1 卷 . 北京：人民出版社，1995：15.

先进性的重要体现。

四、 坚持一切从实际出发， 理论联系实际， 实事求是， 在实践中检验真理和发展真理， 是马克思主义重要的理论品质

这种与时俱进的理论品质既是马克思主义实践发展的概括，也是马克思主义的本质要求。

第一，实事求是、与时俱进是马克思主义理论的本质要求。

马克思主义是马克思、恩格斯在考察社会现实的实践中，特别是亲自参加和领导欧洲工人运动的实践中，创立的科学理论体系。它本身就来源于实践，接受实践的考验，在实践中发展，同时，它一经产生，又指导实践，化为改造世界的物质力量。实践性是马克思主义理论的根本特点。马克思主义的实践性要求，我们看问题不要从抽象的定义出发，而要从客观存在的事实出发。实践观点是马克思主义认识论首要和基本的观点。实践产生理论、检验理论、推动理论发展。实践既是理论发展的源泉，也是理论创新发展的动力。马克思主义经典作家从不认为他们的理论是一成不变的，而总是要求根据实践的发展和时代的变化丰富发展他们的学说。恩格斯曾明确指出：“我们的理论是发展着的理论，而不是必须背得烂熟并机械地加以重复的教条。”① 马克思主义理论诞生后，马克思、恩格斯一直都是着眼实际，着眼历史条件的变化，以实事求是的科学态度对待自己创立的理论。早在1872年《共产党宣言》德文版序言中，马克思、恩格斯就指出：“这些原理的实际运用，正如《宣言》中所说的，随时随地都要以当时的历史条件为转移，所以第二章末尾提出的那些革命措施根本没有特别的意义。如果是在今天，这一段在许多方面都会有不同的写法了。由于最近

---

① 马克思恩格斯选集：第4卷．北京：人民出版社，1995：681．

25 年来大工业有了巨大发展而工人阶级的政党组织也跟着发展起来，由于首先有了二月革命的实际经验而后来尤其是有了无产阶级第一次掌握政权达两月之久的巴黎公社的实际经验，所以这个纲领现在有些地方已经过时了。"① 马克思主义与时俱进的理论品质告诉我们，如果不顾历史条件和现实情况的变化，拘泥于马克思主义经典作家在特定历史条件下、针对具体情况做出的某些个别论断和具体行动纲领，我们就会因为思想脱离实际而不能顺利前进，甚至发生失误。所以，我们坚持一切从实际出发，实事求是，在实践中检验和发展真理，这是人类认识发展规律的基本要求。从这个意义上讲，与时俱进首先要把握规律性。

第二，富于创造性，是马克思主义与时俱进理论品质的生动体现。

马克思主义主张不但要解释世界，而且要革命地改造世界。马克思、恩格斯指出："对实践的唯物主义者即共产主义者来说，全部问题都在于使现存世界革命化，实际地反对并改变现存的事物。"②

马克思主义理论的全部价值在于这个理论按其本质来说，它是批判的和革命的。这里的"批判"，是指考察、审视、辨析之意。马克思主义要求无论对书本知识，还是权威的真理，都要采取批判的态度，反对盲从。只有在批判中，创新才有可能。批判是态度，也是一种精神。

马克思主义的批判性、革命性在于它的阶级性。马克思主义代表彻底革命的无产阶级的根本利益，是无产阶级批判旧世界、建设新世界的理论武器，是解放全人类的革命的学说。马克思主义的阶级性决定了它的革命的批判的本质。马克思主义反对一切为旧制度辩护的理论，用彻底的辩证唯物主义和历史唯物主义的理论与方法考察资本主义制度，对资本主义进行了政治、经济、文化、思想上的全面批判，论证了资本主义必然灭亡和社会主义必然胜利的理论。

---

① 马克思恩格斯选集：第 1 卷. 北京：人民出版社，1995：248－249.
② 马克思恩格斯选集：第 1 卷. 北京：人民出版社，1995：75.

马克思主义的批判性、革命性在于它的实践性，马克思主义坚持革命的辩证法，反对把一切事物看作凝固不变的形而上学的观点，把辩证法作为批判一切旧理论、旧观念的锐利革命武器。马克思明确指出："辩证法在对现存事物的肯定的理解中同时包含对现存事物的否定的理解，即对现存事物的必然灭亡的理解；辩证法对每一种既成的形式都是从不断的运动中，因而也是从它的暂时性方面去理解；辩证法不崇拜任何东西，按其本质来说，它是批判的和革命的。"①

马克思主义的批判性、革命性不仅表现在对旧事物、旧制度的批判上，而且也表现在对自己学说的批判与发展上。马克思主义既坚持科学的世界观与方法论，同各种形形色色的反马克思主义的观点进行斗争，又同时代保持前进的步伐，依据实践的发展和科学的进步，不断丰富和发展自己的理论。

第三，这种与时俱进的理论品质，是 150 多年来马克思主义始终保持蓬勃生命力的关键所在。

一部马克思主义发展史，就是一部与时俱进、不断创新的历史。为什么马克思主义能够历经百年而不衰，永葆青春和活力，其根本原因就在于它具有与时俱进的理论品质。马克思主义是时代的产物，是时代的精华，具有鲜明的时代性，这就要求它必须随着时代和历史条件的变化而变化，坚持不断创新，引领时代潮流；马克思主义具有强烈的实践性，这就决定它只有不断创新才能适应实践发展的要求，才能指导社会实践不断前进；马克思主义具有旗帜鲜明的批判性，它不承认有"任何最终的东西"和"永恒的真理"，明确宣布"我们的理论是发展的理论"；马克思主义具有高度的开放性，不仅是无产阶级争取自身解放的革命学说，而且是向人类文明成果开放的思想体系；马克思主义具有鲜明的阶级性，公开申明自己是无产阶级的世界观和方法论，但这个阶级性却不带有任何的宗派性。因为它谋求的不仅是解放无产阶级自己，而是全人类。它可以不带任何偏见去

---

① 马克思恩格斯选集：第 2 卷．北京：人民出版社，1995：112.

吸收人类文明的成果；马克思主义是科学，它是科学的世界观和方法论，这就要求它必须遵循科学精神，不断开拓新境界。

当今世界和我们所处的时代，同过去相比发生了很多深刻的变化。无论从国际还是从国内看，我们都面临着许多新情况新问题，必须从理论上和实践上做出回答并加以解决，必须与时俱进，继续丰富和发展马克思主义。如果因循守旧，停滞不前，我们就会落伍，我们党就有丧失先进性和领导资格的危险。理论创新，这是马克思主义理论的根本要求。要使党和国家的发展不停顿，首先理论上不能停顿，否则，一切新的发展都谈不上。

以上四个方面是从科学性与革命性相统一，这一马克思主义的本质上所做的概括。它既是对马克思主义是什么的解答，也是对马克思主义性质的阐释，充分体现了马克思主义的本质特征。马克思主义是关于社会发展规律的科学。正像达尔文发现有机界的发展规律一样，马克思、恩格斯发现了人类历史发展的规律。不仅如此，他们还发现了现代资本主义生产方式和它所产生的资产阶级社会的特殊的运动规律。在马克思、恩格斯看来，科学是一种在历史上起推动作用的、革命的力量。马克思、恩格斯首先是革命家。他们毕生的使命就是为了无产阶级的解放事业，正是他们使现代无产阶级第一次意识到自身的地位和需要，意识到自身解放的条件。而这恰恰是建立在马克思主义对人类历史发展规律认识的基础上的。所以，理论越科学，就越符合无产阶级和劳动人民的利益；理论越彻底，就越容易被人民群众掌握。马克思主义的革命性是建立在科学性基础之上的，也正因为马克思主义具有革命性，它不为剥削阶级的阶级偏见和私有制所束缚，要求按照事物的本来面目认识世界和改造世界。马克思主义理论的科学性与革命性是内在有机统一的，更是不可分割的。这是马克思主义的特征，也是马克思主义的内在要求。

（原载于《思想教育导刊》2008 年第 1 期；逢锦聚，李毅。副标题：马克思主义整体性解读）

论中国经济学的方向和方法

随着时代和实践的发展，我国经济学有了长足的进步，并在指导改革开放和现代化建设的实践中发挥了重要作用。但是，与时代和实践发展的要求相比，我国的经济学还存在一些不完全适应的问题。同任何科学的理论都是在争鸣中发展一样，关于我国经济学发展的一些重大问题的争论从来都没有间断过。本文拟就其中的几个问题谈一些看法，与大家讨论，以促进我国经济学的进一步发展和繁荣。

一、 中国经济学和与中国经济学有关的几个概念

（一）关于中国经济学

中国经济学就是以中国经济为研究对象的经济学。从广义上说，中国经济学既包括现行学科分类中的理论经济学，也包括应用经济学，即所有的经济学科既要反映现代经济运行的一般规律，又要反映中国特色经济运行的特殊规律；从狭义上说，中国经济学指中国的理论经济学，在现行的学科分类中就是政治经济学、经济史中的中国经济史、经济思想史中的中国经济思想史等。中国经济史、中国经济思想史的中国特色是不言而喻的，而政治经济学则应该在反映现代经济运行的一般规律的同时，更要从中国实际出发，是反映中国特殊国情的经济学。政治经济学不仅仅要为其他经

济学科和现代化建设实践提供最基本的经济理论、经济方法，更要为其他经济学科和现代化建设实践提供更高层次的、能够指引方向的基本经济理论和根本经济方法。一个国家在经济理论多元化的同时，要有适合本国国情的占主导地位的根本经济理论和根本经济思想，没有根本理论和根本思想的国家，充其量只能跟在别国后面走，不可能自立于世界强国之林。

要不要建立中国经济学，理论界则会有颇多争议。有人认为经济学不分国界，无所谓哪国经济学，更谈不上建立中国经济学[①]。有人主张要建立并不断发展中国经济学[①②]。我赞成要建立并不断发展中国经济学，而且要努力建立和发展中国特色、中国风格、中国气派的经济学。理由是：

第一，经济学有共性也有特殊性。作为研究社会化大生产和市场经济一般规律的社会科学，经济学在全世界范围具有共同性。正是这种共同性，决定了各国经济和经济理论的全球性和国际化的必要性；但作为研究生产关系、利益关系的社会科学，经济学则具有历史性、人文性，并由于各国经济制度、经济发展阶段的差异而具有特殊性。而正是这种特殊性，决定了各国经济和经济理论的差异性和本土化的必要性。认为经济学不分国界的观点，从哲学意义上是以共性否定了特殊性，从实际意义上是以西方发达国家的经济理论否定了后发的实行不同社会制度的发展中国家的经济理论。

第二，由中国特殊国情所决定的许多经济现象是其他经济学没有解释也解释不了的。如中国为什么一定要选择社会主义经济制度而没有选择其他经济制度，为什么一定要走社会主义道路而没有走其他道路，为什么要实行社会主义市场经济而不能实行其他的市场经济等，这些问题是其他经济学至今没有回答也不太可能做出科学回答的问题，对这些问题的科学回答只能由中国经济学做出。

---

① 斯蒂格利茨 PK 林毅夫：经济学理论无国界．（2006－10－19）．http：//bbs. cenet. org. cn/2006－9－22.

② 黄泰岩．中国经济学与经济学中国化．中国人民大学学报，2000（5）．

第三，事实上中国经济学已经存在，中国特色社会主义经济理论是中国经济学的主要内容，只是这种理论尚需要随着时代和实践的发展而不断发展和完善。

（二）关于西方经济学

西方经济学的概念在我国已经流行多年，不少高校经济管理专业开设的课程之一就有西方经济学。但也有人提出异议，认为在西方国家没有西方经济学，只有宏观经济学和微观经济学，所以主张我国高校不要开设西方经济学，而应该开设宏观经济学和微观经济学。

西方经济学确实是我国对西方发达国家经济学的特殊称谓，西方发达国家有经济学，但并不冠以西方，例如在世界多国具有影响力的萨缪尔森的《经济学》就称"经济学"，当然，西方大学也确实开设宏观经济学和微观经济学。

我赞成继续用西方经济学的概念，因为现在我国引进的以西方发达国家经济为研究对象、由古典经济学演进而来的经济学确实是来自西方而又不同于我国的经济学。需要明确的是，这里冠以的"西方"主要不是自然地理概念，而是发达国家的代称，所以现在流行的"西方经济学"确切地说是发达资本主义国家经济学。

西方经济学是人类文明的结晶，其中不乏科学的成分，否则就不能解释为什么这种理论赖以产生，并在这种理论指导下的西方发达国家会取得如此巨大的经济成就，就不能解释为什么"资产阶级在它的不到一百年的阶级统治中所创造的生产力，比过去一切时代创造的全部生产力还要多，还要大"[①]。但是，西方经济学不是万能的，且不说其自身存在这样那样的局限，并且面对金融危机、债务危机等新问题，也需要发展，即使其中对于发达国家而言是有效的理论，当在后发国家应用时，由于发达阶段和经

---

① 马克思恩格斯文集：第 2 卷. 北京：人民出版社，2009：36.

济制度的不同，其有效性也会打折扣。

（三）关于现代主流经济学

在大学的课堂上，在报刊中，一些学者经常用到的一个概念是现代主流经济学。什么是现代主流经济学？我国的现代主流经济学和西方的现代主流经济学是否是同一概念？如果对此不加以说明，其后果可能是误导经济学的初学者和并不专门研究经济学的人们，使他们误认为我国的现代主流经济学与西方国家的现代主流经济学是同一概念。

事实上，在西方，所谓现代主流经济学一般指的是由古典经济学衍生而来的新古典经济学、新自由主义经济学等。而在我国，改革开放以来的占主导地位的经济学是中国特色社会主义经济理论。中国特色社会主义经济理论是以马克思主义经济学基本原理和中国的实践为根基，吸收西方发达国家和世界上一些发展中国家经济学的精华，在中国现代化建设实践中丰富和发展了的经济学。1984 年，中共中央通过了关于经济体制改革的决定后，邓小平曾说，这个决定"是马克思主义基本原理与中国社会主义实践相结合的政治经济学"①。很显然，中国的现代主流经济学和西方的现代主流经济学不是一个概念。

二、中国经济学的方向

关于中国经济学的发展方向，其焦点是：中国经济学究竟是照搬西方经济理论，亦步亦趋，还是要坚持从中国的实际出发，把马克思主义基本原理与中国具体实际相结合，同时吸收人类文明一切有益成果，有所创新，有所前进。

改革开放开始不久，西方经济理论大量传入中国，让长期受到计划经

---

① 邓小平. 在中央顾问委员会第三次全体会议上的讲话//邓小平文选：第3卷. 北京：人民出版社，1993：83.

济体制和计划经济理论禁锢的我国经济学界感到耳目一新。西方经济理论学习、传播成为风气，这在当时具有一定的必然性和历史的进步性。但其后在学习传播西方经济理论的同时，出现了一种忽视马克思主义政治经济学和把马克思主义基本原理与我国具体实践相结合，忽视创新发展马克思主义经济理论，而对西方经济学则照抄照搬的倾向。对于这种倾向，不少学者曾经呼吁，需要纠正[1]，我也曾撰文进行分析，认为出现这种状况的原因有国际、国内环境的变化，也有政治经济学学科本身的问题。从国际、国内大环境看，20世纪80年代后，社会主义出现挫折，有人对马克思主义能不能指导社会主义走向胜利产生疑问，对政治经济学的科学性如何，不少人也产生疑问。这种社会思潮影响的直接结果，就是降低了对政治经济学的热情。从政治经济学学科本身看，尽管经济学界付出了巨大的努力，推动了政治经济学理论体系和内容的创新，但这种创新还不完全适应经济社会发展的需求，还需要进一步深化、系统和完善。在这样的情况下，又加上中国市场经济的发展和社会主义市场经济体制改革目标的确立，使人们感到西方经济学中关于市场经济运行的知识和对经济现象分析的方法更具有现实性和可操作性。这可能是一部分人对传统政治经济学的腻烦和对西方经济学感到新奇的直接的原因。我当时认为，这样的现象是暂时的，随着改革的深化和现代化建设实践的发展是可以得到克服的。我甚至预言，经济社会急剧变革的时代，是最可能通过百家争鸣而出现伟大理论和思想的时代。我国的改革开放和现代化建设事业日新月异，经济理论探索空前活跃，在这样的时代，政治经济学一定会同其他哲学社会科学学科一起，实现历史性的突破和发展[2]。

但是，问题并不如此简单，时至今日，上述现象似乎并不能说已经完全得到转变，因此关于中国经济学发展方向的问题仍然有讨论的必要。

---

[1] 洪银兴. 社会主义现阶段的政治经济学范式. 人民日报, 2005 – 01 – 14.
[2] 逄锦聚. 政治经济学学科的现状和发展趋势. 人民日报, 2005 – 05 – 13.

经济学就其根本的宗旨而言，是经世济民的致用科学，中国经济学当然要为民众富裕和国家强盛所用；从其学科的内部分工而言，其中的政治经济学是研究生产方式和与它相适应的生产关系、交换关系的社会科学，中国经济学当然要研究中国的生产方式和中国的生产关系和交换关系。生产方式包括生产力，作为人与自然的关系，生产力在不同社会是具有共性的，而作为人与人之间的生产关系和交换关系，不同社会则具有不同的性质。由经济学的这些基本规定性所决定，中国经济学发展的基本方向：一是要继承和发展马克思主义政治经济学的基本原理，并把这些原理与中国的具体实际相结合；二是要借鉴和吸取世界人类一切文明成果，包括西方经济学中的科学成分；三是要能够反映和解释我国生动活泼的现代化建设实践，为现代化建设提供理论支持和服务。这三点既体现中国经济学学科发展的基本趋势，也体现了中国经济学发展创新的基本要求和方向。

之所以必须继承和发展马克思主义政治经济学的基本原理和方法，首先因为马克思主义政治经济学的基本原理和方法是为实践证明了的科学。马克思主义政治经济学之所以成为科学，最根本的不在于它的个别结论，而在于它提供了认识人类经济社会发展的历史唯物主义的根本方法和凭借这种方法揭示的人类社会发展规律，而这一点是至今一切西方经济学科没法比拟的。同时也因为我国实行的是社会主义基本经济制度，而这种制度是以马克思主义为指导建立的，这是历史事实。如果说国情，这也是最基本的国情之一。实行社会主义基本经济制度，就必须坚持以马克思主义为指导。当然，我们说的马克思主义，是继承和发展相结合的马克思主义，是中国化了的马克思主义。所以确切地说，中国的经济学必须以发展着的中国化了的马克思主义为指导，这是中国经济学的根基和生命力之所在。

之所以必须借鉴和吸取世界人类一切文明成果，包括西方经济学的成果，是因为西方经济学对于现代化社会大生产和市场经济运行的许多分析及其得出的理论，包含科学的成分，西方经济学对于经济运行分析的一些方法，许多是自然科学方法在经济学中的应用，便捷可行，所以借鉴和吸取这些科学的成分和方法为我所用，对于我国发展社会主义市场经济、完善社会主义市场经济体制、丰富和发展中国经济学理论，是有益的。更何况，我们要摆脱后发的被动局面，赶上甚至超过西方发达国家，不学习西方先进的东西也是不可以的。但必须明确，西方经济学以资本主义所有制为前提，其基本假定并不符合我国国情，所以不可能成为指导我国经济建设实践的根本理论。我国目前对西方经济学的学习引进既有不够的问题，表现在对多种学派的理论全面介绍不够，特别是分析不够，一些学者对西方经济学知之甚少，由此导致不能够有效地批判吸收；也有盲目崇拜、照抄照搬的问题，表现在有的学者对西方经济学囫囵吞枣，并未弄懂西方某种理论的针对性、假定前提，而片面应用，甚至以追求一些词句为时髦。对这两类问题，必须客观地分析，予以纠正。基本的原则是，对西方经济学一是要学，要下力气学懂、学通；二是必须从本国实际出发，经过分析和检验，取其精华，弃其糟粕。"外国的经验可以借鉴，但是绝对不能照搬。"[1]

　　之所以必须坚持从我国实际出发，紧紧围绕改革开放和现代化建设实践，坚持理论为实践服务，是因为经济学是实用的科学，经济学要保持旺盛的生命力，归根结底在于它能够适应实践发展的需要，指导实践的发展。所以，无论是继承和发展马克思主义经济学的基本原理和方法，还是借鉴和吸取世界人类一切文明成果，都要从我国实际出发与我国的实践相结合，为我国现代化建设服务。我国正在进行的现代化建设事业是史无前例的实践，伟大的实践会产生伟大的理论，坚持以马克思主义为指导，充分吸收人类一切文明成果，在实践中创新，中国经济学一定会实现新的突破，成为指导我国现代化建设的实用之学。

---

[1] 邓小平. 改革是中国发展生产力的必由之路//中共中央文献研究室. 改革开放三十年重要文献选编：上. 北京：中央文献出版社，2008.

三、　中国经济学的方法

关于中国经济学的方法，目前存在着一种值得注意的倾向是，不下功夫学习运用马克思主义经济学的方法，而只是为了能在国外或国内某个刊物上发表文章，把自己关在屋子里头研究数学模型，至于这种数学模型用到经济学究竟有什么科学价值和实践价值，似乎并不重要。

这种倾向强调把数学的方法用于经济研究有值得肯定的一面，因为经济学作为科学，许多经济变量之间的关系应该并且可以用数学的方法进行计量。模型通常是经济变量之间关系在严格假定关系前提下的数学表述，其优点是可以用简明的方式表达复杂经济问题的重要方面，使现实经济问题简单化。从这样的意义上说，经济学中数学的应用是经济学进步的表现。事实上，在马克思主义经济学中，也不乏数量分析和把经济现象数学化的例证，例如《资本论》中对于资本循环、资本周转和社会总资本再生产的分析，特别是对于社会两大部类交换关系和社会总产品实现的表述，马克思就运用了数学模型，而这些分析至今对于中国经济学的分析方法仍具有重要的指导意义。但是，忽视甚至否定马克思主义经济学的根本方法论对于中国经济学的指导意义，把数学的分析方法推向极端则是错误的。经济学作为社会科学，就其科学性而言，具有与自然科学相通的共性，但就其社会性、历史性而言，又有别于自然科学。当需要透过经济现象揭示经济现象背后的本质联系和经济社会运动规律时，就必须运用马克思主义的历史唯物主义和辩证唯物主义，而单凭数学就不能达到预期的目的；更何况，经济运动原本就存在许多不确定性，而不确定性是难以用数学方法进行计量的，如果勉强去做，甚至会谬误百出。

对于数学方法运用到经济分析中的这些积极作用和局限性，西方宏观经济学奠基人凯恩斯早就发现并对后人提出警示。凯恩斯认为，数学在检验思路时有用，但他绝不用数学来思考问题。他一直对数学在经济学中的作用持怀疑态度，数学的推理总要依靠某些假定，而社会生活往往没有不变的假定，一切都是自然呈现的，因此，凯恩斯坚称：成功的经济学推理的基础是直觉与辩论能力，直觉可以选择好的理论模式，辩论则可以说服人接受这种理论模式。他从来不认为风险可以被精确计算，不确定性只能用于逻辑推理，不能用数学来描述，任何数学模型都无法容纳不确定性。

研究的方法是由研究的目的和学科的性质所决定的。如前所述，从其根本的宗旨而言，中国经济学是经世济民的致用科学；从其学科内部分工而言，政治经济学是研究生产方式及其与之相适应的生产关系、交换关系的社会科学，是一门出思想、出理论的社会科学。这样的一门科学只用数学是不够的，还必须运用更能揭示经济现象本质联系和经济运行规律、人类社会发展规律的方法。这样的方法就是马克思、恩格斯创立的，为后人继承和发展了的历史唯物主义和辩证唯物主义。

关于历史唯物主义方法，马克思在《〈政治经济学批判〉序言》中做了经典的论述。马克思说："我所得到的，并且一经得到就指导我的研究工作的总的结果，可以简要地表述如下：人们在自己生活的社会生产中发生一定的、必然的、不以他们的意志为转移的关系，即同他们的物质生产力的一定发展阶段相适应的生产关系。这些生产关系的总和构成社会的经济结构，即有法律的和政治的上层建筑竖立其上并有一定的社会意识形式与之相适应的现实基础。物质生活的生产方式制约着整个社会生活、政治生活和精神生活的过程。不是人们的意识决定人们的存在，相反，是人们的社会存在决定人们的意识。社会的物质生产力发展到一定阶段，便同它们一直在其中运动的现存生产关系或财产关系（这只是生产关系的法律用语）发生矛盾。于是这些关系便由生产力发展的形式变成生产力的桎梏。那时社会革命时代就要到来了。随着经济基础的变更，全部庞大的上层建筑也或慢或快地发生变革。""无论哪一个社会形态，在它所能容纳的全部生产力发挥出来以前，是绝不会灭亡的；而新的更高的生产关系，在它的物质存在条件在旧社会的胎胞里成熟以前，是绝不会出现的。"① 列宁曾说，马克思在《〈政治经济学批判〉序言》中的论述是对历史唯物主义基本原理的"完整的表述"。

关于辩证唯物主义方法，马克思在《资本论》第二版跋中做了经典的论述。他详细引证并肯定了俄国经济学家伊·伊·考夫曼对《资本论》方法的评论之后，指出《资本论》的方法"正是辩证法"。这种辩证法与黑格尔的辩证法不同，"观念的东西不外是移入人的头脑并在人的头脑中改造过的物质的东西而已"。"辩证法在对现存事物的肯定的理解中同时包含对现存事物的否定的理解，即对现存事物的必然灭亡的理解，辩证法对每一种既成的形式都是从不断地运动中，因而也是从它的暂时性方面去理解；辩证法不崇拜任何东西，按其本质来说，它是批判的和革命的。"②

马克思运用历史唯物主义和辩证唯物主义花费几十年的时间研究了资本主义生产方式和与它相适应的生产关系、交换关系，揭示了资本主义产生、发展的规律，撰写了不朽的巨著《资本论》，建造了马克思主义政治经济学的宏伟大厦。《资本论》是建立在历史唯物主义和辩证唯物主义基础上的，通篇充满着历史唯物主义和辩证唯物主义的方法。今天，我们创建并不断发展中国经济学，历史唯物主义和辩证唯物主义依然是最根本的方法。

历史唯物主义和辩证唯物主义的方法论贯穿在经济学研究中，可以具体表现为许多的方法，如矛盾分析的方法、历史与逻辑统一的方法、抽象法、人是历史主体的分析方法、以实践为基础的分析方法，等等。

矛盾分析的方法即将辩证法运用于经济学分析的方法。辩证法认为，事物内在矛盾的对立统一推动事物的发展。在经济社会发展中，矛盾无处不在，无处不有，其中生产力和生产关系、经济基础和上层建筑之间的矛

---

① 马克思恩格斯文集：第 2 卷. 北京：人民出版社，2009：588－589.
② 马克思恩格斯文集：第 5 卷. 北京：人民出版社，2009：22.

盾是最基本的矛盾。人类经济社会的发展是由生产力与生产关系、经济基础与上层建筑的矛盾运动决定的。马克思揭示了这一矛盾运动的规律，并把这一矛盾运动规律用于对社会经济现象的分析，从而揭示了人类社会经济制度发展的根本规律，成为经济学分析的根本方法。今天我们分析中国社会主义现代化进程中的种种矛盾，进行经济社会改革，也必须运用这种根本方法。

抽象法是历史唯物主义和辩证唯物主义的方法在经济科学思维中的应用和体现。马克思认为："分析经济形式，既不能用显微镜，也不能用化学试剂。二者都必须用抽象力来代替。"[1] 马克思主义经济学的抽象法包含相互联系的两个科学思维过程：一是从具体到抽象的过程，这是抽象法的基础和前提。科学的抽象是以客观存在的具体事物为依据的，因而具体存在的事物是理论研究的出发点，经过科学的抽象，对普遍存在的具体的经济现象进行分析，撇开次要的因素，从中找出最基本、最简单的东西，并综合它的各种发展形式及其内在的必然联系，阐明经济范畴，揭示经济规律。就像马克思在分析资本主义经济时，面对纷繁的各种具体的资本形式和经济现象，首先对商品这一最基本的财富细胞，利用抽象力，抽象出商品价值、使用价值、抽象劳动、具体劳动等最基本的经济范畴。二是从抽象到具体的过程。也就是依据前一过程的结果，从最简单、最基本抽象的范畴开始，循着由简单上升到复杂的思维过程，对客观存在的事物及其内在联系进行理论阐释，建立逻辑体系。马克思在《资本论》中就是以资本主义社会的劳动产品的商品形式或者商品的价值形式作为逻辑起点，以从抽象到具体作为叙述方法的。上述两个过程归结起来就是马克思说的："在第一条道路上，完整的表象蒸发为抽象的规定；在第二条道路上，抽象的规定在思维行程中导致具体的再现。"[2] "在形式上，叙述方法必须与研究方法不

---

① 马克思恩格斯文集：第 5 卷．北京：人民出版社，2009：8.

② 马克思恩格斯全集：第 30 卷．2 版．北京：人民出版社，1995：49.

同。研究必须充分地占有资料，分析它的各种发展形式，探寻这些形式的内在联系。只有这项工作完成以后，现实的运动才能适当地叙述出来。这点一旦做到了，材料的生命一旦在观念上反映出来，呈现在我们面前的就好像是一个先验的结构了。"①　经济学运用抽象法，有利于将具体的实践上升为科学理论，又运用科学理论指导丰富的实践，同时有利于透过千差万别的经济现象把握现象之间的内在联系和本质，揭示在经济现象深处的经济运动规律。中国经济学当然应该很好地研究并运用这种方法。

历史与逻辑统一的方法是历史唯物主义和辩证唯物主义在经济学研究中具体表现的又一重要方法。在经济学中运用历史与逻辑统一的方法，一方面要坚持逻辑与历史的一致性，"历史从哪里开始，思想进程也应该从哪里开始，而思想进程的进一步发展不过是历史过程在抽象的、理论上前后一贯的形式上的反映；这种反映是经过修正的，然而是按照现实的历史过程本身的规律修正的，这时，每一个要素可以在它完全成熟而具有典型性的发展点上加以考察"②。这就是说，历史是逻辑的基础，逻辑则是历史在思维中的再现，因此，逻辑的进程和历史的进程具有内在统一性。另一方面，又要避免抛开客观存在的起决定作用的经济关系而将经济范畴按历史先后顺序简单排列。因为历史与逻辑的统一是在总的发展趋势上的统一，在某些具体细节上二者又包含差异和对立。历史总是包含有偶然的因素、次要因素以及迂回曲折的细节。逻辑则是通过对历史事实加工、改造，抛弃历史细节，抓住主流，把握历史发展的内在规律，因此能更深刻地反映历史。历史与逻辑统一的方法在马克思主义的经济学著作中得到充分的体现，如商品，虽然早在资本主义制度之前就已经存在，但只有在资本主义经济制度下，商品才发展为社会财富的一般形式或最基本的社会细胞。《资本论》从对资本主义庞大的财富细胞——商品开始分析，这在起点上实现

---

① 马克思恩格斯文集：第 5 卷 . 北京：人民出版社，2009：21 - 22.
② 马克思恩格斯文集：第 2 卷 . 北京：人民出版社，2009：603.

了历史与逻辑的统一。但地租、利息等则不同，虽然这些范畴也先于资本主义经济制度而出现，但它们体现的经济关系只有对剩余价值的来源阐述清楚才能得到揭示，因此在理论阐述中就不能完全按照地租、利息呈现的历史顺序做安排。《资本论》是运用历史与逻辑统一方法的典范，今天我们建设中国经济学，深化对中国复杂经济现象的分析，揭示中国经济发展的规律，也需要运用历史与逻辑统一的方法。

人是历史主体的分析方法，即肯定人在经济社会发展中的主体地位和作用，并运用这种观点进行经济分析的方法。与以往见物不见人的经济学分析不同，马克思经济学坚持历史唯物主义的观点，认为人是历史活动的主体，并指出，这里说的人，是处于一定现实的社会关系之中，从事一定物质生产实践、社会政治实践和科学文化活动的"现实的人"。社会历史活动是人们最基本的社会活动，社会历史过程是通过社会历史主体活动实现的，社会历史的发展规律深深地存在于这些最基础的社会活动之中。马克思主义经济学同时认为，人的发展是社会发展的根本目的和根本内容，人的发展状态是社会发展状况的衡量尺度。在马克思主义的经典著作中，马克思甚至预言，到共产主义社会，生产的发展和财富的增长与人的自由而全面发展相一致，从而人类的全部发展成为目的本身，"真正的经济——节约——是劳动时间的节约"①，"节约劳动时间等于增加自由时间，即增加使个人得到充分发展的时间。"马克思把彻底的唯物主义、科学的经济学分析与人的自由而全面发展的崇高理想高度地统一在一起，为经济学的分析提供了科学的方法。继承并运用这种方法是中国经济学的重要使命，也是中国经济学沿着正确方向发展的保证。

以实践为基础的研究方法，即强调实践在人类经济社会发展中的基础地位并运用这种观点进行经济学分析的方法。历史唯物主义和辩证唯物主义认为，实践是人类社会的基础，一切社会现象只有在社会实践中才能找

---

① 马克思恩格斯全集：第31卷.2版.北京：人民出版社，1998：107.

到最后的根源。物质生产实践是人的第一个历史活动。人们在进行物质生产的同时，也生产了自己的物质生活；在改变生产方式的同时，也改变了自己的生存方式；在改造客观世界的同时，也改造了自己的主观世界。一部人类社会的历史，在本质上是人的实践活动的历史。理论的重要性在于它来源于实践并能够指导实践，能够回答实践提出的种种问题。马克思说："理论在一个国家实现的程度，总是决定于理论满足这个国家的需要的程度。"① 经济学理论不但是适应实践的需要而产生的，而且是对实践经验的概括和总结。总结经验要坚持唯物主义反映论，坚持一切从实际出发的原则。"在自然界和历史的每一科学领域中，都必须从既有的事实出发。"② 调查研究是辩证唯物主义的基本要求。调查研究要客观、周密和系统，在此基础上加以分析、综合，抓住本质，抓住规律，抓住全局。理论是否正确，在理论的范围内不能解决，"社会实践是检验真理的唯一标准"③。实践是发展的，理论也是发展的。

历数马克思主义经济学的根本方法论及其具体体现，其目的是学习把握马克思主义经济学方法的精髓，并用以指导中国经济学的建设。今天，与马克思所处的时代相比，现代自然科学大大地发展了。而随着自然科学的发展，不仅数学的方法，包括系统论、博弈论、信息论、控制论等一些现代科学的研究方法也逐步被运用到经济学的研究中。这些方法从根本上说，与马克思主义的辩证唯物主义和历史唯物主义的方法具有一致性，是对马克思主义经济学根本方法的丰富和发展。如系统论与辩证法中普遍联系的观点，控制论与辩证法中内因外因关系的观点，信息论与辩证法中事物相互联系的观点等都是相通的。现代科学方法还会不断发展，在经济学中还会被广泛地运用，所以中国经济学既要坚持运用马克思主义的历史唯

---

① 马克思恩格斯全集：第31卷.2版.北京：人民出版社，1998：107.
② 马克思恩格斯选集：第4卷.2版.北京：人民出版社，1995：288.
③ 毛泽东.对五评苏共中央公开信稿的批语和修改//建国以来毛泽东文稿：第10册.北京：中央文献出版社，1996：414.

物主义和辩证唯物主义根本方法论，又要充分地吸收和借鉴现代科学的方法，如能做到这样，中国的经济学一定会在改革开放和现代化建设实践中得到进一步的繁荣和发展。

四、 中国经济学研究的立足点

马克思主义经济学具有鲜明的立场，它公开申明为无产阶级和广大人民群众谋利益。问题是，世界上的其他经济学有没有立场，中国经济学要不要立场？

在我国，由于受到人们所共知的历史的影响，一说立场似乎就容易与阶级斗争相联系。而随着我国阶级矛盾已经不再是社会主要矛盾，现在人们很少再谈立场。其实，立场在经济学中是客观存在的，经济学的立场也就是经济分析的立足点。西方经济学的经济人假设和资本主义制度前提事实上就是立场。中国经济学的立足点就是广大人民群众的根本利益，实际上也是立场。

马克思说："每一个社会的经济关系，首先是作为利益表现出来。"[①]"它正确地猜测到了人们为之奋斗的一切，都同他们的利益有关"[②]，而在各种利益中，物质利益是基础，追求物质利益是生产力发展的内在动力和原始动因。恩格斯指出："土地占有制和资产阶级的斗争，正如资产阶级和无产阶级的斗争一样，首先是为了经济利益而进行的，政治权力不过是用来实现经济利益的手段。"[③]

改革开放和现代化建设是中国经济学必须着力研究的重大理论和实践，而改革开放和现代化建设必然涉及各种利益关系的调整。在我国社会主义

---

① 马克思恩格斯全集：第 2 卷 . 北京：人民出版社，1957：103.
② 马克思恩格斯全集：第 1 卷 . 北京：人民出版社，1956：187.
③ 马克思恩格斯选集：第 4 卷 . 北京：人民出版社，1995：250.

经济制度确立之后，生产力与生产关系、经济基础与上层建筑之间的矛盾虽然其对抗性已经消失，但仍然是社会的基本矛盾。而这些基本矛盾在社会经济生活中往往表现为具体的利益矛盾。改革是革命，必然触及各种利益矛盾。所以，中国经济学必须分析研究各种利益关系和矛盾，并为处理和解决各种利益关系和矛盾提供理论指导。分析研究各种利益矛盾，探求解决各种利益矛盾途径，必须有一个基本的立足点，就是必须反映广大人民群众的根本利益。

对于世界经济问题的研究也是一样。中国经济学不仅要研究中国的经济问题，而且要研究经济全球化条件下的世界市场、国际贸易、国际金融、国际环境保护和国际经济关系。而国际经济关系也是利益关系，说到底，最根本的是物质利益关系。分析研究国际经济关系，探求解决各种经济关系矛盾途径，也必须有一个基本的立足点，就是在各种国际惯例形式背后的国家利益。马克思主义经济学关于利益问题的基本观点，为中国经济学提供了基本的立足点和科学的分析方法。它告诉我们，在分析繁杂的经济现象时，要善于透过现象，揭示各种复杂的利益关系，从而把握各种经济现象之间的本质联系；同时在分析各种矛盾时，要善于分析不同社会利益群体的形成过程、经济地位、利益关切和利益诉求，以及不同社会利益群体利益的变化趋势。它要求我们要代表广大人民群众的根本利益，科学分析各种经济主体思想行为背后的利益动因，建立和完善利益评判机制、利益表达机制、利益协调机制、利益补偿机制，有效解决或化解各种利益矛盾和利益冲突。

对于上述关于经济学立足点的观点，理论界有人不以为然，甚至表示反对，认为经济学是中性的，他们希望建设客观经济学、纯粹经济学。这种观点对于经济学中的某些学科例如经济数学、计量经济学等和经济学中关于社会化大生产规律的揭示部分或许可能，但对于理论经济学，特别是对于政治经济学等必须研究利益关系、生产关系的学科显然是过分理想化了，毕竟经济学是有别于自然科学的具有人文性、历史性的社会科学。

五、 创造有利于中国经济学繁荣发展的良好环境

中国经济学的建设需要学者们共同努力，也需要有良好的社会环境。

从整体上说，我国改革开放以来的大环境有利于中国经济学的繁荣和发展。在实行计划经济多年的基础上，进行旨在建立社会主义市场经济体制的改革开放是前无古人的事业。中国的改革开放和现代化建设进程，是充满矛盾和不确定性的过程。在不断解决矛盾、克服困难中探索前进，是中国改革开放和现代化建设走过的轨迹。改革开放极大地促进了生产力的发展，改善了 13 亿中国人的生活，提升了中国的综合国力和在世界经济发展中的影响力。这样的大环境为中国经济学的建立和发展提供了难得的机遇和条件。

这里说的环境不仅是指这样的大环境，还指社会自发产生的已经持续多年的对哲学社会科学进行评价的小环境，这个小环境对中国经济学的建立和发展不甚有利，亟须改变和改革。

评价指标体系是指挥棒，指挥棒导向如果发生偏误，将会误导中国经济学的发展方向。目前社会流行的评价指标体系弊端较多，其一，重研究成果数量轻质量。不看成果导向如何，社会后果如何，机械地确定某几个刊物为最优，而后根据在这类刊物上发表文章的数量多少排列单位、学科、学者的名次，并作为确定这重点那重点、这荣誉那荣誉的依据。其二，重研究成果形式轻内容。不看成果的内容是什么，只看成果中有没有数学模型，没有的一概视为低水平。其三，重国外轻国内。不看成果内容和对经济社会产生的影响如何，国外刊物发表的成果一定高于国内刊物发表的成果。

这些弊端的危害是不言而喻的。首先，它误导了中国经济学发展的方

向。中国特色、中国风格、中国气派的中国经济学根本方向是要为社会主义服务、为人民服务，而国外甚至国内有的所谓一流刊物并不完全甚至完全不坚持这样的导向。其次，它扭曲了判断中国经济学质量的根本标准。判断中国经济学质量的标准最主要的是看是否有利于经济社会的发展，是否有利于学术繁荣和发展，是否有利于满足人民日益增长的需要。最后，它助长了急功近利、过分追名逐利的不良学风。在这样的评价机制导向下，单位以发表文章多少论高低，学者以发表文章多少论英雄。至于人才培养、科学研究、服务社会、文化传承与创新，实际上都服从于发文章。

产生这些弊端的原因比较复杂。就社会原因来说，当我国处在由计划经济向社会主义市场经济体制转型时，在探索过程中，中国经济学自发评价出现一些不健康、不合理的现象是社会现象的反映，在一定程度上不可能完全避免。就思想认识原因来说，则是对于中国经济学的学科属性和特点需要进一步研究和明确。与自然科学相比，中国经济学学科不仅仅具有与自然科学相同的科学性，而且具有与自然科学差异很大的人文性、历史性，前者决定了中国经济学与世界其他国家经济学具有相通性或称共性，后者决定了中国经济学的民族性和特殊性。这就是在经济全球化和开放的条件下，我国经济学既要向别国学习，走向世界，尽可能地国际化，又要保持中国特色的根据。当对此缺乏明确认识时，评价标准出现片面性在所难免。就管理方面的原因来说，虽然目前流行的评价标准、评价机制不是国家和国家主管部门制定的，但缺乏主流的、主导的评价标准，非主流的则会乘虚而入，这是为历史经验所证明了的。

为了中国经济学的繁荣和发展，在充分调查研究、总结经验并借鉴世界上一切有益经验的基础上，制定科学的评价标准，建立完善的评价机制是当务之急。这样的标准和机制应体现如下的基本要求：第一，评价导向要清晰。要坚持我国经济学的社会主义方向，突出质量，鼓励创新。第二，评价内容要科学。要从我国实际出发，体现建设中国特色、中国风格、中国气派经济学的根本要求，同时要借鉴吸取世界上一切有益的成果。第三，评价标准要实事求是。要体现分类、分层次的原则，对不同类型成果实行既统一又有区别的评价标准。第四，评价方式要充分体现经济学的特点。

（原载于《政治经济学评论》2012 年 10 月第 3 卷第 4 期）

新中国 60 年经济学的发展和启示

新中国成立 60 年来，随着经济的发展，我国经济学获得了长足的进步，积累了宝贵的经验。历数这些进步，总结这些经验，展望经济学发展的前景，对我国经济学获得更大发展并逐步建设成为世界上最具影响力的经济学大有益处。

一、 新中国 60 年经济学取得的主要进展

经济学是经世济民的实用科学。经济学只有在适应并引领经济社会前进、服务于经济建设的实践中才能产生、成熟和发展。所以，当我们要总结新中国成立 60 年来我国经济学取得的进步和经验时，不能不首先看到新中国成立 60 年来经济发展取得的伟大成就。

新中国成立 60 年来，我国国民经济以年均 8.1% 的速度增长，1952—2008 年经济总量增加 77 倍，GDP1952 年只有 679 亿元，2008 年达到了 300670 亿元，位居美国和日本之后，居世界第 3 位。我国经济总量占世界经济总量的比重 1952 年很小，1978 年达到 1.8%，2008 年为 6.4%，根据世界银行资料，折合成美元，我国 2008 年国内生产总值相当于美国的 27.2%，日本的 78.6%。城乡居民储蓄增加 2.5 万倍，人民生活由贫困迈上总体小康。对外贸易增长 2266 倍，成为世界第三对外贸易大国①。

---

① 苏星. 新中国经济史. 北京：中共中央党校出版社，1999.

新中国成立 60 年来的经济快速发展，为经济学提供了丰富的实践源泉和广阔的发展空间，使经济学在服务和引领经济发展的进程中获得了长足的进步，这些进步可以概括为三个主要的方面。

（一）服务方向的转变

新中国的经济形式和经济管理体制经历了从计划经济向社会主义市场经济的转变，与此相适应，我国经济学的服务方向也有一个转变的过程。在高度集中的计划经济体制下，经济学主要是为计划经济的发展提供理论的支持，更大程度上带有政府经济学的色彩。而当年改革开放以后，我国的经济体制逐步转向社会主义市场经济体制，经济学的使命也随之发生了变化，适应并引领社会主义市场经济的健康发展，服务于经济建设和人民生活的改善，成为经济学的神圣责任。由此，经济学真正恢复了它经世济民的本来面目。

服务方向的转变，带来了经济学从学科专业建设到理论研究、教学内容、人才培养等一系列的转变。在学科专业建设方面，不仅理论经济学拓宽了研究范围，有了重大发展，而且管理学从经济学科分离出来有了突飞猛进的发展，应用经济学科专业也如雨后春笋般繁荣和发展。在理论研究方面，经济学改变了从书本到书本、从书斋到书斋的研究方法，从社会主义现代化建设的生动实践中选取全局性、前瞻性、战略性的问题进行研究，并取得了一系列重大的理论突破。在人才培养方面，重视综合素质和能力的培养蔚然成风，高素质的理论应用复合型人才大批涌现，为社会主义社会现代化建设提供了有力的人才支持。

（二）重大理论的创新

60 年来，随着时代和实践的发展，经济学理论实现了一系列创新和发展。最主要的有：1. 关于什么是社会主义和社会主义本质的理论。经过 60

年探索，认识到，促进社会和谐，实现人的全面发展，是社会主义的本质属性和根本目的；消灭剥削，消除两极分化，最终达到共同富裕，是社会主义的本质属性和根本要求；解放生产力，发展生产力，是社会主义的本质属性和根本手段。2. 社会主义初级阶段理论。在几十年社会主义探索的基础上，提出了社会主义初级阶段的科学范畴，并做出中国仍处于社会主义初级阶段的论断。3. 社会主义初级阶段基本经济制度的理论。提出，我国必须实行公有制为主体、多种所有制经济共同发展的基本经济制度。同时提出，"公有制实现形式可以而且应当多样化"、"国有经济控制国民经济命脉，对经济发展起主导作用"。4. 社会主义初级阶段分配制度理论。提出，我国必须实行按劳分配为主体、多种分配方式并存的社会主义初级阶段的分配制度。5. 社会主义市场经济理论。认识到，在经济相对落后基础上建设社会主义，必须大力发展市场经济，建立和完善社会主义市场经济体制。6. 社会主义微观经济理论。认识到，在社会主义市场经济条件下，企业、个人和农户家庭都是微观经济主体，同时形成了中国特色的企业理论和企业改革理论。7. 经济发展理论。提出以科学发展观统领经济社会发展的战略思想，在科学发展观的指导下，形成了实现科学发展的一系列理论，包括：提高自主创新能力，建设创新型国家理论；转变经济发展方式理论；产业结构优化升级理论；统筹城乡发展，推进社会主义新农村建设理论；能源资源节约和生态保护，增强可持续发展能力理论；区域协调发展理论等。8. 对外开放的理论。包括：坚持"引进来"和"走出去"相结合，充分利用国际国内两个市场、两种资源，以开放促改革促发展，完善内外联动、互利共赢、安全高效的开放型经济体系转变贸易方式，促进国际收支基本平衡，注重防范国际经济风险，正确处理对外开放同独立自主、自力更生的关系，维护国家经济安全等。9. 社会主义宏观经济理论。包括：计划与市场关系理论；国民经济宏观经济运行和宏观经济分析理论；国民经济结构分析理论；宏观调控模式、目标、手段理论；政府职能及其转变理论等。10. 关于改革方向、目标、道路的理论。包括改革开放的必要性、必然性，改革的性质、目标和改革开放的内容、道路、方略，由此形成了我国社会主义改革的理论体系。以上这十个方面的理论创新极大地丰富和发展了马克思主义，成为具有中国特色经济学的重要内容。

（三）研究和表述方法的丰富

新中国成立以来的 60 年，我国经济学坚持以辩证唯物主义和历史唯物主义为根本的方法，实践证明这是经济学繁荣发展的根本保证。1978 年改革开放以后，随着对国外经济理论的学习和借鉴，国外经济学中的一些具体的研究方法和表述方法也传入我国。我国的经济学在继续坚持马克思主义经济学的根本方法的同时，也学习运用国外经济学的一些具体方法，如比较分析的方法，实证研究、案例研究方法，数量分析和数学模型分析的方法等等。在表述方法方面，也注意借鉴国际比较通行的先进行前提假定，再建立理论模型，然后进行验证的方法。在经济学方法上的这些学习和借鉴，丰富了马克思主义经济学的具体研究和表述方法，为我国的经济学走向世界起到了积极的作用。

二、 新中国 60 年经济学建设的经验及启示

新中国 60 年经济学的发展，积累了宝贵的经验，提供了有益的启示：

（一）坚持指导理论的一元化和知识来源的多元化

积新中国建立 60 年之经验，要保持经济学的健康发展，坚持指导思想的一元化和知识来源的多元化是重要的一条。坚持指导思想的一元化，就是在经济学的建设和发展中要坚持以马克思主义为指导，坚持知识来源的多元化就是在经济学的建设与发展中要充分吸收人类文明的一切有益成果。

科学的经济学理论从哪里来归根结底来源于对实践经验的总结,同时也离不开对前人科学成果的继承。而这两者,都离不开正确的世界观和方法论的指导。这里说的正确的世界观和方法论不是别的,就是唯物辩证法,而提供唯物辩证法的只能是马克思主义。这是经济学建设和发展为什么必须坚持以马克思主义为指导思想的基本原因所在。

之所以要坚持以马克思主义为指导,还因为马克思主义在揭示资本主义经济制度特有规律的同时,还揭示了人类经济制度变迁、市场经济发展的一般规律,并且科学预测了未来社会发展的趋势,这些都可以为社会主义经济建设提供科学的指南。中国的实践证明,马克思主义的基本原理、基本观点、基本方法不仅是指导新民主主义革命取得成功的科学,而且也是指导社会主义革命和建设取得成功的科学。中国革命和建设就是在马克思主义指导下才取得成功的,这不是哪个个人的主观臆断,而是历史做出的结论。

除此之外,马克思主义是发展的理论体系,实事求是、与时俱进是马克思主义最显著的理论品质。新中国建立以来,根据发展的社会主义建设的实践,我国继承和发展了马克思主义,丰富了在新民主主义革命时期就形成的毛泽东思想,在1978年前的近三十年的社会主义探索中,虽然走过弯路,出现过失误,但在毛泽东思想的指引下,我国社会主义建设依然取得了伟大成绩,为其后的改革和发展奠定了坚实的基础。在1978年开始的三十多年的改革开放进程中,我国又继承发展了马克思主义毛泽东思想,形成了中国特色社会主义理论体系,中国特色社会主义理论体系就是当代中国的马克思主义,在中国特色社会主义理论体系的指导下,改革开放和现代化建设又取得了举世瞩目的伟大成就。

经济学是开放的体系。在坚持马克思主义一元化指导的同时,还必须充分吸收人类文明的一切有益成果,包括发达国家的经济学成果,也包括发展中国家的经济学成果。西方发达国家的经济学成果虽然以西方发达国家市场经济为研究对象，包含了一些非科学的成分。但不可否认，它也是人类长期实践经验的总结，在许多领域特别是在对市场经济运行和发展的研究方面也提供了一些科学的方法，得出了一些比较符合实际的结论。坚持经济学知识来源的多元化，借鉴和吸收这些经济学中科学的成分，对我国经济学的建设和发展是有益的。事实上，改革开放以来，我们就是这样做的，在坚持以马克思主义为指导的同时，我们尽可能地学习借鉴其他国家的经济学，为我所用，实践证明，这样的做法是必要的，有益的。

（二）从本国实际出发致力于改革创新与学习借鉴别国理论

经济学的建设要坚持从本国实际出发，致力于改革创新，同时要学习借鉴别国理论，这是经过新中国成立 60 年来的探索得出的宝贵经验。

新中国成立 60 年来，我国经济学的建设和发展经历了从学习借鉴别国经济学理论和经验到致力于改革创新建设中国特色经济学的艰苦曲折的历程。

学习借鉴别国理论和经验，新中国成立以来的 60 年以 1978 年改革开放为界，可分为两个大的阶段。改革开放之前，主要是学习苏联的理论和经验。改革开放之后，先是学习东欧，后来主要是学习西方发达国家的理论和经验。无论哪一阶段的学习，从当时历史条件看都有一定的必要性，在一定程度上发挥了积极作用，但教训也是值得总结的。

学习苏联可以分为两段，新中国成立初期即从新中国成立到 1956 年为一段，1956—1978 年算一段。在前一段以学习为主，虽有我国自己的创新，例如过渡时期及其总路线的确定和生产资料社会主义改造①、"十大"经济关系的处理等等②，但基本经济理论和做法比较多的是学习苏联的，最典型的是计划经济理论和计划经济体制的形成在很大程度上是学习苏联的产物。

---

① 苏星．新中国经济史．北京：中共中央党校出版社，1999．

② 毛泽东文集：第 7 卷．北京：人民出版社，1999．

在后一段则以我国自己的探索为主，这一阶段的探索有巨大的成功，如对社会主义发展阶段的初步探索，对商品经济价值规律的讨论，国民经济体系的形成和社会主义物质基础的建立，一些时期经济关系的调整和经济的快速发展等，也有曲折和失误，如"大跃进"、"人民公社"，特别是错误地发动"文化大革命"等。在整个的学习苏联阶段，在经济学理论上，我们尽管也在建立本国特色经济学上做出过努力，试图建立本国经济学，但建树甚微①，在干部群众学习中和学校的课堂上，基本上是以学习斯大林的《苏联社会主义经济问题》和苏联政治经济学教科书为主。

1978 年改革开放开始后，在最初的一段时间内，我国理论界在大量引进西方经济理论、教科书的同时，还曾经大量地介绍学习东欧一些经济学家的改革理论，比较流行的如锡克的理论、兰格的理论、布鲁斯的理论、科尔奈的理论等，但苏联解体东欧剧变后，苏东改革理论急剧失去吸引力，而西方经济理论则异军突起，几乎占据了中国大学经济类院校专业的大半课堂，对中国经济学建设产生了重大影响。其后果有正面的，也有负面的。正面的主要是学习借鉴了发达国家的市场经济理论和经济学的一些具体分析方法、表述方法，为我所用；负面的主要是出现了某种程度的照搬西方经济理论的倾向，在一定程度上甚至误导了青年学生。

在这两个阶段对别国理论和经验的学习都是有经验和教训可以总结的。最突出的是，在学习借鉴别国理论和经验时，一定要从本国实际出发，有分析地借鉴并与本国具体实际相结合，致力于改革和创新，而决不可盲目照搬。在这方面教训是深刻的。照搬苏联理论，结果搞了计划经济体制，严重地束缚了社会主义优越性的发挥；盲目照搬西方理论显然也走不通，最近爆发的美国次贷危机和由此引发的世界性金融危机又一次证明，西方经济学主流理论的有效性即使在西方也是打折扣的，在中国就更需要对其加以分析，取其精华，弃其糟粕。在这方面经验也是丰富的，1978 年开始

---

① 胡培兆. 政治经济学需要新飞跃. 人民日报, 2009 - 08 - 21.

改革开放的 60 多年间，我们在学习借鉴别国理论和经验的同时，从我国实际出发，与我国的具体实际相结合，改革创新，创造了中国特色社会主义改革和发展的道路，取得了举世瞩目的伟大成就。

经验和教训都说明，搞现代化建设不学习借鉴别国的理论和经验不行，舍此就不可能尽快缩短与发达国家的距离，但学习借鉴别国理论和经验只能从我国实际出发并与我国的实际相结合，否则要么照抄照搬事与愿违，要么只能跟在别人后面甘居落后。

(三) 为经济社会发展服务与引领经济社会前进

经济学的建设要坚持为社会主义服务，为人民服务的方向，这是经过新中国成立 60 年来的探索得出的宝贵经验。这期间曾经经历过多种曲折，出现过多种认识和提法。

影响比较大、持续时间比较长的提法是经济学要为无产阶级政治服务。这种提法是从教育要为政治服务的方针中演绎出来的，不能说完全没有道理。对政治有多种理解，在阶级社会中，阶级统治是政治，在一般意义上，国家治理是政治，在以经济建设为中心的条件下，经济建设是最大的政治。上述无论哪种理解，经济学作为社会科学要为政治服务都不能说没有其合理性。

问题是在我们国家的一定时期，对政治的理解曾经误入歧途，特别是当社会主义制度建立之后，在人民群众日益增长的物质文化需求与落后的生产力之间的矛盾取代阶级矛盾成为社会主要矛盾的情况下，在国家治理中不是集中精力解决主要矛盾，而是仍然坚持以阶级斗争为纲，而在"文化大革命"期间，这种做法更被推向极端，阶级斗争被视为最大的政治。受这样认识的影响，经济学强调为政治服务，就不再是为正确的政治服务，而是走向反面，为错误的指导思想、错误的方针政策服务。这种认识和做法导致了两种恶劣的后果：一是使人们对政治的理解发生扭曲，产生了憎恶；二是使经济学特别是政治经济学甚至整个社会科学形象受损，失去了应有的吸引力。

改革开放开始以后，随着思想上的拨乱反正和社会主义现代化建设的展开，经济学与整个社会科学一样，方向越来越明确，学科建设和科学研究、人才培养日益繁荣，为社会做出的贡献越来越大。但至今有一个提法不是很清晰，有进一步明确的必要，那就是经济学建设要适应经济社会的需要。

经济学必须为社会主义建设服务，为人民服务，适应经济社会发展需要，这是经济学改革和建设必须坚持的方向。只有这样，经济学才有明确的服务对象和发展的动力，才可以发挥自身的重要作用，实现自身的价值，获得应有的社会地位。

但经济社会发展需要，有当前需要和长远需要、局部需要和全局需要、表面需要和本质需要之分。经济学适应经济社会发展需要，就必须认真研究、妥善处理这些不同需要之间的关系，按照科学发展的要求，将这些需要统筹兼顾，使经济学的建设与发展与之相协调。

适应经济社会发展需要有主动适应和被动适应之分。所谓被动适应就是经济学的人才培养和科学研究只是跟着经济社会发展需要走，经济社会发展需要什么就做什么；所谓主动适应就是经济学的人才培养和科学研究不仅要跟着经济社会发展需要走，而且还要具有前瞻性、战略性，不仅要适应经济社会发展当前的需要，而且要对经济社会发展未来的需要做出预见，未雨绸缪，特别是当经济社会发展需要由于受到种种干扰而发生扭曲时，经济学要通过自身的科学研究成果和培养出的人才，校正经济社会发展的暂时扭曲而引领经济社会发展沿着正确的方向前进。这是经济学有别于自然科学的义不容辞的责任和使命。我们应倡导并努力实践经济学对经济社会发展需要的主动适应而努力摆脱仅仅是被动适应的局面，在主动适应中很好地发挥经济学引领经济社会发展的功能。

反思历史有利于记取教训。在 1958 年"大跃进"年代和"文化大革命"时期，我国一些学者曾经花费艰辛劳动编写经济学教科书，撰写理论文章，虽然探索的精神值得肯定，但在经济社会发展在当时特定的条件下走向弯路的时候，有些经济学教科书和文章不是以科学的理论矫正这种扭曲，引领社会前进，而是亦步亦趋地诠释当时政策的合理性，结果不但没有起到经济学促进经济社会发展的积极作用，反而火上浇油，误导了民众和社会。这种消极适应的教训应该牢牢记取。

（四）创造宽松学术环境与学者的自尊自励

经济学作为社会科学，与自然科学相比，有自身特殊的规律。经济学中的一些学科专业具有明显的意识形态性、政治性，经济学的有些理论具有严格的制度适应性，经济学科研成果的产生和影响不局限于实验室而更多的是整个社会，经济学培养的人才不仅要求具有广博的知识、分析问题解决问题的能力，而且要求具有较高的思想道德素质。所以通常情况下，对于自然科学探索和研究发生的失误、失败比较容易得到理解和宽容，而对于经济学探索和研究中发生的失误、失败就不太容易得到宽容。这当然有一定的道理。但经济学学科建设、科学研究和人才培养毕竟也是一个探索、创新的过程，既然是探索、创新的过程，就难免发生曲折和失误，而对于这种曲折和失误应该给予理解和宽容。这种理解和宽容，有利于学者积极性创造性的发挥，有利于经济学的繁荣，有利于经济社会的进步和发展。

当然，由于经济学影响的社会性，一定要考虑到失误可能造成的影响，力争把曲折和失误减少到最小程度。所以，全社会和经济学工作者要做出如下共同的努力：

就全社会而言，要建立一种机制，把学术探讨和成果的社会传播区分开来，把经济学工作者的个人学术研究与教书育人区分开来。对于学者个人学术探讨，要坚决贯彻百家争鸣的方针，鼓励不同观点的讨论，不抓辫子，不打棍子，对于那些虽然眼前看来可能是不正确的不为大多数人接受的观点和意见，甚至是错误的观点和意见，也应该允许讨论、批评和反批评。而对于研究成果的传播和学者课堂的授课，则要遵守国家的法律，要顾及给受教育者造成的影响和可能发生的社会后果。

就经济学学者而言，要增强社会责任感，尽可能尊重客观规律，运用科学的世界观和方法论分析问题、解决问题，减少失误，增强科学性，出更多更好的对社会有用的成果，培养更多更好的人才。这是经济学学者自尊自励的表现，也是经济学学者应有的素质。

三、 经济学继续创新和发展展望

时代在前进，实践在发展，我国经济学不应该也不会停留在现有水平上。如果我们既不盲目自满也不妄自菲薄，而是实事求是地估计我国经济学现在的发展状况，我们有理由相信，一个有中国特色的社会主义经济学理论的基本框架已经初步形成，并开始在世界范围内产生影响。这个经济学是马克思主义经济学与中国具体实际相结合的产物，是马克思主义经济学中国化的最新成果，其精髓是中国特色社会主义经济理论体系和中国特色改革发展和现代化建设道路在经济学领域的体现。前面所述新中国60年来经济学取得的十个方面的理论创新构成了中国特色社会主义经济学的主要内容。

最近一些年来，国际上对中国的改革开放和经济发展多有评论，特别是世界金融危机发生后，这种评论日渐增多，有些学者把中国的做法称为"中国模式"，并给予积极评价。如新加坡的学者称"从亚洲金融危机到这次全球性金融危机，中国模式应付危机的能力和有效性，已经使得越来越多的人认同这种模式。尽管西方感觉到中国模式对西方模式的冲击，但只要这种模式对其他国家有吸引力，它是很难被围堵的"①。

---

① 郑永年．中国模式能够被围堵吗？．联合早报，2009 – 09 – 09．

中国的改革开放与经济发展是否已经形成一种模式可以进一步研究，至于中国模式对亚洲乃至世界各国是否具有借鉴意义，具有什么样的借鉴意义，只能由各国自己去判断。但从中国的实践看，任何一种制度、一种模式都不会是真理的终结，如果将一种制度、模式固定化，静止化，那么这种模式再好也将为发展的实践所抛弃；一个善于学习别国经验的国家一定是有美好发展前景的国家，一个自我封闭或者只会照抄照搬别国做法的国家很难摆脱落后被动的局面。

现在的问题是，对于我国经济发展取得的成就以及在此基础上经济学已经取得的进展，我国国内有的学者却估计不足，颇有"不识庐山真面目，只缘身在此山中"的意思。这是值得认真思考的。

科学的有影响的经济学理论一般是由实践做后盾的，一个经济大国、强国最有产生科学的有影响的经济学理论的必要和可能。我国现在的经济实力尚不够强，经济学理论也肯定需要进一步发展和完善，但从发展的趋势看，只要我们抓住经济建设中心不放松，坚持改革开放不动摇，不懈怠，不折腾，经过若干年的努力，经济总量在看得见的未来居于世界最前列，是完全可能的。在此基础上，进一步吸取人类一切有益的文明成果，加上对我国实践的总结和创造，把我国经济学建设成为世界上最具吸引力和影响力的具有中国特色、中国风格、中国气派的经济学是完全可能的。作为中国的经济学工作者，我们有责任为此而努力。而要实现这样的目标，从目前看，如下因素必须给予高度重视。

（一）中国的改革开放和现代化建设

中国特色经济学要反映时代和实践的要求，首先要植根于我国改革开放和现代化建设的肥沃土壤。我国的改革开放和现代化建设已经取得了巨大成就，但前进的道路上还有许多问题需要解决。国际经济动荡不安，美国次贷危机和由此引发的国际金融危机使世界经济中的不确定因素和风险增大。国内经济中多年来积累的深层次的和一些新生的矛盾交织在一起，开始凸现出来，消除国际金融危机影响、防范通货膨胀与保持国民经济持续稳定增长的矛盾突出；经济结构不合理的问题依然较大；经济增长的资源环境代价过大；城乡和区域、经济社会发展仍然不平衡；农业稳定发展和农民持续增收难度加大；劳动就业、社会保障、收入分配等方面关系群众切身利益的问题仍然较多，部分低收入群众生活比较困难。这些问题固然增加了前进道路上的困难，但问题的解决，可以使我国的经济上新的台阶，其经验可以极大地丰富和发展我国的经济学。无论从怎样的意义上说，在一个拥有 13 亿人口的后发大国，在几十年的时间里能解决温饱、摆脱贫困，并能使国民经济总量跻身世界前列、人均收入达到世界中等发达国家水平，在实践上都不能不说是一个奇迹。揭示发生这一奇迹原因的经济学理论完全可能成为世界上具有极大魅力的经济学理论。实践为理论的发展开辟道路，过去、现在和将来都是不以人的意志为转移的客观规律。

（二）世界金融危机的进程和影响

急剧变动的经济实践将引起经济理论的革命。1929—1933 年的世界性资本主义危机曾引发了凯恩斯革命并产生了凯恩斯主义。在经济全球化背景下近年发生的世界性金融危机尚在继续，西方经济学中的经典假设和流行几十年的新自由主义受到实践的挑战。世界范围内经济学向何处去，我国的经济学由此要借鉴和吸取哪些教训，关注哪些问题，将对我国经济学的建设带来许多有益的启示。

（三）世界正处于新一轮科技革命的前夜

人类社会经济的发展、新经济理论的产生，归根结底是由生产力发展决定的，而科学技术是第一生产力。历史表明，已经发生的前三次科技革命在极大地推动生产力发展的同时，也推动了经济学理论的产生和革命。

有自然科学家已经预言："无论是从科技发展面临的外部需求来说，还是科学技术内在矛盾判断，我们有充分的理由相信，当今世界科技正处在革命性变革的前夜。在今后的一年，很有可能发生一场以绿色、智能和可持续为特征的新的科技革命和产业革命，科技创新与突破将创造新的需求与市场，将改变生产方式、生活方式与经济社会的发展方式，将改变全球产业结构和人类文明的进程。即将到来的新科技革命，既是对我们的巨大挑战，又是中华民族实现伟大复兴的重大历史机遇。从当前和今后一个时期看，依靠科技创新调整我国产业结构、创造新的经济增长点，是化危为机的根本手段；从长远看，拥有十几亿人口的中国的现代化是人类发展史上的大变革、大事件，能否抓住新科技革命的历史机遇，培育新的发展模式，走出一条绿色、智能、普惠、可持续的发展道路，将在很大程度上决定着我国现代化的进程和方向。"[1]　自然科学家提出的这一重大问题应该成为经济学密切关注的课题，如果我国的经济学能够对新一轮科技革命对我国经济社会发展带来的影响进行前瞻性战略性研究，并以此丰富和发展我国的经济学理论，我国的经济学必将以更加科学的理论魅力和对实践的指导力走向新的辉煌。

（原载于《政治经济学评论》2010 年 1 月第 1 卷第 1 期）

---

[1] 路雨祥. 世界正处于新的科技革命前夜　中国一定要抓住机会. 人民日报, 2009 - 09 - 09.

改革开放与经济学理论创新

　　改革开放是在新的时代条件下的一场伟大革命，创新是经济学理论发展的灵魂。始于 1978 年的改革开放，不仅极大地促进了我国生产力的发展和人民生活水平的提高，而且极大地促进了我国经济学理论的创新。而经济学理论的创新，又为改革开放开辟了道路，提供了强有力的支持。本文拟对改革开放以来我国经济学理论的创新和发展做简要回顾，并对经济学理论的进一步创新进行展望。

一、 改革开放以来经济学理论的新进展

　　改革开放以来，伴随着实践的发展，我国经济学理论实现了一系列重大创新，极大地丰富和发展了马克思主义经济学理论，为中国特色社会主义道路和中国特色社会主义理论体系的形成做出了重要贡献。这些创新，概括言之，有如下十个主要方面：

（一）关于改革方向、目标、道路的理论

　　马克思主义创始人在强调"革命是历史的火车头"，是"社会进步和政治进步的强大推动力"的同时，曾经论及社会主义改革。恩格斯指出："我认为，所谓'社会主义社会'不是一种一成不变的东西，而应当和任何其

他社会主义制度一样，把它看成是经常变化和改革的社会。"① 但是，对于实践中的社会主义特别是对于中国社会主义如何改革，马克思主义创始人不可能做出明确的回答。

以毛泽东为核心的第一代领导集体领导全国人民取得了新民主主义革命的胜利，建立了社会主义制度，取得了社会主义革命和建设的宝贵成就和经验，为当代中国的发展进步奠定了基础，但也没有解决社会主义如何进行改革的一系列理论问题。

始于1978年的改革开放是决定中国命运的关键抉择，是新的历史条件下的伟大革命。随着改革开放的深入，经济学关于社会主义改革开放的理论实现了一系列创新和完善，这些理论不仅包括改革开放的必要性、必然性，改革的性质、目标，而且包括改革开放的内容、道路、方略，由此形成了我国社会主义改革的理论体系，丰富和发展了马克思主义关于社会主义在实践中不断发展和完善的学说。

（二）关于什么是社会主义和社会主义本质的理论

根据历史唯物主义所揭示的人类发展一般规律和对资本主义社会基本矛盾的分析，马克思主义经典作家得出社会主义必然代替资本主义的论断，但究竟什么是社会主义，社会主义的本质是什么，他们只是做了一些原则性的预测。列宁在总结社会主义实践经验的基础上，对于什么是社会主义有了进一步的认识。他不仅肯定了马克思、恩格斯关于社会主义的一些基本原则，如公有制、按劳分配和人民政权等，而且根据俄国的实践，形成了对社会主义特征的进一步认识，如：实行全民所有制经济和集体所有制合作经济；存在商品生产和商品交换；具有高度发达的生产力和比资本主义更高的劳动生产率；建立工人阶级和劳动人民的政权及其民主制度等。但对于未来社会主义究竟怎样，列宁又采取了非常慎重的态度。他认为，

---

① 马克思恩格斯选集：第4卷. 北京：人民出版社，1995：693.

社会主义将来是个什么样子，什么时候达到完备的形式，这些只有未来建设者才能具体描述。

改革开放前，我国对什么是社会主义和社会主义本质的认识经历过反复的过程，有重大的进步也有曲折甚至失误。我们曾经肯定社会主义就是要创造比资本主义更高的生产率，因此致力于生产力发展并取得重大成就；曾肯定社会主义生产的根本目的就是要满足人民不断增长的物质和文化需要，因此努力提高人民生活水平并使人民生活有极大的改善；曾经肯定要坚持生产资料公有制和按劳分配，所以使生产关系在很大程度上适应了生产力发展。但是，我们也曾经过分强调生产关系的变革而忽视发展生产力，过分强调生产资料越公越好而脱离生产力发展的要求，过分强调经济增长而忽视人民生活的改善。

改革开放的实践，不仅使我们认识到社会主义不意味着贫穷，贫穷不是社会主义，而且认识到"社会主义的本质，是解放生产力，发展生产力，消灭剥削，消除两极分化，最终达到共同富裕"①，同时认识到，推动科学发展，促进社会和谐，实现人的全面发展，是社会主义的本质属性和要求。这些认识反映在经济理论上包括三个相互联系的重要方面：一是促进社会和谐，实现人的全面发展，是社会主义的本质属性和根本目的。二是消灭剥削，消除两极分化，最终达到共同富裕，是社会主义的本质属性和根本要求。三是解放生产力，发展生产力，是社会主义的本质属性和根本手段。很显然，这些理论是在实践基础上的重大创新，使马克思主义关于什么是社会主义和社会主义本质的理论在原有的基础上前进了一大步。

（三）社会主义初级阶段理论

社会主义发展要不要划分阶段、如何划分阶段，马克思、恩格斯曾经认为共产主义社会从其产生、发展到成熟需要一个相当长的历史过程，在

①邓小平文选：第 3 卷 . 北京：人民出版社，1993：373.

这个过程中除了要经过从资本主义社会到社会主义的过渡时期外，还要经过两个阶段：共产主义社会的第一阶段和共产主义社会的高级阶段。列宁曾依据从资本主义向社会主义过渡时期的实践，指出在向共产主义前进的过程中会出现若干重要阶段，并提出了"初级形式的社会主义"、"发达的社会主义"、"完全的社会主义"等概念。但是，这些思想也仍然是一般的构想，当时还缺乏足够的实践经验来做出科学的概括。所以，面对一系列新情况和新问题，列宁不拘泥于已有的结论，而是主张"根据经验来谈论社会主义"①。

新中国建立之初，我国对国情问题进行了探讨，成功地渡过了国民经济恢复时期和生产资料社会主义改造时期，确立了社会主义制度，开始了社会主义建设，取得了一些宝贵经验，但其后也走了一些弯路，在某个特殊时期，甚至脱离国情，超越发展阶段，实行了一些不切实际的政策和措施，给社会主义的发展造成严重的危害。在几十年社会主义探索的基础上，在改革开放的进程中我们提出了社会主义初级阶段的科学范畴，并做出中国仍处于社会主义初级阶段的论断，这是依据我国的基本国情提出来的。我们讲的社会主义初级阶段，是特指在我国生产力水平落后、商品经济不发达条件下建设社会主义必然要经历的阶段，包括两层含义：第一，就我国的社会性质来看，它已经是社会主义社会，因此，我们必须坚持而不能离开社会主义，这与过渡时期有着本质的区别。第二，就我国社会主义社会成熟程度来看，它还处在社会主义初级阶段，仍然没有从根本上摆脱贫穷落后的状态，我们必须认清这一点，决不能超越这个阶段。社会主义初级阶段的这两层含义是相辅相成的。社会主义是基本前提，初级阶段是发展程度。我国关于社会主义初级阶段的理论，是对长期社会主义建设经验的总结，是对马克思主义科学社会主义理论的丰富和发展。社会主义初级阶段理论的确立，初步解决了经济文化落后的国家建设社会主义所面临的

---

① 列宁全集：第 34 卷 . 北京：人民出版社，1985：466.

新课题，为进一步科学认识什么是社会主义，怎样建设社会主义奠定了基础，为制定正确的路线、方针和政策提供了根本依据。

（四）社会主义初级阶段基本经济制度的理论

在社会主义初级阶段理论的基础上，我们进一步形成了社会主义初级阶段基本经济制度的理论，提出由生产力的发展水平所决定，我国不可能实行单一的生产资料公有制，而必须实行公有制为主体、多种所有制经济共同发展的基本经济制度。同时提出，"公有制实现形式可以而且应当多样化"、"国有经济控制国民经济命脉，对经济发展起主导作用"。在此基础上，进一步提出："毫不动摇地巩固和发展公有制经济，毫不动摇地鼓励、支持、引导非公有制经济发展，坚持平等保护物权，形成各种所有制经济平等竞争、相互促进的新格局。"[①] 社会主义初级阶段基本经济制度理论的确立，指明了现阶段中国经济制度的根本性质和特点，为中国特色社会主义的发展奠定了可靠的理论基础。

（五）社会主义初级阶段分配制度理论

在社会主义初级阶段理论和社会主义初级阶段基本经济制度理论的基础上，改革开放以来，我们形成了社会主义初级阶段分配制度理论，主要包括：一是按劳分配为主体、多种分配方式并存是社会主义初级阶段的分配制度；二是坚持按劳分配为主体，资本、技术和管理等生产要素参与分配的原则；三是坚持效率与公平的统一，创造机会公平，整顿分配秩序，既反对平均主义，又防止收入差距过大，国民收入初次分配和再分配都要处理好效率和公平的关系，再分配要更加注重公平；四是保护合法收入，调节过高收入，取缔非法收入；五是鼓励一部分地区和个人靠诚实劳动和

---

① 胡锦涛. 高举中国特色社会主义伟大旗帜 为夺取全面建设小康社会新胜利而奋斗. 北京：人民出版社，2007：25.

合法经营先富起来，先富起来的地区和个人要帮助后富的地区和个人，最终实现全社会的共同富裕，使全体人民共享发展的成果。社会主义初级阶段分配制度理论，丰富发展了马克思主义分配理论，对调动劳动者积极性，保证改革开放和现代化建设事业的顺利发展具有重要意义。

（六）社会主义市场经济理论

马克思主义创始人在其著作中有许多关于商品经济的分析，这些分析如果抛开资本主义的制度因素，其揭示的许多一般规律对发展社会主义经济具有重要指导意义。但马克思主义经典作家在预测未来社会时，曾以在发达资本主义基础上建立社会主义为前提，设想社会根据需要，有计划地调节生产，不需要价值插手其间。后来有人把经典作家的这种对特定前提下的预测变成教条，不管现实社会主义的条件如何一概排斥商品生产和商品交换，从而严重束缚了社会主义活力的发挥。

社会主义建设几十年特别是改革开放以来的实践使我们认识到，在经济文化相对落后基础上建设社会主义，不但不能取消反而必须大力发展市场经济，建立和完善社会主义市场经济体制。有了这样的认识为基础，市场经济与公有制相容的问题、计划和市场都是资源配置手段等重大理论也都取得了突破，社会主义市场经济体制的基本框架也随着改革的深化逐步明晰。所有这些，打破了长期束缚人们思想的桎梏，使马克思主义关于商品经济的理论在新的历史条件下获得了新的发展和创新，成为改革开放和建立社会主义市场经济体制的重要指导理论。

（七）社会主义微观经济理论

企业是国民经济的细胞。在计划经济条件下的长时期内，企业是政府行政机关的附属物，不是独立的法人。在这样的理论指导下，企业没有生产经营的自主权，也就没有足够的生产经营的积极性和活力。改革开放的实践探索，使我们认识到，在社会主义市场经济条件下，企业、个人和农户家庭都是微观经济主体，同时形成了中国特色的企业理论和企业改革理论，包括：在社会主义市场经济条件下，企业是独立的法人，拥有自主经营、自负盈亏的生产经营权；深化国有企业公司制股份制改革，建立健全现代企业制度；深化垄断企业改革，引入竞争机制；推进集体企业改革，发展多种形式的集体经济、合作经济；推进公平准入，改善融资条件，破除体制障碍，促进个体私营经济和中小企业发展；以现代产权制度为基础，发展混合所有制经济等。社会主义微观经济理论的形成，丰富发展了马克思主义的微观经济理论，为我国的企业改革提供了理论指导。

（八）经济发展理论

辩证唯物主义和历史唯物主义是马克思主义根本的世界观和方法论，也是关于发展的根本思想。在改革开放中，我国在继承马克思主义发展思想的同时，以马克思主义的世界观和方法论为指导，集中广大人民的智慧，汲取世界各国在发展问题上的经验教训，提出以科学发展观统领经济社会发展的战略思想。科学发展观，第一要义是发展，核心是以人为本，基本要求是全面协调可持续，根本方法是统筹兼顾。它明确了中国现代化建设的道路、发展模式和发展战略，进一步回答了什么是发展、为什么发展、怎样发展的重大问题，赋予马克思主义关于发展的理论以新的时代内涵和实践要求，是对马克思主义关于发展的理论的丰富和发展，是马克思主义的世界观和方法论在发展问题上的集中体现。

在科学发展观的指导下，形成了实现科学发展的一系列理论，包括：提高自主创新能力，建设创新型国家理论；转变经济发展方式理论；产业结构优化升级理论；统筹城乡发展，推进社会主义新农村建设理论；能源资源节约和生态保护，增强可持续发展能力理论；区域协调发展理论等。这些理论为我国国民经济的科学发展提供了重要指导和保证。

（九）开放理论

马克思主义创始人对国际分工和世界贸易的一些论述，为社会主义国家的对外开放奠定了理论基础，但在社会主义制度建立以后的相当长时间内，由于帝国主义国家对我国的封锁，也由于当时缺乏经验，所以我国的对外开放遇到很大困难，具有很大的局限。

1978 年以后，我国积极参与经济全球化进程，对外开放逐步扩大，积累了丰富的经验，形成了一系列对外开放理论，包括：一是统筹体制改革和对外开放，坚持"引进来"和"走出去"相结合，充分利用国际国内两个市场、两种资源，以开放促改革、促发展，完善内外联动、互利共赢、安全高效的开放型经济体系；二是经济全球化作为一个客观进程，具有二重性，要形成经济全球化条件下参与国际经济合作和竞争新优势；三是转变贸易方式，促进国际收支基本平衡，注重防范国际经济风险；四是要正确处理对外开放同独立自主、自力更生的关系，维护国家经济安全。在这种对外开放理论的指导下，我国对外开放日益扩大，取得了举世瞩目的成就。

（十）社会主义宏观经济理论

马克思主义经典著作中有丰富的宏观经济理论，如按比例分配社会劳动理论，社会再生产理论，有计划发展理论等等。我国在改革开放前的长时间社会主义建设实践中也积累了宝贵的综合平衡等宏观管理经验。这些理论和经验都是进行国民经济宏观管理的宝贵财富。但是对于现代社会主义市场经济究竟如何管理，则需要在实践中进一步探索。改革开放以来，我们继承马克思主义理论，借鉴西方经济理论，并将这些理论结合我国社会主义市场经济实际，创新形成了适合我国国情的宏观经济理论，包括：计划与市场关系理论，国民经济宏观经济运行和宏观经济分析理论，国民经济结构分析理论，宏观调控模式、目标、手段理论，政府职能及其转变理论等。这些理论丰富发展了马克思主义宏观经济理论，为我国改革开放进程中国民经济又好又快发展提供了理论支持和保证。

二、 改革开放的实践是经济学理论创新的不竭源泉

改革开放以来之所以取得如此理论进展，主要原因是：

（一）改革开放的实践为经济理论创新提供了不竭源泉和动力

经济学理论本质上是实践的理论，实践是理论创新和发展不竭的源泉。三十年改革开放中广大人民群众的伟大实践，对经济学理论的发展和创新提出了强烈的需求，为经济学的创新提供了丰富的实践源泉，推动了经济学理论的不断创新。同时，三十年的改革开放极大地解放了生产力，在推动了我国国民经济持续快速发展的同时，为经济学理论的创新和发展提供了强大动力。三十年来，我国 GDP，以年均将近 10% 的速度增长，总量由1978 年的 3645.2 亿元增长到 2007 年的 246619 亿元，跃至世界第四。全年城镇居民人均可支配收入由 1978 年的 343.4 元增长到 2007 年的 13786 元；农村居民人均纯收入由 1978 年的 133.6 元增长到 2007 年的 4140 元。年末居民储蓄存款余额 2007 年达到 172534 亿元，是 1978 年的 819 倍。农村贫困人口从两亿五千多万减少到两千多万，人民生活从温饱不足发展到总体小康①。生产力的发展不仅推动了经济和社会的发展，使之丰富多彩，而且随着科学技术的发展，也为认识世界提供了手段。计算机的广泛应用，信息经济的发展，网络的出现，为人类认识瞬息万变的经济社会提供了条件。此外，改革开放的实践还不断检验已经形成的理论，使实践证明不符合实际的理论不断遭到淘汰或矫正，使实践证明是正确的理论不断地得到完善

---

① 根据中国统计出版社《中国统计年鉴 2007》的数据整理。

和发展。

（二）改革开放促进了思想解放，营造了百家争鸣的学术氛围，极大地调动了经济学工作者的积极性和创造性

理论的创新需要优良的学术环境。改革开放是一场空前的思想解放，经济学理论工作者以前所未有的热情全身心地投入改革开放的实践，感受改革开放的脉搏，跟踪改革开放的步伐，总结新经验，研究新问题。而整个社会在改革开放中创造了前所未有的百家争鸣的氛围，为经济学理论创新提供了良好的学术环境。经济学理论创新是一种复杂的创造性的劳动。全社会尊重这样的劳动，努力营造生动活泼、求真务实的学术环境，提倡不同学术观点、学术流派的争鸣和切磋，提倡充分的批评与反批评。这种良好的社会环境和学术氛围，极大地调动了经济学工作者的积极性，使他们的创造性迸发出来，成为经济学理论创新的生力军。

（三）改革开放加快了中国经济学走向世界和借鉴国外经济学的进程

经济学是科学，而科学揭示的真理是没有国界的。随着中国经济日益开放、融入世界经济，中国特色的经济学理论也日益引起世界的关注，大批的中国学者登上世界各国的讲坛，进行学术交流，使中国的经济学理论在交流中得到传播和发展。与此同时，改革开放使国外经济学理论在中国的传播也日益广泛，这为借鉴人类一切文明成果提供了极大的可能。马克思恩格斯曾经吸收了几千年来人类思想和文化发展中的一切优秀成果，尤其是在批判地继承、吸收人类 19 世纪所创造的优秀成果——德国古典哲学、英国古典政治经济学和法国的空想社会主义合理成分的基础上，总结资本主义制度发展和工人阶级斗争实践，创造了马克思主义。改革开放进程中的中国经济学理论，也在认真借鉴西方发达市场经济国家的经济理论、发展中国家的经济理论、苏东国家的经济理论研究取得的进展，得到进一步创新和发展。

（四）改革开放加快并深化了马克思主义中国化的进程，由此所形成的中国特色社会主义理论体系，是经济学理论创新的根本思想保证和强大动力

改革开放的过程是马克思主义中国化深化的过程，在改革开放中把马克思主义基本原理与当代中国实际相结合形成的中国特色社会主义理论体系，包括邓小平理论、"三个代表"重要思想和科学发展观，是继毛泽东思想之后马克思主义中国化的又一伟大成果，是当代的马克思主义。在改革开放进程中，经济学理论创新一方面为中国特色社会主义理论体系的形成做出贡献，另一方面又以中国特色社会主义理论体系为指导，这就保证了经济学理论创新既能沿着正确的方向前进而不误入歧途，又使经济学理论创新具有科学的方法论指导。这是经济学理论创新经久不衰的重要原因所在。

改革开放三十年的经济学理论发展，积累了丰富的经验，最重要的是：

第一，解放思想是先导。解放思想是改革开放的先导，也是理论创新的先导。只有不断解放思想，才能不断推动改革开放实践的发展，进而实现经济学理论的创新。改革开放以来，经济学理论取得的一次又一次创新无不是解放思想的成果，而每一次经济学理论的创新又进一步推动了改革开放的深化和思想的进一步解放。实践证明，解放思想是建设中国特色社会主义的法宝，也是经济学理论创新的强大思想武器。过去三十年我们坚持不断解放思想取得了改革开放的成功和经济学理论创新的丰硕成果，今后继续深化改革开放，实现经济学理论的不断创新，一定要继续不断解放思想。

第二，坚持方向不动摇。就改革开放而言，坚持方向不动摇，就是坚持社会主义市场经济不动摇，改革开放是社会主义制度的自我发展和自我完善，改革开放的根本目的就是要通过大力发展社会主义市场经济，建立和完善社会主义市场经济体制，发展生产力，提高综合国力和人民生活水平。就经济学理论创新而言，坚持方向不动摇，就是坚持为人民服务、为社会主义现代化建设服务、为改革开放服务的方向不动摇。积三十年之经

验，在改革开放进程中必须在任何情况下坚持方向不动摇，在改革顺利的情况下，坚持方向不动摇，在改革遇到困难、发生问题时尤其要坚持方向不动摇。坚持方向不动摇，要反对两种倾向：一种倾向是，当遇到困难和问题时就怀疑甚至否定改革的必要性和取得的成就，动摇深化改革的决心，甚至试图把改革拉向后转；另一种倾向是，只强调坚持改革方向而忽视改革遇到的问题，甚至以坚持改革的方向而不去正视和解决改革进程中遇到的问题。经济学理论要始终不渝地为改革开放和现代化建设出谋划策，提供科学的支持和指导。

第三，坚持创新不止步。创新是理论进步的灵魂，创新无止境。改革开放以来经济学理论取得的突破和进展无不是创新的结果。要创新就要坚持科学研究无禁区，学术争鸣要鼓励；要创新就要坚持实践第一的观点，重视对国情、世情的调查研究，不断总结实践经验，尊重人民的创造精神；要创新就要妥善处理坚持以马克思主义为指导和充分借鉴人类文明成果的关系，既坚持正确的导向，又大胆吸收西方发达国家和发展中国家的先进经验；要创新就要倡导科学严谨的学风，不唯书，不唯上，只唯实。

第四，关键是要建设一支高水平高素质的理论研究队伍。改革开放以来经济学理论创新取得的成就，得益于建立了一支数量宏大、素质较高的理论队伍。这支队伍总体而言，拥护改革开放、拥护社会主义，具有较广阔的视野、较渊博的专业知识和高尚的敬业精神，是值得信赖的队伍。今后经济学理论创新，还必须继续加强队伍建设，充分发挥这支队伍的作用。

三、 改革开放实践呼唤经济学理论的进一步创新

实践的发展是无止境的，理论的创新也不应该停止在一个水平上。毋庸讳言的是，在改革开放和现代化建设的道路上，我们仍面临着一系列新的挑战和问题。这些挑战和问题有的来自国际的，有的来自国内的。在国

内的这些问题中，有的属于由改革开放的深化触及的一些深层次矛盾，有的则是具有阶段性特征的问题。不管哪些问题的克服和解决，都呼唤着经济学理论的进一步创新。在当前，经济学应该着力研究和创新的主要领域及问题有：

第一，马克思主义经济学中国化问题研究。包括：中国特色社会主义经济理论体系；科学发展观的经济学阐释；马克思主义经济学关于科学发展的理论研究；落实科学发展观的体制机制问题研究；建立和完善中国特色经济学等。马克思主义经济学中国化的成果是中国特色社会主义理论体系的重要组成部分，加强马克思主义经济学中国化研究将极大地丰富和发展中国特色社会主义理论体系。第二，中国特色社会主义道路研究。包括：中国经济改革和发展模式研究；中国特色自主创新道路研究；中国特色新型工业化道路研究；中国特色农业现代化道路研究；中国特色城镇化道路研究等。2009年将迎来新中国成立六十周年，总结新中国成立以来的发展道路及其经验教训，也是经济学理论创新义不容辞的责任。第三，深化改革开放和完善社会主义市场经济体制问题研究。包括：今后中长期深化改革开放战略研究；完善社会主义市场经济体制、基本经济制度和健全现代市场经济体系研究；深化财税、金融等体制改革，完善宏观调控体系研究；政府职能转变和行政管理体制改革、政府监管体制改革研究；收入分配制度改革研究；社会保障制度改革研究；经济体制、政治体制、社会体制、文化体制综合配套改革研究；拓展对外开放广度和深度，提高开放型经济水平等。第四，国民经济又好又快发展和改善民生问题研究。包括：国民经济持续稳定发展研究；加快转变经济发展方式，推动产业结构优化研究；区域均衡发展和区域竞争问题研究；加强能源资源节约和生态环境保护，增强可持续发展能力研究；扩大就业的理论和对策研究；新形势下推进农村改革发展、推进社会主义新农村建设的理论和政策研究；健全严格规范的农村土地管理制度研究；确保国家粮食安全和主要农产品有效供给的理论与对策研究等。第五，开放进程中抵御世界各种危机影响维护国家安全研究。包括：美国次贷危机及其对中国的启示研究；国际金融危机对中国的影响与中国经济金融安全研究；扩大国内需求特别是消费需求的理论和对策研究；灵活审慎的宏观调控政策研究；对自由市场经济制度及西方主流经济学的进一步评析和研究；全球经济调整与中国经济发展方式转变研究；开放条件下的国际货币政策协调研究等。第六，中外经济史重大问题研究和中外经济思想史重大问题研究。

要实现经济学理论的创新，就需要：

第一，继续坚持实践第一的观点，实事求是，一切从实际出发。之所以必须坚持实践第一的观点，实事求是，一切从实际出发，是因为，我们要进一步创新经济学理论，必须是对实践有指导作用，能够引领实践健康发展的理论，而这样的理论只能从实践经验中总结，并在实践中受到检验和发展。书本的知识，前人的经验和理论成果是重要的，没有这些知识和理论，一切从头开始，也很难实现进一步创新，但这些知识和理论只是已有的理论，它可以为我们进一步创新经济学理论提供基础和借鉴，但却代替不了理论的进一步创新。所以归根结底，理论的进一步创新只能源于实践并随实践的发展而深化。

坚持实践第一的观点，一切从实际出发，首先是要进一步从我国的实际出发。我国有自己特殊的历史、特殊的文化、特殊的国情、特殊的经济制度，只有对这些"特殊"吃准吃透，才可能做到一切从实际出发。我国正在进行的以建立和完善社会主义市场经济体制为目标的改革开放和以全面建设小康社会为目标的现代化建设事业，是前无古人的伟大实践，只有投身这样的实践并善于不断从这样的伟大实践中吸取营养，才可能总结出伟大的理论，实现经济学理论的进一步创新。而这一点，几乎是世界上其他任何国家所无法比拟的。中国的经济学工作者，处于这样的时代，这样的国家，得天独厚，应该为经济学理论的进一步创新做出世界性的贡献。

基于此，我们应该多一些自信和自豪，而完全不必凡事跟在别人后头跑，甚至妄自菲薄。当然，强调首先是要从我国的实际出发，并不排斥从世界的实际出发。我们处于一个开放的时代，经济全球化和区域化是世界发展的潮流，在这样的时代，不了解世界，也就不能很好地研究中国，所以一切从实际出发，也要从世界的实际出发。

第二，继续坚持马克思主义中国化。马克思主义中国化就是将马克思主义基本原理与中国的实际相结合，创造性地发展马克思主义。之所以要继续坚持马克思主义中国化，是因为这是已为实践证明非走不可的必经之路，舍此不能达到我们预定的目标。中国共产党成立八十多年来，把马克思主义基本原理同中国具体实际相结合，带领全中国人民取得了革命、建设和改革的卓越成就。实践证明，马克思主义基本原理一定要同中国实际相结合，否则马克思主义不能发展，中国的问题也不能有效解决。这就是我们为什么必须始终坚持马克思主义基本原理同中国实际相结合的道理所在。

坚持把马克思主义基本原理与中国实际相结合，就是要把马克思主义基本原理作为指导，联系国际国内的实际，去观察和分析问题。我们要善于运用马克思主义的立场、观点和方法，认真地总结过去，客观地分析现实，努力实现经济学理论的进一步创新。要坚持和弘扬理论联系实际的学风，一方面，要防止和反对教条主义，另一方面，也要反对形式主义和实用主义。教条主义是本本主义，照本宣科，简单地、机械地套用"本本"和字句，形式主义只做表面文章，这只能使对马克思主义的理解停留在一知半解的水平；实用主义则往往断章取义，为己所用，给马克思主义附加一些不正确的东西，甚至肢解马克思主义。所以我们强调理论联系实际，一方面要认认真真、老老实实地坚持马克思主义基本原理；另一方面要以马克思主义基本原理分析解决我国的实际问题，在分析解决实际问题中创新发展经济学理论。

第三，继续充分吸收人类社会创造的一切文明成果。之所以要继续充分吸收人类社会创造的一切文明成果，是因为马克思主义不仅具有与时俱进的理论品质，而且善于吸取人类文明中的一切成果，具有开放性。在今天社会主义与资本主义两种制度并存、竞争、合作的条件下，我们更应该善于充分吸收人类文明的一切成果，包括西方经济学的文明成果，以丰富和发展马克思主义经济学理论。

当前，一个客观事实是，西方发达国家的市场经济发育程度、市场经济体制的完善程度比我们高，综合国力比我们强。西方经济学作为对这种市场经济运行和发展的理论概括，包含了一些科学的对我们有用的成分，也是人类文明的结晶。有分析地借鉴这些科学的成分，为我所用，对我们发展社会主义市场经济是有益的。当然，必须明确，西方经济学有其非科学性，主要是：将资本主义作为永恒的、美好的制度是不符合实际情况和人类社会发展一般规律的；将市场看作是万能的已为实践证明是不正确的；排斥和否定对经济的干预也是不符合现代市场经济发展要求的。正因为西方经济学有这些非科学性甚至是根本性的缺陷，所以它不可能成为我国改革开放和现代化建设的指导思想，在借鉴西方经济学理论的时候，一定要从中国的实际出发，有取有舍，有用有弃，而决不可照抄照搬。

第四，继续加强队伍建设。要坚持高标准，按照政治强、业务精、作风正的要求，造就一批用马克思主义武装起来、立足中国、面向世界、学贯中西的思想家和理论家，造就一批理论功底扎实、勇于开拓创新的学科带头人，造就一批年富力强、政治和业务素质良好、锐意进取的青年理论骨干。关键措施是要高度重视对哲学社会科学人才的培养和使用，建立能够使优秀人才脱颖而出、人尽其才的良好机制，形成尊重劳动、尊重知识、尊重人才、尊重创造的良好氛围。

（原载于《经济学家》2009 年第 2 期；副标题：纪念改革开放三十周年）

中国土地资本化的政治经济学分析

土地资本化问题是我国现代化进程中提出的重大课题，不仅关系到我国农村农民农业的改革和发展，而且关系到整个现代化进程的健康发展。

从经济学的视角来看，对土地的研究，并非是研究土地的自然属性，而是要研究土地的产权权利及其产权权能，研究在特定生产关系下土地资源配置和利用中的体制机制，以及在这一过程中所引发的各类经济主体之间的利益博弈等问题。近年来，我国各地正在进行的形式多样的土地利用实践，为研究土地资本化问题提供了丰富的现实素材。其中，有关建设用地出让和土地财政问题、农地流转和新型农业经营主体发展等问题都涉及土地资本化问题。当前，土地资本化问题已经成为我国实务部门和理论界探讨的热点问题之一。中国国土资源管理部门认为，应该高度关注土地资产和资本化背景下的经济社会问题，尽快实现从单纯的资源管理向资源、资本、资产三位一体管理转变[1]。理论界有学者认为，中国正处在土地资本化的过程当中，但是我们还没有很好地、非常有意识地组织这个资本化的过程，现在经济中的很多问题由此而发[2]。本文通过梳理国内外相关文献后认为，当前国内对于土地资本化的研究存在诸多方面的问题和不足，概括起来主要有四个：一是对资本的定义存在概念不清和泛化的问题，由此导

---

① 徐绍史. 促节约守红线惠民生：纪念第二十一个全国"土地日". 人民日报，2011 – 06 – 27.
② 参见李扬在 2009 年 11 月 15 日 "未来 10 年中国经济走向" 高峰论坛的发言——《未来中国经济将面临土地资本化过程》。

致对土地资本化问题认识的混乱；二是对于土地资本化、土地资产化和土地货币化并没有给出清晰的界定和区分，因此无法认识到有些土地产权交易只是土地货币化和资产化问题，而非土地资本化问题；三是仅仅笼统地谈土地资本化和土地资本，但对土地资本所有权的问题缺乏清晰认识和研究；四是有些研究者仅仅站在资本所有者立场上分析问题，忽略土地资本化进程中弱势群体一方的根本利益。

针对已有研究中存在的问题，本文尝试对我国土地资本化问题进行较为全面、深入的分析。首先，在对资本、土地资本以及土地资本化范畴界定和评述的基础上，探讨我国土地资本化的理论逻辑。其次，探讨我国土地资本化实践中所面临的多重困局。最后，为我国更好地推进土地资本化进程提出思路和政策建议。

一、 对资本、 土地资本和土地资本化范畴的界定及相关文献评述

土地能否资本化，首先需要厘清什么是资本。

(一) 关于资本概念的争论与评述

对于资本，马克思曾经做出明确的界定，认为资本是带来剩余价值的价值。对此，在马克思之后，学者们之间一直存在着很多的争论和分歧。1923 年庞巴维克在《资本实证论》中就梳理出了 11 种关于资本的定义[①]。本文通过梳理相关文献发现，在已有的研究中，大多数学者仅仅就资本的多个侧面开展研究，唯有马克思是从历史的、全局的、动态的角度对资本进行了较为全面的深入研究，并且这一研究过程具有鲜明、坚定的立场。

---

① 庞巴维克. 资本实证论. 陈端，译，北京：商务印书馆，2009：64.

当然，马克思对资本的有些细节性问题并未进行深入研究，比如对于资本的市场价格形成机制问题就仅仅是点到为止。马克思未及深入分析的问题，为后来很多学者留下了空间，使这些学者的研究取得了大量富有价值的研究成果。比如，欧文·费雪等人从资产或要素交易价格的角度研究资本价值问题①；赫尔南多·德·索托从资产或要素可交易性的角度研究资本②，等等。总体上看，马克思对资本的界定与其他学者的最大不同之处在于，马克思是将资本作为一种社会关系或生产关系来研究的，而其他学者大多将资本作为一种生产要素来研究③。这一差别对于研究资本化问题特别是土地资本化问题是至关重要的。

具体而言，马克思着重从资本主义生产方式下的生产过程中的价值增值过程以及流通过程中的商品买卖过程来研究资本和资本化问题。关于资本，马克思认为，"资本不是物，而是一定的、社会的、属于一定历史社会形态的生产关系，它体现在一个物上，并赋予这个物以独特的社会性质。资本不是物质的和生产出来的生产资料的总和。资本是已经转化为资本的生产资料，这种生产资料本身不是资本，就像金或银本身不是货币一样"④。关于资本化过程，马克思认为，"如果说，劳动力只有在它的卖者即雇佣工人手中才是商品，那么相反，它只有在它的买者手中，即暂时握有它的使用权的资本家手中，才成为资本。生产资料本身，只有在劳动力作为生产资本的人的存在形式，能够和生产资料相合并时，才成为生产资本的物的形式或生产资本。因此，正如人类劳动力并非天然是资本一样，生产资料也并非天然是资本。只有在一定的历史发展条件下，生产资料才取得这种

① 欧文·费雪. 利息理论. 陈彪如，译. 北京：商务印书馆，2013：15，16，30.

② 赫尔南多·德·索托. 资本的秘密. 于海生，译. 北京：华夏出版社，2012：5，28，31，37，127，186.

③ 资本在《新帕尔格雷夫经济学大辞典》中是分为两个词条解释的：一个是作为一种生产要素的资本，另一个是作为一种社会关系的资本. 新帕尔格雷夫经济学大辞典：第1卷. 北京：经济科学出版社，1996：357，361.

④ 马克思. 资本论：第3卷，北京：人民出版社，2004：922.

独特的社会性质"①。也就是说，在资本主义这一特定中国土地资本化的政治经济学分析的生产方式中，资本家购买的用于生产过程的各类生产要素，对资本家而言就是其拥有的资本，并在资本主义生产方式下行使资本的职能。需要说明的是，对于生产要素的出让方或卖方而言，在交易中所获得的收入在很多情况下并不能将货币转化为资本。

马克思认为："单个的货币所有者或商品所有者要蛹化为资本家而必须握有的最低限度价值额，在资本主义生产的不同发展阶段上是不同的。"②

而那些将资本作为一种生产要素的学者们，更多是从静态的视角，将资本主义特定生产关系看作一种既定的、永恒不变的社会制度，并在这一前提下研究资本。庞巴维克、萨缪尔森、曼昆、克鲁格曼等人认为，资本是一种被生产出来的要素，一种本身就是由经济过程产出的耐用的投入品，是厂商用来生成产品的资产，包括机器、厂房、计算机、软件等③。国内有学者认为，中国如今经济生活中的资本，只是取其名而用其生产要素之实④。另外，亚当·斯密认为，只要个人拥有的资财能为其带来收入，这笔资财就成为其拥有的资本，而交易的目的是用于生产或消费并不重要⑤。国内有学者赞同这一观点，认为资产的自用权利一旦可以有偿放弃和让渡，资产所有者就拥有一个未来的收入来源，这时，资产就转为资本。⑥ 也就是说，斯密等人认为，资产只要能够交易获利就成为资产所有者的资本，而非成为资本家所拥有的资本或者说是成为资产购入者的资本。

总之，作为生产要素的资本范畴是将资本看作生产要素中的一种特定

---

① 马克思. 资本论：第 2 卷. 北京：人民出版社，2004：44.

② 马克思. 资本论：第 1 卷. 北京：人民出版社，2004：356，358.

③ 庞巴维克. 资本实证论. 陈端，译. 北京：商务印书馆，2009：49，56，65，66，82－84，89，99. 萨缪尔森，等. 经济学：第 19 版. 肖琛，等，译. 北京：商务印书馆，2013：31. 克鲁格曼，等. 克鲁格曼经济学原理. 黄卫平，等，译. 北京：中国人民大学出版社，2010：235. 曼昆. 经济学原理：下册. 梁小民，译. 北京：北京大学出版社，1999：15.

④ 胡培兆. 唯物史观是理论创新的基础. 人民日报，2015－12－18.

⑤ 亚当·斯密. 国富论：上. 杨敬年，译. 西安：陕西人民出版社，2011：239－241.

⑥ 周其仁. 收入是一连串事件. 北京：北京大学出版社，2006：63－64.

的具体的物，比如机器、厂房等。而作为生产关系的资本范畴是指特定社会关系或生产关系下的生产过程中所必需的一切生产要素，这些生产要素是资本所代表的社会关系或生产关系的物的体现。一旦脱离这一特定的生产关系，这些生产要素将不再被看作是资本。如果上述两个概念范畴都在资本主义特定生产关系下的生产过程进行讨论的话，作为生产关系的资本范畴就包括了生产过程中的所有生产要素，而作为生产要素的资本范畴只是特指部分具体的生产要素，而非所有生产要素，其中，土地就不属于资本范畴。于是，研究资本化特别是土地资本化问题要在作为生产关系的资本范畴内进行探讨。

在我国，如何正确认识和理解资本范畴是研究土地资本化问题的关键所在。目前，在我国经济运行过程中，包括国有企业在内的各类经济主体大多按照市场经济规律运行，土地和其他要素市场正在逐步建立和发展完善。于是，我国社会主义初级阶段的基本国情决定了我国发展过程中存在资本形成、积累、循环和发展的土壤与环境，同时现阶段也需要发挥资本在经济社会发展中的积极作用。值得注意的是，我国的基本经济制度是公有制为主体、多种所有制共同发展，实行的是中国特色社会主义市场经济体制。这一体制既与资本主义市场经济体制不同，也有别于马克思当年所设想的未来社会的经济体制。因此，在分析我国土地资本化问题时，可以借鉴马克思的资本范畴框架，但是不能简单地直接套用马克思对资本的具体分析过程。在具体分析过程中，需要设定我国当前各类企业等经济主体是按照市场经济一般规律运行的，才符合资本形成所依赖的特有的运动方式。

（二）关于土地资本和土地资本化的争论与评述

正如资本范畴的界定存在较多争论，关于土地资本和土地资本化问题同样存在着较多争论。比较有代表性的观点有三个。

第一，将土地资本界定为投入土地的、用于土地改良的资本①。这些研究大多从农用地的角度进行分析，并且是在已经获得土地产权权利的基础上研究土地资本。而按本文的研究，恰恰是获得土地产权权利的交易过程是土地资本的形成过程。获得土地产权之后的土地利用过程或生产过程是土地资本的增值过程。与上述投入土地的资本相类似，国内有学者将土地区分为土地物质和土地资本，土地资本就是土地利用过程中的投入或者说是各种劳动资料和具体劳动的投入②。

第二，将土地资本化界定为土地之上的各种权利的交易、流通和变现过程。国内有学者按照这一思路研究农村土地资本化问题③，但是这些研究并未研究土地资本所有权问题，并未指出土地成为谁拥有的资本。

第三，马克思对土地产权交易过程或者土地资本化过程的研究，更多是着眼于地租问题④，主要从土地所有者或者说土地产权出让方的角度进行研究。在土地产权交易过程中，卖方获得的土地交易收入是未来预期地租的现值；买方或者说农业资本家购入土地进行生产活动。由于农业资本家是按照资本主义的生产方式进行农业生产的⑤，虽然马克思并未直接说土地在交易之后成为资本家拥有的资本，但是，按照马克思的资本理论，可以认为，资本家按照市场价格买入土地产权就意味着土地成为其拥有的资本。

总之，按照庞巴维克、萨缪尔森等人的观点，土地并非生产出来的生产要素，因此，土地也就无法资本化。按照斯密等人的观点，土地产权允许出让能够带来收入就实现了土地资本化。于是，土地产权成为出让者的

① 亚当·斯密. 国富论：上. 杨敬年，译. 西安：陕西人民出版社，2011：240. 马克思. 资本论：第3卷. 北京：人民出版社，2004：698. 庞巴维克. 资本实证论. 陈端，译. 北京：商务印书馆，2009：93.

② 周诚. 论土地增值及其政策取向. 经济研究，1994（10）. 贺国英. 土地资源、土地资产和土地资本三个范畴的探讨. 国土资源科技管理，2005（5）. 李建建. 土地资本试探. 福建师范大学学报（哲学社会科学版），1997（3）.

③ 胡亦琴. 农地资本化经营与政府规制研究. 农业经济问题，2006（10）. 陈家泽. 土地资本化的制度障碍与改革路径. 财经科学，2008（3）.

④ 马克思. 资本论：第3卷. 北京：人民出版社，2004：698，702，877，913，929，930.

⑤ 马克思. 资本论：第3卷. 北京：人民出版社，2004：693.

资本，但并非购入土地产权的资本家的资本。而这点与马克思的研究观点是截然对立的。

我们认为，马克思对资本概念范畴的界定更为合理。按照马克思对资本和地租的研究框架，可以对土地资本、土地资本化以及土地资产化等概念范畴给予合理的界定，可以更好地阐释土地产权交易过程和交易目的。一般而言，一旦资源或要素明确了产权归属，那么，资源或要素就可以进一步转为资产或资本。按照马克思界定的资本范畴，资本和资产的主要差别在于资源或要素的利用方式有所不同。如果资源或要素是用于资本主义生产方式下的生产过程则其是资本；如果不是，则为资产。土地资本化和土地资产化同样可以依据土地产权的利用方式进行区分。以农地为例，土地资本化过程是土地产权权利出让给租地资本家的过程，在这一过程中，土地产权成为资本家拥有的资本或者说土地资本。如果土地产权并非出让给农业资本家耕种，而是出让给其他以自我劳动为主的"小业主"①，则实现了土地资产化而非土地资本化。

二、 土地资本化逻辑与中国土地资本化的理论分析

首先在不考虑中国国情的前提下，从生产要素资本化的一般路径出发，探讨土地资本化的理论路径。

（一）生产要素资本化的内在逻辑

1. 生产要素与资本的关系

关于生产要素与资本的关系，马克思与当代西方主流经济学家存在较大分歧。在当代西方主流经济学教科书中，生产要素主要包括土地、劳动和资本三大要素。于是，生产要素和资本的关系是资本属于生产要素的一

---

① 马克思. 资本论：第 1 卷. 北京：人民出版社，2004：357.

种，资本与土地和劳动是并列关系。而马克思认为资本是各种生产要素在资本主义生产过程中的具体体现，也就是说在资本主义生产过程①中，资本家通过购买土地所有权、劳动力、机器设备等要素使其成为资本家拥有的资本。于是，生产要素和资本的关系是任何生产要素都能够在特定条件下转化为资本。

2. 生产要素是否能够资本化

正如前文所述，按照当代西方主流经济学观点土地是不能够资本化的，而按照马克思的资本理论，生产要素是可以资本化的。

按照马克思的资本理论，资本在生产过程和流通过程的不同阶段表现为不同的东西：在生产过程中表现为具体的生产要素，如机器、原材料、劳动力、土地使用权等；在流通过程中，在生产出来的商品尚未卖出之前表现为具体的新产品，在商品卖出后又表现为一定量的货币。这些货币在购买原材料、劳动力、土地使用权等要素时，又转化为具体的生产要素，周而复始，不断增值、循环，实现资本主义生产过程的不断循环发展。当然，资本循环中的任何环节出现问题，都有可能导致资本循环中断，资本减少，甚至有可能完全丧失已有资本。总之，在资本主义社会特定生产方式下，生产要素转化为资本是通过各种生产要素的市场交易机制实现的，具体的交易过程也就是生产要素的资本化过程。任何生产要素通过市场交易都能够成为资本家所拥有的新的资本。

3. 生产要素资本化理论路径

按照马克思对资本的研究框架，生产要素资本化至少具备两个前提条件：一是生产要素的可交易；二是生产要素的买方将购入的生产要素用于资本主义生产方式下的生产过程。其中生产要素的交易过程又可以分为三个过程："可交易—卖方—货币化"过程、"可交易—买方—资产化"过程、

---

① 所谓资本主义生产过程是资本家作为人格化的资本支配一切生产要素，并以追求价值增值和占有剩余价值为目标的过程。

"可交易—买方—资本化"过程。

首先，生产要素的"可交易—卖方—货币化"过程。在生产要素交易过程中，对于生产要素的卖方而言是货币化过程。货币化对应着收入、投资和消费，也就是说，拥有生产要素产权权利的卖方，在交易过程中得到了买方支付的一定数量的货币，这一货币量构成卖方的收入。这笔收入既可以满足卖方的消费需求，也可以由卖方转化为投资。卖方对于收入的支配情况主要取决于卖方自身的情况以及这笔收入的数额。如果这笔收入能够在满足卖方消费需求的同时还有富余，卖方就可以将剩余的收入转为投资。

其次，生产要素的"可交易—买方—资产化"过程。在生产要素的交易过程中，买方获得了支配和利用生产要素的权利。买方对于生产要素的利用方式不同，使得生产要素既可以成为买方的资产，也可以成为买方的资本。首先谈一下生产要素的资产化问题。资产化对应着生产资料的自用、投机和再出让。也就是说，买方购得的生产要素是用于买方自己劳动的劳动资料，这种生产过程显然不同于资本主义生产方式下的生产过程；或者买方仅仅为了囤积居奇以便未来再高价出让，在这种情况下，买方购入的生产要素仅仅成为其拥有的资产，而非资本。

最后，生产要素的"可交易—买方—资本化"过程。资本化对应着生产、增值和再投资。这里的生产是指资本主义生产方式下的生产过程。在这一过程中，买方在交易过程中购买的生产要素转化为资本，成为资本在生产过程中的具体物的体现，并且成为新一轮资本循环的开端。

（二）土地资本化的一般路径

土地作为生产要素之一，按照生产要素资本化的理论逻辑，土地产权权利同样可以资本化。土地产权市场化交易过程可细分为以下几个具体过程。

土地产权权利的明晰化过程。土地产权权利的清晰界定是进行市场交易的基础以及土地收益分配的前提。在市场经济运行过程中，产权归属模糊必然会出现交易中决策主体的缺失以及交易利益分配过程中利益归属的混乱现象。对于土地公有产权而言，这一问题显得尤为突出。不过，在土地公有产权情况下，产权束分离为集体成员界定其权利提供了可能。

土地产权权利的货币化过程。这一过程是针对土地卖方而言的，土地所有者无论是将产权权利出卖还是出租，作为卖方都将获得土地出让金或地租，形成卖方的一笔收入。

土地产权权利的资本化过程。这一过程是针对土地权利的买方而言的。买方将土地产权权利用于资本主义生产方式下的企业生产过程，此时，土地产权权利就构成了买方的资本。土地产权权利的资产化过程。这一过程同样是针对土地权利的买方而言的。买方购入的土地产权权利并非用于企业的生产过程，而是为了劳动者自用或者是用于投机。对于类似情形，买方购入的土地产权权利构成了其所拥有的土地资产。

（三）我国推进土地资本化的逻辑起点

考察我国的土地资本化问题，必须考虑到我国特有的制度背景、体制特征以及人多地少的土地供求矛盾等因素。接下来，笔者将结合我国土地产权交易的具体情况，剖析我国土地资本化的内在逻辑。

首先，土地资本化往往发生在经济体制转型过程中。因为在已经实行资本主义经济体制的国家，资本主义生产方式是占据主导地位的生产方式，包括土地在内的各种生产要素都已经实现资本化了，或者说这些生产要素大多已经按照市场经济发展的一般规律和资本的内在要求进行了配置和利用。目前，我国正处在经济体制转型过程中，经济体制改革和转型方向是要改变原有生产要素的按计划配置，要让市场在资源配置中起决定性作用，同时更好地发挥政府的作用。也就是说，我国的经济体制转型过程，是要让资本所依赖的特有的生产方式和资源配置方式在经济发展过程中发挥积极作用。因此，包括土地在内的各类生产要素在一定程度上是要实现资本化的。当然，中国社会主义市场经济体制下的资本和资本主义市场经济下的资本是有区别的，其中最大的区别在于资本所有权的归属不同。我国有大量的资本归国家所有，属于国有资本，而非私人资本。国有资本在我国社会主义社会经济基本制度中发挥着举足轻重的作用。

其次，市场经济体制改革激活土地产权交易和流转。实现土地资本化的首要因素在于破除资本化过程中人为因素的束缚。我国改革开放之前实行的是计划经济体制，各种生产要素和资源主要采用行政手段依据年度计划进行配置。对于土地资源，在政策上不允许市场交易，在实际中按计划分配也没有交易的必要。改革开放之后，伴随中国社会主义市场经济体制的建立和不断完善，土地产权交易市场也逐步建立和完善起来。在这一过程中，明确了土地所有权和使用权或经营权的分离，允许土地使用权和经营权依法交易和转让，较好地实现了中国土地制度和社会主义市场经济体制内在要求之间的兼容。据国土资源部统计，2013 年国有建设用地出让按照"招拍挂"方式出让的比重达到 92.3%。对于农地经营权交易，截至 2014 年 6 月底，全国已有近 26% 的农户全部或部分转让了承包耕地的经营权，流转的土地经营权面积占全国农户承包耕地总面积的 28.8%[①]。为了满足农户自发流转土地经营权以及农业现代化进程中对农地流转的需要，我国农村地区也逐步建立了较为规范的农村土地交易市场。

最后，"四化同步"发展催生城乡土地供给与需求。国家允许土地使用权或经营权进行交易或流转，只是为土地资本化提供了可能。而能否真正推进土地资本化，关键在于市场中是否存在着大量真实的土地供给和需求。当前，中国经济进入新常态，工业化、信息化、城镇化和农业现代化协调发展，"四化同步"发展催生了城乡土地的供给和需求，为土地资本化进程

---

① 陈锡文．"三农"是中国奇迹的强大支撑．人民日报，2015 – 03 – 22.

提供了现实基础和可能。首先，信息化、工业化是城镇化和农业现代化的助推器，工业化为城市发展增加了大量建设用地需求，同时，又有助于农村释放更多的农地经营权供给，还可以进一步增强城镇对各种资源和要素的集聚能力。其次，城镇化为信息化、工业化和农业现代化提供发展空间和可能，同时也有助于农村释放更多的农地供给。最后，农业现代化进程会产生对农地经营权流转的巨大需求，同时，现代化的农业生产过程能够在节约土地的同时提高土地产出水平，进而可为工业化和城镇化进程提供更多的非农用地供给。

（四）研究我国土地资本化的前提假定与理论设定

首先，为了更好地分析我国土地资本化问题的内在逻辑，让我们先做五个前提假定。

假定1：我国当前各类企业等经济主体如果遵循市场经济一般规律的运行方式运转①，就类似于马克思所指的特定资本主义生产关系下的企业运行方式，就符合资本形成所依赖的特有的运动方式。

假定2：关于城市各类建设用地，在规划范围内，各级地方政府代理行使土地产权权利，必须通过"招拍挂"方式出让建设用地使用权。各类市场主体拥有同等的竞买权利。这里暂且不考虑土地无偿划拨或低价协议出让的情形。

假定3：关于农村农业用地，在规划范围内，农户拥有农地的承包权和经营权，并拥有相应的权利证书，农户拥有自主转让农地经营权的权利。各类农业经营主体拥有同等的竞买权利。

假定4：农村各类建设用地不能自由出让，不能拥有与城市建设用地同

---

① 目前我国各类企业大都要求按照市场机制运行，特别是国有企业改革的目标就是要求国有企业按照现代企业制度和相关体制机制运行。各类企业除了出资人不同，在生产过程中，生产要素的购买、运用和管理都要求按照市场化的运行机制进行。国有企业、外资企业、民营企业等都要遵循现代企业运行机制，在要素市场和产品市场上展开公平竞争。

等的权利。这里暂且不考虑我国已经在小范围内针对农村集体经营性建设用地入市开展的试点工作。

假定5：城乡各类土地产权权利的出让是在规范的土地产权交易场所进行。这一假定是为了保证买卖双方能够获得较为全面的交易信息，交易契约能够得到法律保护，交易价格形成机制更为客观合理。

其次，判断中国土地资本化的理论设定。根据前文对生产要素资本化和土地资本化的论述，对于中国土地资本化的内在逻辑和路径，可以按照如下三个理论标准做出相应判断和解读。

理论界定1。土地产权的货币化过程：在土地产权权利交易过程中，卖方获得了一定数量的货币，构成了卖方的收入。

理论界定2。土地产权的资产化过程：在土地产权权利交易过程中，买方将获得的土地产权权利用于劳动者自用或者投机，构成了买方所拥有的资产。

理论界定3。土地产权的资本化过程：在土地产权权利交易过程中，买方将获得的土地产权权利用于各类企业等经济主体按照市场化运行机制的生产过程中，构成了这些经济主体所拥有的资本。

（五）我国土地资本化过程的理论剖析

依据判断土地资本化的理论界定，本文从以下四个方面对我国土地资本化过程进行理论分析。

1. 我国土地资本化中的土地货币化过程

根据理论界定1，只要存在土地产权交易，就存在土地的货币化过程。根据理论界定2和理论界定3，土地资本化或土地资产化过程必然包含土地货币化过程。在我国，对于农户而言，无论将农地经营权出租给种田大户，还是农业企业等新型农业经营主体，农户所获得的租金往往只是用于农户家庭的日常消费而已。在农地租期到期之前，农户无法再次将农地出租。

但是，对于地方政府而言，情况有所不同。因为建设用地使用权出让金不仅单位面积价格远高于农地租金，而且政府每年出让的土地面积也远高于单个农户的农地流转面积。地方政府在土地出让过程中获得的巨额收入除了用于公共服务支出之外，还会有一部分用于新的建设用地储备过程，以便进一步开展新一轮土地资本化过程。

2. 我国农村农地经营权资本化过程分析

在农村，农户将其拥有的农地经营权出让给种田大户、家庭农场和农业企业等各类农业经营主体耕种。根据理论界定 2 和理论界定 3，只有在农地经营权出让给农业企业耕种的情况下，农地经营权才成为农业企业所拥有的资本，从而实现农地经营权资本化。对其他以农户家庭经营为主的农业经营主体而言，只是实现了农地经营权资产化，而非资本化。这是因为在新型农业经营主体中，种田大户、家庭农场以及农业合作社都是主要依靠农户家庭的劳动力参与农业生产过程，并非雇人进行生产活动。于是，购入的农地经营权也并非其所拥有的资本，而只能是资产。

在我国农业生产过程中，还有一些较为复杂的生产组织方式，比如"龙头企业＋农户"、"农业企业＋合作社＋农户"等等。对于这些复合的新型农业生产方式，可以分情况逐层分析农地产权权利的资产化或资本化过程。比如，在当农业龙头企业并不直接参与农业生产过程，只是负责收购、代销指定农副产品的情况下，这些农地的经营权仍属于农户所有，并未实现农地经营权资本化。如果是农业企业深度参与农业生产过程，农户完全附属于农业企业的情况，此时的农地就属于农业企业拥有的资本，农地经营权就实现了资本化。

3. 我国城市建设用地使用权资本化过程分析

在城市建设用地产权交易过程中，地方政府将建设用地使用权出让给各类市场主体使用，这里的市场主体主要是第二、三产业中的各类企业。根据理论界定 2 和理论界定 3，土地使用权在这些企业手中既可以成为其所拥有的资本，实现土地资本化；也可以成为其所拥有的资产，实现土地资产化。判断的依据是购入的土地使用权是用于生产过程中，还是只是为了土地投机。对地方政府而言，通过建设用地产权交易获得巨额土地出让金收入，这些收入构成了政府的财政收入。

为了更好地分析这一过程中的土地资本化或土地资产化，可以将城市的各类企业划分为两类情形进行研究。一是将企业区分为制造业和服务业。制造业生产过程需要占用较大面积的土地以建设厂房，提供的大多是和土地没有直接关系的具体的有形商品；服务业生产过程除了少数企业比如仓储物流等生产性服务业需要大量占用土地之外，大多数服务业企业占地面积较小，且提供的大多是与土地没有直接关系的服务。可见，按照这样的划分标准，这些企业无论提供的是商品还是服务，都很少以土地投机作为购入土地的主要目的，土地仅仅是承载具体生产过程的必要条件。于是，这类建设用地使用权成为企业拥有的资本参与到生产和流通过程。二是将企业划分为房地产业和非房地产业。房地产业中的企业主要是以土地和地上的建筑物为经营对象。房产在出售之后，房产所在地块的使用权随着房产一同出售，可以说，房地产企业提供的商品是土地和房产融为一体的商品。土地使用权在房地产开发商手中具有较强的流动性。土地在房地产企业那里就如同制造业中的原材料一样，随着商品的出售而出售。通常情况下，对于购入土地使用权的开发商而言，土地是其拥有的资本。但是对于一些开发商而言，有时购入土地使用权并非直接用于建筑房屋，而是囤而不建，用于土地投机。此时，土地只能成为房地产开发商的资产而非资本。

4. 我国城市化过程中的土地资本化分析

在我国城市化过程中，主要涉及农地非农化和建设用地使用权交易过程。地方政府在这一过程中既充当了买方，又充当了卖方。首先，地方政府在这一过程中，拥有被征用土地的所有权，但这些土地并非政府自用，而是准备将其使用权再次出让，根据理论界定2，对地方政府而言是实现了土地资产化。其次,关于政府土地使用权的出让过程,可以参见城市建设用地使用权资本化过程的相关分析。不过,在实践过程中还有一些比较特殊的案例。在重庆,城市化占地首先需要购买地票,而地票的供给来自于远离中心城区的农村地区,农户通过将宅基地等农村建设用地复耕后,将复耕后的土地面积指标在农村土地交易所进行交易,实现土地的货币化。房地产开发商在获得地票后,才有资格参加地方政府组织的建设用地"招拍挂"交易,继而获得建设用地使用权,实现土地资本化。

总之,无论在我国城市还是农村或者在城市化进程中,都存在着土地资本化过程,土地资本在我国经济社会发展过程中起着举足轻重的作用。需要说明的是,土地产权交易过程未必一定是土地资本化过程,还有可能是土地资产化过程。土地资本化过程并非是成为土地产权出让者的资本,而只是一笔收入。特别是在农地经营权资本化过程中,流转农户只是获得了农地流转租金收入而非获得土地资本。

三、 中国土地资本化实践中的两难困局

在我国,关于赋予土地产权权利使其具备交易属性及实现土地产权规范交易是没有太多争议的。但是,通过土地产权交易实现的是土地资本化还是资产化仍是需要进一步探讨的问题。我国土地资本化和土地资产化进程在城市和农村有着截然不同的具体表现,面临着多重困局。

(一) 我国土地资本化的实践进展

1. 城市建设用地使用权资本化进程发展较快

建设用地使用权资本化符合我国社会主义市场经济发展的内在需要,有助于实现土地公有制与市场经济的有效兼容。目前,我国国有建设用地出让大多按照市场化机制进行运作,土地资本化进程推进较快(见图1)。

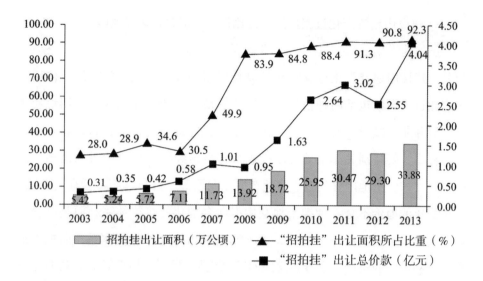

图1 2003—2013 年中国国有建设用地"招拍挂"出让情况

数据来源：2003—2010 年数据来自《2011 中国国土资源统计年鉴》，2011—2013 年数据来自各年的中国国土资源公报。

2003 年国有建设用地出让仅有 28% 是按照"招拍挂"方式进行出让的，2008 年这一比重快速跃升至 83.9%，此后除 2012 年以外，呈现逐年稳步增加态势，2013 年这一比重达到 92.3%。与"招拍挂"出让方式占土地出让比重的变化趋势相比，土地"招拍挂"出让总价款比出让面积保持了更快的增长速度。2013 年"招拍挂"出让面积是 2003 年的 6.25 倍，但是 2013 年"招拍挂"出让总价款却是 2003 年的 13 倍。2014 年，全国土地出让收入达到 42 940.3 亿元，同比增长 3.1%。其中，"招拍挂"和协议出让价款 37 956.43 亿元，增长 1.7%[①]。2013 年全国 GDP 总量为 589 737 亿元，土地出让收入占 GDP 比重已达到 7.3% 左右。

---

① 李丽辉. 去年土地出让收入增幅回落. 人民日报，2015 - 03 - 25.

2. 建设用地资产化过程虽然所占比重较小但存在诸多风险

虽然建设用地资产化过程并非目前建设用地交易过程中的主要模式，但是，建设用地资产化过程存在的风险仍需要关注。城市建设用地使用权资产化过程大致包括两种情形：一种情形是房地产企业购入建设用地使用权之后并非直接投入建设，而是囤而不用，等待地价上涨进行投机。在这一过程中，要特别关注土地过度投机行为会给经济发展过程带来诸多负面影响，比如，土地闲置问题、房地产泡沫问题等。野口悠纪雄曾研究指出，日本当年的地价不是一种把土地利用引向合理化的价格体系，而是已变成如不把谋取价格上涨作为前提，就不能正常化的这种价格体系，而把土地当作有利可图的资产，会导致土地问题恶化[①]。另一种情形是地方政府在土地征用过程中，将征用的土地转为地方政府拥有的资产。在我国现阶段城市化快速发展过程中，农地征用环节仍是必要的。但在这一过程中，需要重点关注和妥善处理好土地征用范围问题、征地补偿标准问题以及预防地方政府在土地征用和出让过程中可能存在的腐败和寻租等问题。

3. 农村农地经营权资本化进程较为缓慢

在我国特有的人地关系、农地制度和农业生产方式下，实现农业耕种方式的资本化运营，仍面临多重困难。农业部的统计数据显示，截至 2014 年底，流入企业的承包地面积达到 3882.5 万亩，约占全国农户承包地流转总面积的 10%[②]。在农业大省河南省，截至 2013 年 11 月，河南全省有新型农业经营主体 8.6 万家，其中农民专业合作社 6.5 万个，种粮大户、家庭农场 1.5 万家，农业产业化龙头企业 6 202 家[③]。另外，2014 年河南省农地流转调研结果显示，在被调查的 600 个农户中，有 379 个农户的家庭承包耕地进行了流转。其中，88 户的土地流转给了种粮大户，88 户流转给了农民专

---

① 野口悠纪雄. 土地经济学. 汪斌，译，北京：商务印书馆，1997：2，6，31.

② 卞民德. 老板下乡，怎样带动老乡. 人民日报，2015－06－07.

③ 我省新型农业经营主体发展的基本情况及存在问题.（2014－05－12）［2015－06－20］. http：//www. henan. gov. cn/jrhn/system/2014/05/12/010472954. shtml.

业合作社，23 户流转给了家庭农场，69 户流转给了公司或企业等，111 户流转给了一般农户，流转给企业的数量占 18.2%①。由此可见，我国农地资本化过程并非农地流转的主流模式。此外，很多农村地区尚不具备农地资本化的条件，特别是在土地自然条件较差的地区，农地大量抛荒无人耕种。据报道，陕西一个村子只剩下两个人，村里五百亩土地可以随意耕种，大约有 450 亩土地抛荒②。

农地资本化进程缓慢的原因是多方面的。首先，我国农地承包经营权的确权颁证工作仍未完成。目前土地承包经营权确权登记面积超过 3 亿亩③，大概还需要四五年时间才能在全国范围内完成土地确权登记颁证工作④。其次，农村建设用地只有经营性建设用地有可能实现城乡土地同价同权，进入土地市场进行交易。短期内，我国要完全解决城乡建设用地同地不同权的难题是较为困难的。最后，农地流转过程中交易双方要达成协议存在诸多困难。一是农户与农业企业关于农地租金问题存在争议。只有真正满足农户所要求的最低租金，才能保证农户是自愿出让农地经营权的，并形成农地经营权的有效供给；同时，只有满足农业企业要求的最低资本收益率，农业企业才有购入农地经营权的内在动力，从而形成农地经营权的有效需求。目前，农业企业在土地用途受限的前提下，必须具备很强的经济实力和专业技能才能在农业领域获得理想的投资回报，而具有以上资质的农业企业并不是太多。二是农业企业对于租入土地的质量、数量、区位、期限等条件有着明确的要求，而农户所能出让的地块未必能够和农业企业的要求相匹配，因而农地资本化进程受阻。

---

① 河南省地方经济社会调查队. 河南省 2014 农村土地流转情况调查报告. (2014 – 06 – 17) ［2015 – 06 – 23］. http：//www. zyjjw. cn/news/jjwk/2014 – 06 – 19/171035. html.

② 两个人的村庄：500 多亩地随意耕种. (2015 – 03 – 18) ［2015 – 04 – 25］. http：//news. china. com. cn/live/2015 – 03/18/content_ 31876239_ 3. htm.

③ 农民收入首次突破万元 农业农村经济发展继续好势头. 人民日报，2015 – 12 – 25.

④ 冯华. 为农民确"实权"颁"铁证". 人民日报，2015 – 03 – 02.

4. 农地资产化是目前农地流转的主要模式

当前农地经营权资产化是我国"四化协同"发展过程中农地流转和配置的主要模式。对于那些有农地流转意愿但未能实现农地资本化的农户而言，他们往往会选择将农地租让给种田大户等新型农业经营主体耕种，从而推进了农地资产化进程。我国农地资产化发展较快的原因，一方面是以农户家庭经营为主体的新型农业经营模式和农业企业经营相比，具有自我劳动和经营规模适中的特点，能够较好地适应当前农地经营权流转的现实需要。其中，以农户家庭劳动力为主进行农业生产活动可以避免企业经营中存在的监督和管理成本；适度的经营规模能够为农户家庭提供较为满意的农地耕种总收入。另一方面是中央和各地政府对种田大户、家庭农场等以家庭经营为主体的新型农业经营方式给予较多的财政补贴支持，从而使得这些新型农业经营主体能够获得较高的收益。有调查显示，上海市松江区向种植水稻的家庭农场提供每亩200元的流转费补贴，家庭农场购买农机的补贴最高占到农机售价的70%；种一亩水稻政府现金补贴近500元，财政补贴占家庭农场净收入的3/5①。

(二) 我国土地资本化进程中的两难困局

1. 土地资本化的短期财富效应与长期不可持续的两难困局

这一困局主要出现在城市建设用地资本化过程中，因为在农地经营权流转过程中，农户往往是按年收取农地租金。如果租入农地继续用于耕种大田作物的话，农地年租金大致每亩500~1000千元，甚至更低。即使用于耕种经济作物，农地年租金也很少超过2000元。然而，在城市建设用地出让过程中，地方政府往往一次性收取未来40至70年不等的土地出让金，在短期内获得巨额土地出让收入。2014年，全国土地出让收入高达42 940.3亿元，同比增长3.1%。但长期来看，依赖土地出让金的财政收入模式是难

---

① 周敏. 上海松江家庭农场考察报告，山西农经，2014 (2).

以持续的。就单一地块来看，自地块使用权出让之后，政府未来几十年内将无法再次出让。虽然地方政府短期内有较多的土地可供出让，但是长期来看，城市的扩张是有边界的，城市可供出让的土地总量也是有限的。

2. 土地规划的客观理性与微观个体追求私利间的两难困局

一般而言，国家土地利用规划的编制过程具备科学性、独立性和前瞻性等基本要求。但是，在土地利用过程中，这种土地利用宏观规划的客观理性与微观个体追求私利之间存在着较大的矛盾。这一矛盾主要包括国家土地利用规划和地方土地利用规划之间的矛盾、国家土地利用规划与部门土地利用规划之间的矛盾，以及各类土地利用规划和城乡土地使用者之间的矛盾等等。在这些矛盾当中，主要是微观个体违背国家土地利用的宏观规划开展土地利用活动。首先，对于具体的土地使用者而言，其都愿意将土地用于高收益的用途，特别是在农地流转过程中，新型农业经营主体很难处理土地高租金与土地规定用途之间的矛盾。其次，对地方政府而言，在土地利用规划过程中，地方政府往往希望获得更多的建设用地指标以满足建设需要。当地方用地规划和国家土地利用规划相抵触时，一些地方会依据地方政府领导的喜好修订规划，对国家土地利用规划缺乏应有的敬畏。

3. 农民期盼农地资本化与拒绝农地资本化并存的两难困局

一般而言，农民将农地经营权出让给农业企业耕种，能够获得高于出让给其他类型农业经营主体的土地租金。因此，具有农地经营权流转意愿的农户往往希望将农地出让给农业企业，以实现农地经营权资本化。不过，在一部分农民盼望参与农地资本化进程的同时，还有部分农民并不愿意参与农地资本化过程，甚至是农地资产化过程。原因如下。

第一，大多数农户家庭的就业状况、收入状况以及农业耕种技术变革等，决定了大部分农户仍会选择继续耕种土地而非流转农地经营权。特别是对平原地区而言，农业耕种机械化水平提高和农业生产服务水平的提升为外出农民工继续耕种土地提供了可能。在河南省，2014 年全省农作物耕种收综合机械化作业率达76.3%。小麦收种机械化水平达98%左右，玉米机播率、机收率分别达到89%和68.3%，水稻机收水平达85.7%[1]。换言之，农民只需要支付一定的费用，就能以机械化耕作代替人力劳动。于是，虽然农户种植大田作物每亩年收益可能不如外出务工一个月的工资，但是，继续耕种仍是有利可图的。而且耕种粮食作物还为农村留守老人和儿童提供了基本的粮食供应。

第二，较低的农地流转租金对多数农户仍缺乏吸引力。农地经营是有用途管制的，高产出的农地经营是有资金和技术门槛的。因此，绝大多数的农地流转不可能都是用于高产出水平的农业经营活动，大多数仍旧是种植粮食作物。在河南省，有调研显示，农地流转后，用于种植粮食作物的占60%，用于经营蔬菜、林果、花卉、养殖等"非粮"农业的占37.9%[2]。在黑龙江省，有调研显示，在被调查的转入农户中，转入土地用于种植粮食的占99.6%；被调查合作社中，转入土地用于种粮的占99.7%[3]。租入方继续种植粮食作物，就很难支付较高的租金。于是，对不少农户而言，面对较低的农地流转租金，他们会选择自己耕种而非出租农地经营权。

4. 土地资本化的积极作用与土地资本难于管理的两难困局

资本具有逐利性或者说追求价值增值的本性。土地产权权利一旦资本化成为企业拥有的土地资本，将同样具有这一逐利属性：一方面通过在土地上吸纳更多的其他资本来提高土地资本在未来的获利能力，另一方面通过不断扩大和占有新增的土地资本来增强土地资本所有者的获利能力。土地资本化的积极作用主要表现在，无论是农地经营权资本化还是建设用地使用权资本化，土地资本化在一定程度上能够提高土地的产出能力和产出

---

① 卢松. 河南省农业机械化水平达76.3%. (2015 – 02 – 12)［2015 – 03 – 04］. http：//henan. people. com. cn/n/2015/0212/c351638 – 23881159. html.

② 河南省地方经济社会调查队. 河南省2014农村土地流转情况调查报告.（2014 – 06 – 17）［2015 – 06 – 23］. http：//blog. sina. com. cn/s/blog_ 871dbadf0101ic6d. html.

③ 邵培霖, 孙鹤. 黑龙江省农村土地流转情况调查报告. 调研世界, 2015（6）.

效益。因为企业化的经营模式都是以追逐利润为主要目标的，虽然有些企业会出现经营失败的情况，但经营好的企业会取而代之，总体上看，土地产出水平是提高的。此外，土地资本化能够带来土地资本与金融运行体系的有机结合。土地产权可以作为抵押物，获得银行信贷支持。特别是农业企业等新型农业经济主体，可以抵押农地经营权获得信贷资金，以化解农业生产周期中的资金缺口问题。对于一般农户或者小型家庭农场而言，即使允许农地抵押，农民也缺乏内在动机去办理抵押贷款。

值得注意的是，土地资本所有者往往只是关注资本在经济上的获利能力，不会主动关注经济利益之外的事情。比如，不会关注土地资本化过程中可能产生的收入分配不公和收入差距问题，不会关注土地资本逐利过程中所产生的环境污染等问题。这就对中国土地管理部门提出了新的更高要求，国土资源管理部门需要尽快适应土地由资源向资产、资本形态的转变过程，进一步完善能够适应这一新常态的土地管理新机制和新模式。

5. 我国在引入和嫁接国外土地资本化成功经验上的不足和困局

土地资本化过程依赖于土地产权权利的市场交易过程，而这一点国外发达国家积累了更多的经验和教训。我国在借鉴国外土地资本化过程中的经验时，必须关注这些经验需要植根于合适的土壤才行。如果不能结合中国国情制定出恰当的土地资本化政策将带来很多问题。一是在土地资本化过程中会出现一部分人获得的收益是以另一部分人付出的代价为前提的，并未实现帕累托改进。二是在土地资本化过程中会出现当代人获得利益是以牺牲未来子孙后代人的利益为前提的，并未实现可持续发展。三是在借鉴和推广经验过程中遇到阻力时不是变通而是强制推行，并未能实现因地制宜。四是在土地资本化过程中，由于现有法律法规不能适应当前经济社会快速变革和发展的需要，并未能实现依法利用好土地资源。

我国在引入和嫁接国外土地资本化成功经验上存在许多需要改进的地方，比如，在借鉴土地批租制时，并未能同步建立起严密的土地财政收支监管体制，这就使得地方政府在土地资本化过程中，建设用地的出让和管理过程较为粗放。在借鉴国外现代规模农业发展经营时，有时并未能认识到现代农业经营方式和农地规模经营之间并不存在必然的联系。在农地经营权仍由众多分散农户所有的情况下，农户通过购买农业社会化服务的方法，同样可以实现耕种的规模化、现代化。因此，要避免为了实现规模经营而强制推进农地经营权流转的错误做法。

四、 稳妥推进中国土地资本化的政策建议

在我国社会主义初级阶段基本经济制度和土地公有制下，积极稳妥地推进土地资本化进程是必要的，特别是在城市推进土地资本化进程有助于实现土地资源的合理配置和高效利用，有助于提高土地资本在国有资本中的比重，增强国有资本实力。在农村，农地资本化进程发展较为缓慢。推进农地资本化进程有助于农业企业特别是农垦企业集团获得更好的发展，有助于推进农业现代化和现代农业经营体系的构建和发展。为了规避和解决我国土地资本化进程中的矛盾和两难问题，更好地推进土地资本化进程，特提出如下建议。

第一，在底线思维框架约束下推进土地资本化进程。土地资本是各种资本形式中的一种特殊形式，土地资本的本质是单纯以追求价值增值为目标的。为节制和驾驭好土地资本，可以设置若干底线：一是土地产权市场交易必须合法合规；二是土地用途规划和管制必须严格执行；三是农地经营权流转必须依法自愿有偿；四是农地征用必须严格审批和合理补偿；等等。

第二，妥善处理土地资本化过程中政府与市场的关系。在土地资本化过程中需要发挥政府和市场的各自优长，在让市场起决定性作用的同时更好地发挥政府的作用。为此，各级政府需要做到：一是合理配置和调控土

地入市的规划工作；二是主动消除制约土地资本化的体制机制障碍，做好土地市场建设等基础性配套工作；三是通过政府调控和引导，将创新、协调、绿色、开放、共享的发展理念贯穿土地资本化过程始终，切实有效地管控和利用好土地资本。

第三，在强化土地资本化外部监管的情况下，增强地方政府参与土地资本化进程的控制力和自控力。在现有土地制度下，地方政府在土地资本化过程中处于核心位置，地方政府既是国有土地的产权代理人，同时又是推进土地资本化的政策制定者，兼具"运动员"和"裁判员"的身份。因此，地方政府要注意在土地资本化过程中把握好控制力和自控力。所谓控制力，是指该由政府做好的事情一定要做好，做到位。所谓自控力，是指地方政府要能够真正用好人民赋予地方政府的代理土地产权所有人的权力，主动对自身的行为进行约束，真正实现土地增值收益用于惠及民生的发展所需。

第四，修订土地管理法，实现土地"三位一体"管理。当前，土地管理已经从单一的土地资源管理，逐渐转向土地资源、土地资产、土地资本"三位一体"的管理模式。因此，应对土地管理法进行相应修订以适应发展的需要。土地管理法修订可在三个方面有所突破：一是对土地确权过程中的农地所有权、承包权和经营权"三权分置"进行相应的法律表述，规范农地经营权资本化过程；二是修订土地市场建设、发展和管理等方面的内容，重点突出城乡建设用地统一市场建设、规范农地经营权流转市场，以及城市建设用地储备、出让管理等方面的内容；三是修订城乡建设用地增减挂钩过程中的相关法律问题，对农地征用补偿标准做出调整，实现多方共赢。此外，应增强地方土地管理独立性，消除土地管理部门内部的条块分割，严格执行土地利用规划。

第五，做好农业用地的产权权能分割、确权与市场建设工作。目前，将农地所有权、承包权、经营权"三权分置"的做法有助于推进农地经营权的资本化和资产化进程。具体操作过程中有三个环节需格外关注：一是在实际确权颁证工作中，要充分信任农民，通过赋予其民主权利，维护其根本利益，调动农民参与积极性；二是要加快农地经营权交易市场建设，不断提升和完善农地市场交易机制，扩大交易规模；三是推进我国农地资本化进程要防止盲目借鉴国外的经验和做法。第六，改革财税体制，让地方政府摆脱土地财政依赖。目前可探索通过开征新税种和发行地方债等途径提升地方财政实力。另外，应将土地出让收入纳入中央和地方两级财政管理范围，并规定一定比例用于全民幸福指数的提升，体现土地的全民所有性质，实现地利共享。

（原载于《政治经济学评论》2016 年 11 月第 7 卷第 6 期；张海鹏，逄锦聚）